Otto Lagodny

Zwei Strafrechtswelten

Rechtsvergleichende Betrachtungen und Erfahrungen aus deutscher Sicht in Österreich

Onlineversion
Nomos eLibrary

Die Deutsche Nationalbibliothek verzeichnet diese Publikation in der Deutschen Nationalbibliografie; detaillierte bibliografische Daten sind im Internet über http://dnb.d-nb.de abrufbar.

ISBN (Print): 978-3-8487-5914-9
ISBN (ePDF): 978-3-7489-0040-5
(Nomos Verlagsgesellschaft mbH & Co. KG, Baden-Baden)

ISBN (Print): 978-3-7089-2065-8
(facultas Verlag, Wien)

1. Auflage 2021
© Nomos Verlagsgesellschaft, Baden-Baden 2021. Gesamtverantwortung für Druck und Herstellung bei der Nomos Verlagsgesellschaft mbH & Co. KG. Alle Rechte, auch die des Nachdrucks von Auszügen, der fotomechanischen Wiedergabe und der Übersetzung, vorbehalten. Gedruckt auf alterungsbeständigem Papier.

Für
Univ. Prof. DDr. Michaela Strasser
Univ. Prof. Dr. Hannes Winner
und
Univ. Prof. Dr. Stephan Kirste
vom Interdisziplinären Doktorandenseminar

mit großer Freude und in tiefer Dankbarkeit für ureigenen wissenschaftlichen Austausch.
Ohne sie hätte ich nie den Mut gehabt hätte, dieses Buch zu schreiben.

Vorwort

Begonnen habe ich mit diesem Buch – ohne dass ich mir dessen damals bewusst geworden bin – im Jahr 2004, als ich mich mit der rechtsvergleichenden Standardfrage aus deutscher Sicht befasste, wie man in Österreich ohne „dies" oder „das" auskommt. Daraus entwickelte sich immer mehr ein Projekt, an das zeitweilig nur ich selbst glaubte. Zu oft wurde ich gefragt: „Was hat das denn mit Strafrecht zu tun?" Es dauerte jedenfalls einige Zeit, bis ich mir meiner einzigartigen rechtsvergleichenden Position bewusst geworden bin: Seit 1999 konnte ich die österreichische Rechtsordnung im Alltag und an der Universität wahrnehmen und analysieren.

Dabei halfen mir sehr viele liebe Menschen. Allen voran seien meine treuen MitarbeiterInnen erwähnt.

Das Projekt wäre aber ganz sicher nicht so umgesetzt worden, hätte ich nicht die freundschaftliche Aufmunterung durch meine liebe Kollegin und lieben Kollegen vom Interdisziplinären Doktorandenseminar gehabt: *Michaela Strasser, Hannes Winner* und *Stephan Kirste*. Durch sie habe ich zu vielen Bereichen des interdisziplinären wissenschaftlichen Arbeitens überhaupt erst einen Zugang gefunden. Ihnen möchte ich deshalb dieses Buch in Dankbarkeit widmen (s. S. 215 ff.).

Mein Sohn *Julius Lagodny* hat mir als Politologe und PhD-Candidate sehr wertvolle Hinweise, vor allem auch auf die Sicht eines Nichtjuristen, gegeben. Der neue Aufsatz mit ihm zum juristischen Erkenntnisinteresse hat mein juristisches Weltbild vom national denkenden Kopf auf die sowohl transnational wie auch interdisziplinär verankerten Füße gestellt. Seine Freundin *Dr. Shubha Kamala Prasad* hat mir mit wertvollen Hinweisen zur Methode der „teilnehmenden Beobachtung" sehr geholfen.

Dr. Florian Wille und *Dr. Laura Meller* haben mir in der Schlussphase noch wichtige Hinweise gegeben.

Die Tochter meiner Frau, *Jana Friedrich*, hat mir in einem entscheidenden Punkt sehr geholfen, und die Karte von Österreich mit Stand 1917 (siehe Einleitung, A, S. 22) elektronisch gestaltet.

Meine Frau, *Susanne Friedrich*, stand mir für unendlich viele Gespräche über Manuskriptauszüge, über Österreich, über Geschichte und vieles mehr an meiner Seite. Sie hat mich nicht zuletzt durch die Feststellung aufgemuntert, dass man mich beim Lesen meines Buches reden höre.

Ihnen allen sei an dieser Stelle herzlichst gedankt.

Vorwort

Dies gilt auch für den Verlag und die ebenso hervorragende wie anspornende Zusammenarbeit mit Herrn Kollegen *Rux*, Frau *Troeltzsch*, Frau *Sauer* und Frau *Schmitt*.

Leider konnte die wichtige Sonderausgabe der ZIS (Heft 10/2020, S. 451–487) mit ihren Beiträgen zur selbstkritischen bis selbstverliebten Sicht auf die deutsche Strafrechtswissenschaft nicht mehr berücksichtigt werden. Sie deutet einen überfälligen Generationenwechsel an.

Freiburg im Breisgau, im November 2020
Otto Lagodny

Inhaltsverzeichnis

Einleitung	15
A. Gründe für den Vergleich beider Rechtsordnungen	20
B. Gedankengang und Grundidee des Buches	25
C. Zur Allgemeinverständlichkeit und zum Adressaten	27
D. Mein Selbstverständnis und meine Motivation	29
E. Nutzen und mögliche Konsequenzen der Arbeit	33
F. Wissenschaftliche Methoden	35
I. Ausgangspunkte	35
II. Hier gewählte empirische Methoden	37
Teil 1: Meine Alltagserfahrungen in Österreich	41
A. Die österreichische „Seele" – Dekansbriefe wegen LV-Verlegung	41
B. Verschiedene Wahrnehmung von Sprache („Türe schließen!!!")	42
C. „Höf-Lichkeit" – Türgriffe im Toskanatrakt	43
D. Bedeutung von Titeln – „Dr. Lagodny in Zimmer 2"	44
E. Übertriebene Korrektheit – Ausnahmen auf dem Salzburger Verkehrsschild	45
F. Funktion des österreichischen Verwaltungsbeamten – Bauverhandlung	46
G. Vorrang privaten Tätigwerdens	47
I. Besitzstörungsklage	47
II. Hausverkauf ohne Notar	48
H. Österreichischer Pragmatismus – „Vorschreibung"	49
I. Alltägliche Diskriminierung ohne Gewissensbisse – „Nazi-Bauer", „Jud" und „Sie san ja kein richtiger Ausländer" (Autokauf)	49
J. Tertiäre Sozialisation – „Wenn das mein Verbindungsbruder wäre"	51

Inhaltsverzeichnis

<table>
<tr><td>K.</td><td colspan="2">Der allgegenwärtige „gesunde Menschenverstand" („Billa – sagt der Hausverstand")</td><td>52</td></tr>
<tr><td>L.</td><td colspan="2">Dörfliche Struktur</td><td>53</td></tr>
<tr><td>M.</td><td colspan="2">Meine Erfahrungen als Universitätslehrer</td><td>54</td></tr>
<tr><td></td><td>I.</td><td>„Handschlagfest" sein</td><td>56</td></tr>
<tr><td></td><td>II.</td><td>„Zur Kenntnis genommen"</td><td>56</td></tr>
<tr><td></td><td>III.</td><td>„Studentenprotest" mit Kuchen</td><td>57</td></tr>
<tr><td></td><td>IV.</td><td>„Mörderfrage" in Prüfungen</td><td>58</td></tr>
<tr><td></td><td>V.</td><td>Prüfungsnoten</td><td>58</td></tr>
<tr><td></td><td>VI.</td><td>Verfassungskonforme Auslegung (Fortbildungsveranstaltung RichteramtsanwärterInnen)</td><td>60</td></tr>
<tr><td></td><td>VII.</td><td>Betreuung eines fachübergreifenden Dissertationsthemas</td><td>60</td></tr>
<tr><td></td><td>VIII.</td><td>Strafverteidiger nicht einladen</td><td>61</td></tr>
<tr><td></td><td>IX.</td><td>Die Begegnung mit der Sentenz „Österreich ist ein Labyrinth, in dem sich jeder auskennt"</td><td>62</td></tr>
<tr><td></td><td>X.</td><td>Auftreten der Polizei</td><td>62</td></tr>
<tr><td></td><td>XI.</td><td>Konzeption des Jus-Studiums in Österreich</td><td>63</td></tr>
<tr><td></td><td>XII.</td><td>Rechtsvergleichendes Aha-Erlebnis: Amnesty Gutachten</td><td>64</td></tr>
<tr><td></td><td>XIII.</td><td>Auf Österreich beschränkte rechtswissenschaftliche Forschung?</td><td>66</td></tr>
</table>

Teil 2: Erklärungsversuche über geschichtlich entstandene Prägungen   67

<table>
<tr><td>A.</td><td colspan="2">Die heute noch allgegenwärtige Grundlage der habsburgischen „Stammlande"</td><td>73</td></tr>
<tr><td></td><td>I.</td><td>Habsburgergeschichte des heutigen Österreich</td><td>74</td></tr>
<tr><td></td><td></td><td>1. Lange Herrschaftszeiten</td><td>75</td></tr>
<tr><td></td><td></td><td>2. Die Bedeutung Wiens im Habsburger Reich</td><td>76</td></tr>
<tr><td></td><td>II.</td><td>Höfische Gesellschaft</td><td>77</td></tr>
<tr><td></td><td></td><td>1. Analyse von Norbert Elias</td><td>77</td></tr>
<tr><td></td><td></td><td>2. Historische Analysen von *Winkelhofer*</td><td>82</td></tr>
<tr><td></td><td></td><td>3. Beschreibung höfischer Rationalität bei *Kehlmann*</td><td>85</td></tr>
<tr><td></td><td>III.</td><td>Paternalismus</td><td>86</td></tr>
<tr><td></td><td>IV.</td><td>Toleranz</td><td>87</td></tr>
<tr><td>B.</td><td colspan="2">Die Pietas Austriaca und die katholische Kirche</td><td>88</td></tr>
</table>

C. Die prägende Bedeutung von Wien und „Weltösterreich" im 19. Jahrhundert ... 91
  I. Die Schilderungen von Stefan Zweig im ausgehenden 19. Jahrhundert ... 91
  II. Wien als politisches Zentrum von „Weltösterreich" im 19. Jahrhundert ... 95
  III. Die starke österreichische Strafrechtswissenschaft des 19. Jahrhunderts ... 100
    1. Beispiel 1: Wilhelm Emil Wahlberg ... 101
    2. Beispiel 2: Julius Vargha ... 103
D. Konfliktscheuheit und Unschuldsbedürfnis am Beispiel des Umgangs mit der eigenen Beteiligung am Nationalsozialismus ... 106
  I. Jungbürgerbücher aus den Jahren 1970/1980 und Schulbücher ... 111
  II. Fehlende Studentenproteste in den Jahren ab 1967 ... 114
E. Das „österreichische Labyrinth" in der Gegenwart ... 116
F. Die Bedeutung von *Hans Kelsen* aus meiner Sicht ... 121
  I. Die Konzeption von Kelsen und seine Bedeutung in Österreich ... 122
    1. Wissenschaftstheoretischer Hintergrund dieses Ansatzes ... 125
    2. Kritik: Entscheidende Bedeutung des wissenschaftlichen Erkenntnisziels ... 127
  III. Mein eigenes Verständnis der Rechtswissenschaften ... 129
    1. Trennung von Recht und Politik ... 129
    2. Kelsen ist „höflich", weil politisch enthaltsam ... 130
    3. Gleichstellung von Gerichtsurteil und Verwaltungsakt nach Kelsen ... 131
    4. Strafrecht als Teil des Öffentlichen Rechts ... 133

Teil 3: Rechtsvergleichende Einzelanalysen zum Straf- und Strafprozessrecht ... 135
A. Amtssprache/Gerichtssprache (OGH) ... 136
B. Ausdehnung der Strafgewalt ... 137
C. Rechtsgutslehre ... 138
D. Einschränkungen der Versuchsstrafbarkeit ... 141

Inhaltsverzeichnis

E. Tätigkeitsdelikte   143
   I. Maßgebliche Erklärung: Trennungsgrundsatz als formale Ausprägung der Gewaltenteilung   147
      1. Der Trennungsgrundsatz (Art. 94 Abs. 1 B-VG) aus den Anfängen des 20. Jahrhunderts – Darstellung   147
      2. Konsequenzen   149
   II. Verbandssanktionierung als weiteres Beispiel für die Nutzung des Trennungsgrundsatzes   151

F. Opferorientierung I: Angemessenheit der Notwehr   152

G. Opferorientierung II: Schutz des Angreifers (§ 94 öStGB)   156

H. Opferorientierung III: Tätige Reue als Strafaufhebungsgrund   158

I. Opferorientierung IV: Kein Zeugnisverweigerungsrecht für Allgemeinärzte   165

J. Gliederung des BT als Ausprägung einer Grundeinstellung?   170

K. Systematik der Tötungsdelikte   173

L. Beihilfe zum Selbstmord   175

M. Gewaltbegriff bei der Nötigung   177

N. Hausfriedensbruch und allgemein: Besitzschutz   178

O. Bedeutung des privatrechtlichen Besitzschutzes für den Strafrechtsschutz   179

P. Strafzumessungsrecht   180

Q. Die gesetzlich geringgeschätzte Rolle der Strafverteidigung vor der Übermacht des Strafgerichts   181
   I. Recht auf unüberwachtes Mandantengespräch   185
   II. Akteneinsichtsrecht   189
   III. Entwicklung des Beweisantragsrechts   190
   IV. Reduktion des Strafverteidigers auf einen „Verfahrenshilfeverteidiger"   191
   V. Kostentragung auch des freigesprochenen Angeklagten   192
   VI. Gesetzliche Bestimmung des „Schwerpunkts des Verfahrens" (§ 13 Abs. 1 Satz 1 öStPO)   193
   VII. Zur Unschuldsvermutung und der damit zusammenhängenden Gesamtkonzeption der öStPO   194
   VIII. Fazit: Gesetzlich dokumentiertes Misstrauen gegenüber der Strafverteidigung   195

R. „Auslegungserlässe" des Justizministeriums   197

S.	Absprachen im Strafverfahren	199
T.	Vernehmungsverbot nach § 155 öStPO	199
U.	Mildes Finanzstrafrecht	204

Teil 4: Meine persönlichen Schlussfolgerungen 206

A. Verallgemeinerbare Erkenntnisse für die (Straf-)Rechtsvergleichung 206
    I. Das Beispiel für Vertiefungsbedarf: Verbandsstrafbarkeit 208
    II. Weitere Beispiele 209
    III. Die Frage der rechtvergleichenden Methoden 210

B. Die Relativität in den Rechtswissenschaften 212
    I. Die Offenheit des Studiums in Österreich 212
    II. Die herausfordernde Rolle Hans Kelsens 214
    III. Wissenschaftstheorie/Forschungsfrage/IDS 215
    IV. Die Selbstgefälligkeit in Deutschland 218

C. Verallgemeinerbare Erkenntnisse für das Strafrecht im Europa der EU 219

D. Persönliche Erkenntnisse aus 20 Jahren Begegnung mit Österreich 220
    I. „Begegnung" im Sinne von Martin Buber 220
    II. Mein persönliches Er-Leben 220
    III. Fragen an mein „Fach" 222
    IV. Gesamtbetrachtung 224

Literaturverzeichnis 227

Einleitung

Oft werde ich angesprochen, wie es denn sei, als deutscher Jurist und Strafrechtslehrer österreichisches Strafrecht zu unterrichten. Meine zusammenfassende Antwort: Die beiden Rechtsordnungen verhalten sich zueinander wie Geschwister – nicht gleich, aber ähnlich und doch nicht ähnlich. In vielerlei Hinsicht sind sie sogar völlig gegensätzlich. Man könnte es vereinfachend auf die Formel bringen: kantisches deutsches Prinzipiendenken gegenüber paternalistisch fundiertem österreichischem Toleranzdenken.

Das Strafrecht und das Strafverfahrensrecht Deutschlands und Österreichs unterscheiden sich zum Teil nämlich grundlegend. Folgender einfache Fall macht das bewusst: Ein Dieb D bringt die Beute freiwillig zum Opfer zurück, bevor die Polizei von dem Diebstahl erfährt. Dies führt in Österreich als „tätige Reue" nach § 167 öStGB immer zum Ausschluss der materiellen Strafbarkeit mit der prozessualen Folge des *Frei*spruchs. Praktische Konsequenz: D ist nicht vorbestraft. Es erfolgt kein Eintrag ins Strafregister. In Deutschland führen solche Fälle allenfalls zum Absehen von Strafe. Das setzt prozessual den Schuldspruch voraus. Das Urteil eines deutschen Strafgerichts lautet dann: *„Der Angeklagte wird eines Diebstahls schuldig gesprochen. Von einer Strafe wird abgesehen."*. Dieser Schuldspruch wird in das Strafregister eingetragen.

Ein Freispruch für den D mag einem am deutschen Idealismus (*Kant, Hegel*) orientierten Denken konträr zuwiderlaufen: Wer einmal die Norm verletzt hat, bleibt ewig strafbar. Er kann allenfalls auf die Milde seiner Richter vertrauen. Das kann man nur mit einem Schuldspruch, bei dem dann – wie im vorliegenden Beispielsfall – die Strafe reduziert oder ganz ausgeschlossen wird (z.B. § 60 dStGB, wenn dessen Voraussetzungen vorliegen).

In Österreich ist hier seit *Joseph II* (1765–1790) traditionell ein sogenannter materiell-rechtlicher Strafaufhebungsgrund mit Freispruch vorgesehen. Das bedeutet: Ein Schuldspruch wie in Deutschland darf in Österreich gar nicht erfolgen. Ebenso ist z.B. ein Eintrag in das Strafregister nicht möglich. Weil in Deutschland ein Schuldspruch erfolgt, wird dieser auch in das Strafregister eingetragen. Das sind nur die wichtigsten Unterschiede zwischen Freispruch und Schuldspruch.

Man kann sich diese Unterscheidung auch folgendermaßen und weniger strafrechtsdogmatisch klarmachen: Ein materiellrechtlicher Strafaufhe-

Einleitung

bungsgrund betrifft schon das „OB" der Strafbarkeit; die Strafzumessung hingegen erst das „WIE" der Strafbarkeit. Diese Unterscheidung zwischen OB und WIE der Strafbarkeit wird noch an weiteren Stellen in diesem Buch eine Rolle spielen. Deshalb sei sie hier gleich zu Beginn angesprochen.

Weitere Beispiele für grundlegende Unterscheidungen in der Begründung sind etwa:

- Darf der im Rollstuhl sitzende Opa mit der Schrotflinte auf die 20 Meter entfernt im Kirschbaum sitzenden Kinder schießen, weil sie in diesem Augenblick sein Eigentum angreifen? Der Schuss ist erstens „notwendig" im Sinne des Notwehrrechts, weil es kein Mittel gibt, das gleichermaßen (!!) effektiv ist, aber weniger einschneidend. Der Schuss ist zweitens völlig unangemessen. Die Unangemessenheit steht in Österreich eindeutig im Gesetz (§ 3 Abs. 1 Satz 2 öStGB)[1]. In Deutschland muss sie erst mühsam von Rechtsprechung und Lehre begründet werden. Hintergrund sind die in Deutschland geradezu orthodox vermiedenen Abwägungsüberlegungen.[2] Die Unangemessenheit ist aber eine solche.
- Begeht jemand, der ein leerstehendes Haus besetzt, einen strafbaren Hausfriedensbruch? In Deutschland wird die Frage nach längerer Diskussion inzwischen eindeutig bejaht, auch weil der deutsche Tatbestand des Hausfriedensbruches das „befriedete Besitztum" erfasst.[3] In Österreich ist das Delikt von den Tatobjekten her sehr viel enger formuliert. Zudem setzt es die physische Anwesenheit des Hausrechtsinhabers voraus.[4] Die Frage wird in Österreich also eindeutig verneint.
- Muss ein Allgemeinarzt über einen Patienten im Strafverfahren auch dann aussagen, wenn der Patient dem ausdrücklich widerspricht? Jeder

---

1 § 3 Abs. 1 S. 2 öStGB: „Die Handlung ist jedoch nicht gerechtfertigt, wenn es offensichtlich ist, daß dem Angegriffenen bloß ein geringer Nachteil droht und die Verteidigung, insb. wegen der Schwere der zur Abwehr nötigen Beeinträchtigung des Angreifers, unangemessen ist."
2 „Abwägungsüberlegungen" sind juristische Erwägungen, die nicht einem „ja/nein"-Schema folgen, sondern einem „je-desto"-Muster. Beispiele: Ob eine Person „minderjährig" ist oder nicht, lässt sich anhand des Geburtsdatums feststellen. Das ist eine „ja/nein"-Frage (normtheoretische Erklärung: weil sie von einer „Regel" abhängt). Die Strafbemessung, also die konkrete Höhe der Strafe im Einzelfall, ist hingegen eine „je-desto"-Frage (normtheoretisch: weil sie von der Herstellung einer Prinzipienrelation abhängt) die durch Abwägung von vielen Strafbemessungskriterien bestimmt wird. Zur normtheoretischen Unterscheidung von „Regeln" und „Prinzipien" im Sinne von *Alexy* vgl. näher *Lagodny*, Strafrecht vor den Schranken, S. 216 ff.
3 Vgl. z.B. *Sternberg-Lieben/Schittenhelm*, in: Schönke/Schröder StGB[30] § 123 Rn. 6 f. m.w.N.
4 Vgl. z.B. *Kienapfel/Schroll*, BT I[4] § 109 Rn. 6 ff., 14 m.w.N.

Einleitung

schon länger in Deutschland Wohnende wird sagen: „Natürlich nicht! Wo kämen wir da hin?" Im österreichischen Strafverfahren ist der Allgemeinmediziner sogar zur Anzeige bei der Polizei verpflichtet, wenn er Anhaltspunkte für eine schwerere Straftat (z.B. Tötung oder Kindesmisshandlung) hat. Jeder schon länger in Österreich Wohnende wird das entweder gar nicht wissen oder sagen: „Was denn sonst?"

Doch das sind nur markante Beispiele für die deutlichen Gegensätze beider Rechtsordnungen; weitere seien hier nur stichwortartig genannt:

- Die Diskussion über die Bindung oder die Nichtbindung des Gesetzgebers an einen Rechtsgutsbegriff[5] der Rechtswissenschaft. Das wird aktuell etwa bei der Beurteilung der Strafwürdigkeit des Eigendopings oder des Tierschutzes.
Ein Teil der deutschen Strafrechtswissenschaft ist nämlich der Ansicht, dass die Rechtswissenschaft dem Gesetzgeber Vorgaben machen kann, indem sie philosophische Konzepte auf die Frage überträgt, welche Rechtsgüter (z.B. Leben, Eigentum, Sicherheit des Rechtsverkehrs) der Gesetzgeber unter welchen Voraussetzungen mit Mitteln gerade des Strafrechts schützen darf und welche nicht. Das spielt z.B. eine Rolle bei der Frage, ob man die Gesundheit auch durch die Pönalisierung von Tätigkeitsverboten (z.B. kein Handel mit Suchtgift [österreichisch] = Drogen [deutsch]) mit dem Strafrecht schützen darf. Hier geht es um den Schutz der Allgemeinheit vor dem Handel, nicht erst um den Schutz von Individuen vor einer Verletzung.
Nach österreichischem Rechtsverständnis gibt es solche Begrenzungen durch die Wissenschaft von vornherein nicht.
- Die heute breite Akzeptanz der Fristenlösung beim Schwangerschaftsabbruch in Österreich und seiner sehr katholisch geprägten Gesellschaft. Sie sticht ins Auge, wenn man bedenkt, dass Österreich hier viel liberaler ist als katholische Vergleichsländer (z.B. Polen oder Irland). In Deutschland hingegen war eine nicht so weitreichende Lösung („Indikationenmodell") Gegenstand langwieriger Debatten.
- Die rechtliche und faktische Bedeutung von privatrechtlichen Besitzschutzklagen für den Strafrechtsschutz: In Österreich sehr verbreitet und sehr akzeptiert; in Deutschland faktisch nicht praktiziert, obwohl rechtlich auch dort möglich.
- Die Kräfteverteilung zwischen dem starken Strafrichter[6] und dem schwachen Strafverteidiger. Sie wird in Österreich schon durch ein ganz klares Misstrauen des Gesetzgebers gegenüber der Strafverteidigung geprägt.

---

5 Zu diesem juristischen Begriff siehe unten Teil 3 C.
6 Die Gender-Anpassung erfolgt hier ganz bewusst nicht, weil das Denken in der österreichischen Justiz nach meiner persönlichen Wahrnehmung trotz formell praktizierter Gleichstellung der Geschlechter immer noch von erkennbar männlichen Denkmustern des 19. Jahrhunderts geprägt ist.

Einleitung

- Strafprozessuale Vernehmungsverbote für Geistliche: Diese dürfen in Österreich schon gar nicht vernommen werden. Deshalb können sie verfahrensrechtlich auch nicht in die Lage kommen, auf ihr Zeugnisverweigerungsrecht verzichten zu wollen. Das ist nur nachvollziehbar über einen nicht nur überindividuellen, sondern sogar außerrechtlichen Aufhänger dieses Rechts (im Beispiel: Schutz des Sakraments der Beichte).
- Die bis in jüngster Zeit allgemein in Österreich mögliche Überwachung von Gesprächen des Strafverteidigers mit seinem Mandanten verwundert sehr.
- Die besondere Begründung der Gewaltenteilung über den in Österreich so genannten Trennungsgrundsatz (Art. 94 B-VG) ist aus deutscher Sicht schwer zu verstehen, hat aber immense Konsequenzen positiver wie negativer Art im Straf- und Strafprozessrecht.
- Beim Strafzumessungsrecht (zum WIE der Bestrafung) kennt das österreichische Strafrecht eine teilweise viel größere Regelungsdichte und -genauigkeit der Strafrahmen als das deutsche Recht. Dies bedarf der Erklärung, wenn in Österreich gleichzeitig ein sehr großes Vertrauen in die Entscheidungsgerechtigkeit der Strafgerichte und der Strafjustiz besteht.

Es soll also aufgezeigt werden, dass es zwischen Österreich und Deutschland, also z.B. zwischen Salzburg-Liefering (Ö) und dem 3 km entfernten Freilassing (D), nicht nur große, sondern manchmal sogar konträre Divergenzen in der rechtlichen Beurteilung von im Wesentlichen sehr vergleichbaren Lebenssachverhalten gibt.

Solchen und weiteren Fragen zweier sogar geschichtlich aufs Engste verbundener Rechtsordnungen geht das Buch in allgemeinverständlicher Sprache nach. Es zeigt auf, dass sich Antworten nur aus der Gesamtheit des rechtlichen und sonstigen Lebens geben lassen. Rechtsvergleichung muss also gegebenenfalls sehr tief in den Alltag und die Geschichte einer Rechtsordnung eindringen.

Vor diesem Hintergrund fassen die folgenden Überlegungen meine Erfahrungen und Erlebnisse aus zwei Jahrzehnten seit 1999 zusammen, in denen ich als pragmatisierter österreichischer Beamter an der Universität Salzburg meine Lehrkanzel habe. In Deutschland sozialisierte Leserinnen und Leser stolpern jetzt schon über die Wörter „pragmatisiert" (= auf Lebenszeit ernannt) und „Lehrkanzel" (kein „Lehrstuhl", sondern ein nicht in die bundesdeutsche Sprache direkt übersetzbarer Begriff aus einem völlig anderen österreichischen universitären Organisationsrecht). Schon die gemeinsame Sprache[7] „trennt", wie man öfters sagt. Das gilt erst recht für

---

7 Vgl. dazu *Sedlaczek*, Wörterbuch der Alltagssprache Österreichs, 2011.

Einleitung

rechtliche Begriffe, die mit inhaltlichen Tretminen und Grabenkämpfen versehen sind, wie etwa der Begriff „Staat"⁸. In Österreich wird er bisweilen um jeden Preis vermieden, in Deutschland hingegen ehrwürdig gepflegt.

Nicht einbezogen wird in meine Überlegungen, ob es sich um ein Phänomen handelt, das man nur aus deutscher Sicht nicht aber z.B. aus spanischer, US-amerikanischer, indischer oder chinesischer Sicht wahrnimmt. Stellte ich dieselben Fragen aus dem Blickwinkel einer anderen Rechtsordnung als der deutschen, so führte dies wahrscheinlich zu ganz anderen Ergebnissen. Vereinfacht formuliert: Ein und dieselbe Begebenheit mag mit der deutschen Brille als „Schlamperei" erscheinen, mit einer anderen Brille betrachtet handelt es sich um Alltagsnormalität. Ob die aus deutscher Sicht betonten Unterschiede auch aus der Sicht einer anderen (Rechts-)Kultur so bewertet werden, kann hier nicht vertieft werden. Das wäre eine Folgeproblematik für weitere Untersuchungen.

Es geht mir also keinesfalls um den Beleg, dass das deutsche Recht und das deutsche Rechtsdenken vor dem Hintergrund deutscher Gründlichkeit und Grundsätzlichkeit eben doch den anderen (und insbesondere der österreichischen) Rechtskulturen überlegen ist. Davor sollte man sich hüten,⁹ bevor man nicht andere Rechtsordnungen mit gehörigem Respekt analysiert hat. Diesen Respekt hat manche sich rechtsvergleichend nennende Analyse mit der deutschen Brille definitiv nicht. Aus solchen Arbeiten weht einem die sprichwörtliche deutsche Überheblichkeit geradezu scharf ins Gesicht. Etwas mehr Zurückhaltung stünde mancher deutschen Arbeit besser zu Gesicht.

Mir wurde eigentlich erst durch dieses Projekt bewusst, welche Besonderheiten ich bereits durch meine schlichte Teilnahme am Leben in Salzburg und in Österreich erfahren habe. Wenn ich jemandem erzählt habe, dass ich an der Universität in Salzburg arbeite, entstand in den Augen meines Gegenübers oft ein Leuchten. In der Tat habe ich es bei einem morgendlichen Gang entlang der Salzach in die Stadt wirklich als Privileg empfunden, in diesem barocken Kleinod arbeiten zu dürfen. Begleitet wurde dies allenthalben mit für mich schwer zugänglichen expressionistischen Gedichten von *Georg Trakl* oder mit erfrischendem Zynismus von

---

8 Vgl. dazu *Wiederin*, Die Verwaltung, Beiheft 7 (2007), 293; *Jakab*, Der Staat 46 (2007), 268, 271 und 278. Zur Klarstellung sei hier betont, dass der Begriff „Staat" nachfolgend so verwendet wird, wie er meinem deutschen Vorverständnis entspricht.
9 Vgl. die berechtigte Kritik von *Vogel*, JZ 2012, 25, 27 ff.

Einleitung

Texten *Thomas Bernhards*, wenn solche Zeugnisse von intellektuellen Lokalmatadoren am Wegesrand auf Stelen oder auf Plakaten aufzufinden waren. Die damit verbundene Demut und Dankbarkeit wurde nicht selten gestört von dem Gefühl, Komparse in einem lebenden Museum zu sein. Dadurch wurde mir auch manch befremdlicher Zug deutscher Überheblichkeit bewusst, der am besten mit einer gehörigen Portion österreichisch feinsinnigen Humors zu ertragen ist.

A. *Gründe für den Vergleich beider Rechtsordnungen*

Man möchte vielleicht schon jetzt einwenden: Was kümmert es die „große" deutsche Strafrechtswissenschaft, dass ein so „kleiner" Staat wie Österreich manche Dinge anders sieht? Man könnte zur Untermauerung die Fläche einzelner Staaten heranziehen und mit dem heutigen Österreich vergleichen[10]. Das würde folgendes ergeben:

Österreich (knapp 84 000 qkm) ist *von der Fläche her* nur etwas größer als

- Tschechien (79 000 qkm),
- Irland (70 000 qkm),
- Litauen (65 000 qkm),
- Lettland (knapp 65 000 qkm) oder
- die Niederlande (42 000 qkm).

Die Fläche Österreichs ist sogar kleiner als Island (103 000 qkm) und deutlich kleiner als Deutschland (358 000 qkm).

Betrachtet man die *Einwohnerzahlen*, so liegt Österreich mit 8,8 Mio. zwar noch knapp *vor* der

- Schweiz (8,5 Mio.) oder
- deutlich vor Dänemark (5,7 Mio. auf dem Festland),
- aber hinter Ungarn (9,8 Mio.), Portugal (10,3 Mio.), Griechenland (11,2 Mio.) oder den Niederlanden (17,2 Mio.).

Weit abgeschlagen ist das heutige Österreich von der Einwohnerzahl her im Verhältnis zu Deutschland (83 Mio.), Frankreich (67 Mio.), Italien (60,5 Mio.), Spanien (46,5 Mio.), Polen (38,4 Mio.) oder Rumänien (19,9 Mio.).

Im Vergleich dazu hat das flächenmäßig größte deutsche Bundesland Bayern eine Fläche von 71 000 qkm, ist also „nur" 14 000 qkm kleiner als

---

10 Zahlen aus Wikipedia, https://de.wikipedia.org/wiki/Liste_der_Länder_Europas (abgefragt am: 12.08.2019).

Österreich. Von der Einwohnerzahl her hat Österreich (8,8 Mio.) sogar deutlich weniger als Bayern (rund 13 Mio.).

Wien bildete deshalb seit dem Ende des 1. Weltkriegs „einen riesigen Wasserkopf"[11] gegenüber den übrigen eher ländlichen Landesteilen. In Vergleich dazu hat das deutsche Bundesland Bayern eine Fläche von 70 550 qkm und dessen Hauptstadt München 1 450 000 Einwohner. Das Verhältnis von Fläche zu Einwohner der Hauptstadt ist heute zwischen Österreich und Bayern also durchaus vergleichbar. Weil man Österreich nach dem 1. Weltkrieg so sehr verkleinert und damit große Städte wie Prag, Krakau, Lemberg (heute: Lwiw in der Ukraine), Klausenburg (heute: Cluj-Napoca in Rumänien) oder Czernowitz (heute: Ukraine) nicht mehr in Österreich lagen, blieb die städtische Kultur gleichsam auf der Strecke: Wien ist die einzige Millionenstadt mit knapp 2 Millionen Einwohnern (Stadtregion: 2,3 Mio.).[12] Graz ist mit rund 291 000 Einwohnern (467 000 in der Stadtregion) bereits die zweitgrößte Stadt.

Dann folgen:

- Linz (Stadt: 207 000; Stadtregion 451 000),
- Salzburg (Stadt: 155 000; Stadtregion: knapp 326 000),
- Innsbruck (Stadt: 132 000; Stadtregion 266 000) und
- Klagenfurt (Stadt: 101 000; Stadtregion: 151 000).
- Villach (rund 62 000) und Wels (rund 59 000) haben deutlich unter 100 000 Einwohner.[13]

Stellt man also vergleichend auch auf die geographischen Verhältnisse des 19. Jahrhunderts bis zum Ende des 1. Weltkriegs und die seinerzeitige Größe Österreich-Ungarns ab, so ergibt sich ein völlig anderes Bild:

Nach dem Ende des 1. Weltkriegs und dem Habsburger Reich blieb vom Territorium der österreichisch-ungarischen Doppelmonarchie von rund 676 000 qkm (gegenüber dem heutigen wiedervereinigten Deutschland von knapp 360 000 qkm) nur ein Staat von heute knapp 84 000 qkm übrig, also rund ein Achtel. Wien als Hauptstadt blieb jedoch bestehen. Dadurch hat Wien mit 1 868 000 Einwohnern heute natürlich ein verhältnismäßig noch viel größeres Gewicht als zu Zeiten der Donaumonarchie.

---

11 *Hamann*, Österreich, S. 138.
12 Zu den hier gerundeten Zahlen siehe Wikipedia, „Liste der Städte in Österreich" (abgefragt am: 12.08.2020).
13 Siehe näher Teil 1 L.

Einleitung

In den Grenzen von 1867 war Österreich-Ungarn mit rund 676 000 qkm also fast doppelt so groß wie das heutige Deutschland. Denn Österreich-Ungarn umfasste damals vor allem Ungarn, Tschechien, die Slowakei, Bosnien-Herzegowina, Kroatien und Slowenien.

Die anfängliche Geringschätzung wäre also von wenig historischem Gespür geprägt, stellte man nur auf den heutigen Zustand ab. Vielmehr müssen die territoriale Zäsur des 1. Weltkrieges und die Auflösung der österreichisch-ungarischen Doppelmonarchie sowie die 600 Jahre der Herrschaft der Habsburger immer mitbedacht werden, will man Sachaussagen über die Entwicklung der deutschen und der österreichischen Rechtsordnung machen. Nicht umsonst hat die Sentenz „*...und der Rest ist Österreich!*" eine schwärende Narbe im österreichischen Selbstbewusstsein hinterlassen. Diese Aussage lässt den Federstrich der Geschichte nach dem 1.

Weltkrieg im Jahre 1918 ahnen. Sie wird *Clemenceau* zugeschrieben,[14] der sie – über der Landkarte stehend – bei den Friedensverhandlungen gesagt haben soll. Dieser „Rest" ist das heutige Österreich; der Rest des 600 Jahre alten Habsburger Reiches – einer „Supermacht" nach heutigem Sprachgebrauch. Diese wird immer kleiner:

Bis 1803/06 war es ein fast unendlich großes Reich, in dem im 16. Jahrhundert „die Sonne nicht untergeht".

Erst vor etwas über 200 Jahren endete dieses „Heilige Römische Reich deutscher Nation" mit dem sog. Reichsdeputationshauptschluss im Jahr 1803 und der Gründung des österreichischen Kaiserreichs (1806). Im Jahre 1866 kam zu diesem Ungarn hinzu. Es firmierte fortan als „Doppelmonarchie". 1871 wurde das Deutsche Reich gegründet. Nach dem 1. Weltkrieg entstand 1918/20 dann das heutige sehr viel kleinere Österreich.

Von einer „deutschen" Geschichte und damit auch einem „deutschen" Strafrecht im engeren Sinne kann man vielleicht erst mit der Gründung des Deutschen Reiches im Jahre 1871 sprechen. Davor gab es die Gesetze derjenigen vor 1871 selbständigen (Klein-)Staaten, aus denen dann das Deutsche Reich entstanden ist.

Hinter dem heutigen territorial kleinen Österreich steckt also eine enorme kulturelle und staatspolitische Wirkmacht. Dies ist für die Rechtsvergleichung historisch und kulturell entscheidend. Das heutige Österreich ist nämlich mehr oder weniger deckungsgleich mit den habsburgischen Stammlanden, dem Kern dieser Wirkmacht. Vereinfacht ausgedrückt: Das heutige Österreich beruht fast ausschließlich auf einer Jahrhunderte alten Kultur und Tradition der Habsburger. Insofern ist es auch von zentraler Bedeutung, dass die „höfische Gesellschaft", die der Kultursoziologe *Norbert Elias* für die Welt *Ludwigs XIV.* in Frankreich untersucht hat, gerade auch für das heutige Österreich relevant ist. Danach haben Gebräuche und Usancen „des Hofes" auch die Maßstäbe des niederen Adels und des aufstrebenden Bürgertums geprägt und bestimmt. Diesen Mechanismus kann man sogar heute noch beobachten, wenn man z.B. den „Opernball" und die Berichterstattung darüber betrachtet.

Deshalb werde ich immer wieder auf diese Grundlagen zurückgreifen, um Entwicklungen nachvollziehbar zu machen. Dazu muss man auch die Bedeutung der katholischen Kirche und ihre tiefreichende Verbindung mit der Herrschaft der Habsburger historisch einordnen. Nur dann kann

---

14 Ob dieses Zitat tatsächlich gefallen ist, wird bestritten, siehe https://ww1.habsburger.net/de/kapitel/mythen-und-narrative-der-rest-ist-oesterreich-oder-so-aehnlich (abgefragt am: 12.08.2020)

Einleitung

man z.B. erahnen, warum die Philosophie der Aufklärung mit *Kant* oder *Hegel* im österreichischen Strafrecht (anders als etwa im österreichischen Zivilrecht) eine geringe Rolle gespielt hat. Das ist gänzlich anders im deutschen Strafrecht.

Ein weiteres kommt hinzu: Um Entwicklungen nachvollziehen zu können, darf man keine landesspezifischen dogmatischen Scheuklappen tragen: Was in der einen Rechtsordnung ganz klar „nur" Verwaltungsrecht ist, gehört nach der anderen Rechtsordnung ebenso eindeutig „auch" (wenn nicht „nur") zum Strafrecht. Gemeint ist hier die Materie des (in Österreich so genannten) „Verwaltungsstrafrechts" bzw. das im deutschen Recht so genannte „Ordnungswidrigkeitenrecht". Unter beide Kategorien fallen z.B. Geschwindigkeitsübertretungen im Straßenverkehr, die keine Folge – wie z.B. die Tötung eines anderen – haben.

Dieses scheinbar belanglose Beispiel zeigt, dass Schlussfolgerungen von der jeweiligen Prämisse her sehr verschieden ausfallen können. Ein fehlender Freispruch im österreichischen Verwaltungsstrafverfahren verwundert mich z.B. noch immer.[15]

Nicht unbedeutend ist deshalb auch der bis in die Gegenwart wirkende Streit zwischen dem deutschen „Staats"recht und dem österreichischen „öffentlichen Recht" zu Beginn des 20. Jahrhunderts.[16] Dass „der Staat" aus deutscher Sicht ein eigenes rechtliches Gebilde ist, aus österreichischer aber gerade *nicht*, zeigt sich wiederum im Besonderen Teil des StGB: In Deutschland steht an dessen Spitze der Schutz „des Staates" in den §§ 80 ff. dStGB. Der österreichische Besondere Teil beginnt ganz klar und eindeutig mit den Rechtsgütern des Einzelnen und deshalb mit dem Mord nach § 75 öStGB.

Zu den „Scheuklappen" zähle ich schließlich auch den in Österreich offen und auch subkutan immer noch höchst wirkungsvollen Rechts-Positivismus *Hans Kelsens*. Dieser kontrastiert völlig mit dem deutschen idealistisch geprägten metaphysisch-rechtspolitischen Rechtsdenken[17]. Oft wurde ich, wie schon erwähnt, zu diesem Projekt gefragt: „Was hat das mit Strafrecht zu tun?" Für mich sind solche Einwände sehr befremdlich, weil Wissenschaft keine solche Kategorien kennt. Bekannt ist ein Bonmot: „Strafrecht ohne Kriminologie (*die Seinswissenschaft zu den normativen Regelungen des Strafrechts*) ist blind, Kriminologie ohne Strafrecht ist uferlos." Es sind deshalb oft Vertreter von *Kelsens* Lehren, die den Unterschied z.B.

---

15 Näher zum „Trennungsgrundsatz" unten Teil 3 E I.
16 Vgl. dazu: *Jestaedt*, (Hrsg.), Hans Kelsen und die deutsche Staatsrechtslehre, 2013.
17 Siehe *Lindner*, Rechtswissenschaft als Metaphysik, 2017.

zwischen „öffentlichem Recht" und „Privatrecht" als unverzichtbar ansehen. Das ist interdisziplinär schwer zu vermitteln. Und im rechtsvergleichenden Zusammenhang ist eine solche Sichtweise erst recht seltsam: Jede Rechtsordnung kennt ihre eigenen rechtlichen Einteilungen und Abgrenzungen. Besonders gewöhnungsbedürftig ist es für den kontinental-europäisch denkenden Rechtswissenschaftler, dass das Strafprozessrecht und das Zivilverfahrensrecht in den USA ein und dieselben Grundlagen haben, nämlich das Jury-Verfahren. Aus diesem werden dann erstaunlich viele gemeinsame Prinzipien für beide Verfahrensrichtungen abgeleitet. Dann verwundert es schließlich auch nicht, wenn ein US-amerikanischer Kollege Lehrveranstaltungen für „terrorism" und für „family law" abhält.

Gleichzeitig befreit der rechtspositivistische Ansatz aber auch umgekehrt von systembedingten Kurzsichtigkeiten deutscher Provenienz. Es sei nur an die bereits erwähnte Diskussion über die vermeintliche Bindung des Gesetzgebers an den Rechtsgutsbegriff der Strafrechtswissenschaft in Deutschland erinnert. Im Lichte der Auffassung von *Kelsen* ist eine solche Auffassung undenkbar.

B. Gedankengang und Grundidee des Buches

Um diese Aspekte insgesamt zu erfassen, ist das Buch in drei Teile gegliedert. In Teil 1 finden Sie zunächst eine Reihe von Beispielen aus meinem allgemeinen oder universitären österreichischen Alltag. Ich habe sie persönlich erlebt. Deshalb dienen sie als Grundlage für die historische Analyse und sind aus „teilnehmender Beobachtung"[18] entstanden. Sie irritierten mich zunächst, machten mich dann stutzig und schließlich neugierig: Wie passt das mit meiner deutschen Brille zusammen? Wie kann ich mir verbleibende Unterschiede erklären? Das waren die einfachen, aber rechtsvergleichend unabdingbaren Ausgangsfragen.

Um nur ein erstes Beispiel zu geben: Meine Ernennungsurkunde (österreichisch: „Ernennungsdekret") vom 21.09.1999 stammt vom „Bundesminister für Wissenschaft und Verkehr". Sie lautet auszugsweise:

„Sehr geehrter Herr Professor!
Der Bundespräsident hat Sie mit Entschließung vom 10. September 1999 [*Geschäftszahl* ...] mit Wirksamkeit vom 1. Oktober 1999 zum Universi-

---

18 Siehe dazu unten F.

Einleitung

tätsprofessor für Österreichisches und internationales Strafrecht und Strafprozessrecht sowie Strafrechtsvergleichung ernannt. [...]"

[Unterschrift des Ministers]

Meine Ernennungsurkunde in Dresden lautete hingegen:

„Im Namen des Freistaats Sachsen ernenne ich Herrn Professor Dr. Otto Lagodny [...] zum Universitätsprofessor".

[Unterschrift des Staatsministers für Wissenschaft und Kunst]

Der österreichische Minister ist nur Bote. Er teilt nur die Entscheidung eines anderen Organs mit; der sächsische Minister ernennt selbst. Das ist keineswegs banal, denn: Die Originalfassung der „Entschließung" des österreichischen Bundespräsidenten sieht man dabei förmlich in den Kellerarchiven der Wiener Habsburg liegen. Nie und nimmer würde ein „gemeiner Unterthan" sie zu Gesicht bekommen. Vor diesem Hintergrund gewinnt das Akteneinsichtsrecht im österreichischen Strafverfahren eine völlig neue Dimension: Nie würde der Strafverteidiger die Original-Akte in die private Kanzlei bekommen.

Wenn man sich jetzt bewusst macht, welche oben schon angesprochene zentrale Bedeutung das Akteneinsichtsrecht für eine sinnvolle Strafverteidigung hat, dann macht einem dieses Beispiel die historischen Wurzeln bewusst. Sie liegen wohl nur zum Teil im *metternich*schen Polizeistaat. Die Auffassung lässt sich so zusammenfassen: „Der Akt *(im bundesdeutschen Sprachraum = die Akten!)* gehört dem Kaiser" ist sehr tief verwurzelt.

Man kann sich bereits an diesem Urkunden-Beispiel einen weiteren wichtigen Unterschied zwischen beiden Rechtsordnungen bewusst machen: Der österreichische Minister ist ebenfalls Bote, und zwar der personalisierten „Staates"[19] in Form des Bundespräsidenten. Der „Staat" ist hier keine abstrakte, sondern eine personalisierte Gewalt.[20]

Zu Beginn ahnte ich nur die historische Grundlage solcher Unterschiede, die sich aber – jedenfalls für mich – zunehmend verfestigte. Deshalb finden Sie im Teil 2 kulturhistorische Erklärungsgrundlagen für die behandelten Beispiele. Dazu gehören vor allem der geschichtliche Hintergrund des Habsburger Reichs, dessen 600 Jahre währende Existenz einer höfischen Gesellschaft sowie weitere Prägungen[21], wie etwa der Umgang mit dem Nationalsozialismus. Alle haben letztlich zu etwas geführt, das man

---

19 Zur Vermeidung des Begriffes „Staat" in Österreich siehe oben im Text.
20 Herzlichen Dank an *Julius Lagodny* für diesen Hinweis.
21 Zur Funktion der „Prägungen" siehe unten Teil 2 vor A.

im Positiven wie im Negativen als die „österreichische Seele" charakterisieren kann.

In Teil 3 untersuche ich schließlich eine ganze Reihe von konkreten Beispielen für solche gegensätzlichen rechtlichen Lösungen im Einzelnen.

Dieser Dreiteilung liegt mithin folgender Gedankengang zugrunde: Sieht man in meinen individuellen Erfahrungen im österreichischen Alltag (Teil 1) jeweils einen „Punkt", dann kann man überlegen, ob sich dieser Punkt historisch (in Teil 2) zu einer „Linie" ausweiten lassen kann. Hieraus können sich dann insgesamt – so meine Überlegung – (straf-)rechtsdogmatische Erklärungen ergeben für die in Teil 3 zu analysierenden einzelnen Phänomene.[22]

C. Zur Allgemeinverständlichkeit und zum Adressaten

Eine ganz besondere Herausforderung ist es für mich, dass auch solche Leserinnen und Leser das Buch verstehen können sollen, die keinerlei oder nur wenige juristische Vorkenntnisse haben und die entweder nur mit Deutschland oder nur mit Österreich oder eben auch mit keinem der beiden Staaten vertraut sind.

Ich stelle mir Sie, liebe Leserin oder lieber Leser, als jemanden vor, der z.B. gerne eine überregionale Zeitung liest oder auf sonstige Weise Interesse am Weltgeschehen hat. Wenn ich den Adressaten meiner Zeilen auf diese Weise umschreibe und vor Augen habe, dann kann ich persönlich leichter etwas formulieren. Es ist also beileibe kein „Plural Majestatis", wenn ich von „wir" schreibe, sondern damit möchte ich Sie als Leserinnen und Leser unmittelbar ansprechen.

Dies zwingt mich auch beim Schreiben dazu, kein Fachvokabular oder es nicht ohne wenigstens stichwortartige Kurzerklärung zu verwenden. Mir ist es lieber, der juristisch Erfahrene wird etwas gelangweilt durch Erläuterungen zu Dingen, die für ihn oder sie „klar" zu sein scheinen, aber dafür kann ein juristischer Laie besser folgen.

Das macht mir zugleich die Kehrseite dieses Vorgehens bewusst: *Stefan Zweig* hatte eine ausgesprochene Lust zu kürzen: „Innerhalb meiner Arbeit

---

22 Angeregt zu dieser Unterscheidung in der Darstellung von punktuellem Erlebnis und historischer Entwicklung wurde ich durch die Vorgehensweise von *Leidinger/Moritz*, Umstritten. Verspielt. Gefeiert, S. 9–13. Sie unterscheiden zwischen einer historischen „Momentaufnahme" bzw. „Augenblicken" und längerfristigen Periodisierungen („Wege durch die Zeiten").

Einleitung

ist mir die des Weglassens eigentlich die vergnüglichste", schreibt er in seiner „Welt von gestern"[23]. Neun Zehntel aller Bücher findet er mit u.a. „überflüssigen Schilderungen" etc. „zu sehr ins Breite gedehnt"[24] Das trifft nicht nur auf Belletristik, sondern auch auf wissenschaftliche Literatur zu. Kurzum: Mein Motto beim Schreiben ist: „Ein Text ist nicht dann vollkommen, wenn man nichts mehr hinzufügen kann, sondern dann, wenn man nichts mehr weglassen kann." bzw „Perfektion ist nicht dann erreicht, wenn es nichts mehr hinzuzufügen gibt, sondern wenn man nichts mehr weglassen kann."[25] – Ob ich diese Vorgaben einhalten kann, mag die weitere Lektüre erweisen.

Ein weiteres Problem der sprachlichen Darstellung kommt hinzu. Manche zentralen Begriffe werden verschieden verstanden. So ist der Begriff „Anklageprozess" in Österreich mit sehr vielen verschiedenen Bedeutungsgehalten verbunden. Er kommt in Art. 90 Abs. 2 des österreichischen Bundes-Verfassungsgesetzes (B-VG) vor. Dieser lautet:

> Art. 90 B-VG. (2) Im Strafverfahren gilt der Anklageprozess.

In Österreich verbindet man mit dem Begriff sehr viel mehr als nur die Trennung von Ankläger und Richter. Völlig zu Recht betont jedoch *Wiederin*, dass mit der Anerkennung „des Anklageprozesses" keine Festlegung der Anklage, keine Ausnahme vom Trennungsgebot, keine Garantie von Beschuldigtenrechten, kein Verbot richterlicher Stoffsammlung und auch kein Anklagezwang verbunden seien.[26] Die in Rechtsprechung und Lehre zu beobachtende Anreicherung des Gewährleistungsgehalts von Art. 90 Abs. 2 B-VG dürfte vielmehr darauf zurückzuführen sein, dass diese Norm von 1920 für lange Zeit der einzige Aufhänger für z.B. Beschuldigtenrechte gewesen ist. Heute übernimmt diese Funktion die Fundamentalnorm des Art. 6 EMRK.

Der Aufbau des Buches ist so gewählt, dass juristische Sichtweisen und Fragen von Kapitel zu Kapitel immer mehr zunehmen. Aber auch die eigentlich juristisch-rechtsvergleichenden Fragestellungen in Teil 3 werde ich so formulieren, dass ein juristischer Laie sie verstehen kann. Freilich bitte ich schon jetzt um Nachsicht, wenn ich den Erklärungsbedarf für Fachvokabular falsch einschätze.

---

23 *Zweig*, Welt von gestern, S. 365
24 *Zweig*, Welt von gestern, S. 363.
25 *Antoine de Saint-Exupéry*, Terre des Hommes, III: L'Avion (1939), S. 60.
26 *Wiederin*, in: WK-StPO § 4 Rn. 12–24.

Vor allem im Teil 3 werden Fragen angesprochen, die je für sich eine Vertiefung verdienen würden. Diese soll und kann im Rahmen dieses Buches nicht geleistet werden. Ich möchte vielmehr nur Anregungen geben, an welchen Stellen unser Rechtsdenken vertieft oder verändert werden sollte. Mit „unser" Rechtsdenken meine ich *beide* Rechtsordnungen, keineswegs nur die österreichische. Dafür habe ich diese viel zu sehr zu schätzen und zu respektieren gelernt. Aber ich kann und will auch meine deutsche Herkunft und Sozialisation nicht verleugnen.

Wichtig ist aber schon hier der Hinweis auf den bedeutenden Rechtswissenschaftler *Hans Kelsen* (1881–1973). Er hatte und hat immensen Einfluss auf die gesamte österreichische Rechtswissenschaft, zumindest des öffentlichen Rechts. Ich empfehle daher, vorab Teil 2, Kapitel F (S. 122–134) zu lesen, wenn *Kelsen* unbekannt ist.

D. Mein Selbstverständnis und meine Motivation

Damit bin ich bei einer für mich als Autoren ganz wichtigen Frage: Für wen schreibe ich dieses Buch hier eigentlich? Diese Frage tauchte immer wieder vor meinem geistigen Auge auf; genauso wie folgendes Szenario, das mich bisweilen fast lähmte:

Schreibe ich gefällig und greife niemanden verbal an, dann werde ich vielleicht viele österreichische Leserinnen und Leser gewinnen können. Deutsche Adressaten werden eher gelangweilt sein und vielleicht sagen: Das ist „zu viel österreichischer Schmäh; typisch".

Umgekehrt: Nehme ich kein Blatt vor den Mund und ziehe durchaus forsch oder gar aggressiv über dieses und jenes her, weil es mir durch meine deutsche Brille betrachtet bestenfalls bemerkenswert, im Regelfall aber höchst seltsam erscheint, dann bin ich für die einen nichts Besonders, für die anderen eben „der deutsche Piefke". Oder ich werde angesehen als ein undankbarer Gast, der die Grundformen der Höflichkeit nicht beherrscht.

Ich fühle mich, wenn ich es recht bedenke, also zwischen zwei Stühlen. Hinzukommen mag noch Folgendes: Die einen interessiert nicht, was die jeweils anderen denken: den Deutschen ist das heutige Österreich zu klein und unbedeutend; den Österreichern ist das heutige Deutschland zu „preußisch".

Lange Rede, kurzer Sinn: Entweder ich höre sofort auf zu schreiben oder ich schreibe das, was ich denke. Das habe ich immer gemacht. Also werde ich es auch hier so halten. Und wenn mir die Leserschaft dann die

Einleitung

Rolle des „Hofnarren" in einer „höfischen Gesellschaft"[27] zuweist, dann soll es mir recht sein. Die Rolle des Spiegels in der Hand des „Hofnarren" entspricht der Rolle des „Ausländers, der heute kommt und morgen bleibt".

Damit bin ich auch bei der Motivation zu diesem Projekt. Es gibt freilich schon einige Darstellungen Österreichs mit deutscher Brille[28] und umgekehrt Deutschlands aus österreichischer Sicht[29]. Speziell im Hinblick auf ein Studium der Rechtswissenschaften sind die „Beobachtungen eines österreichisch-deutschen Grenzgängers" von *Walter Blocher* zu nennen. Er ist ein aus Österreich stammender Wirtschaftsrechtler an der Universität Kassel. Als in Österreich wissenschaftlich sozialisierter Kollege richtet er seinen Blick speziell auf die deutsche Rechtswissenschaft. Man kann seiner erfrischenden Analyse nur zustimmen, wenn er kritisiert, die deutschen Universitäten hätten sich im 19. Jahrhundert die Verantwortung für das von ihnen angebotene Jura-Studium „aus der Hand" nehmen lassen.[30] Die bundesweite Notenskala von 1–18 werde in ihrer „Schrulligkeit" nur noch durch die Praxis ihrer Anwendung übertroffen.[31] Sie gaukelt in der Tat vor allem eine Genauigkeit vor, die prüfungsmethodisch gar nicht eingelöst werden kann.[32] Auch der Gutachtenstil wird berechtigt kritisiert: Justizsyllogismen seien nicht „wahr", sondern bloß „meinungsmäßig", womit er zutreffend auf den Unterschied von empirisch und nicht-empirisch arbeitenden Wissenschaften Bezug nimmt.[33]

Mir wurde jedoch seit meinem Beitrag für die Festschrift *Burgstaller* aus dem Jahre 2004[34] immer deutlicher bewusst, dass ich eine besondere Sicht auf die österreichische Rechtsordnung und Lebenswelt insgesamt einnehmen kann, wenn ich längere Zeit in Österreich tätig bin. Es ist die Sicht des *„Fremden, der heute kommt und morgen bleibt",* wie sie der Soziologe *Georg Simmel* (1858–1918) zu Beginn des 20. Jahrhunderts charakterisiert

---

27 Siehe unten Teil 2 A II.
28 Siehe z.B. *Mappes-Niediek*, Österreich für Deutsche. Einblicke in ein fremdes Land, 2002. Zur syrischen Sicht vgl. jetzt: *Alanam*, Sisi, Sex und Semmelknödel. Ein Araber ergründet die österreichische Seele, 2020.
29 Siehe z.B. *Jakab*, Die Dogmatik der österreichischen öffentlichen Rechts aus deutschem Blickwinkel – Ex contrario fiat lux, Der Staat 46 (2007), 268–291.
30 *Blocher*, in: Nowotny-FS, S. 39.
31 *Blocher*, in: Nowotny-FS, S. 40.
32 Siehe dazu mein oben (Teil 1 M V) erwähntes Beispiel aus Dresden („8,94" Punkte sind keine 9,00 Punkte).
33 Zur Berechtigung dieses Einwands siehe unten Teil 2 F III sub specie Erkenntnisinteresse der Rechtswissenschaft.
34 *Lagodny*, How the Austrians or Germans do without it?, in: Burgstaller-FS, S. 409.

hat.³⁵ Er war ein deutscher Privatgelehrter, „einer der klügsten zeitgenössischen Beobachter der damals am Ende des 19. Jahrhunderts „aktuellen Wechselwirkung zwischen Zerstörung, Veränderung und Konstrukt". Die Titel seiner Aufsätze lesen sich – so wertet der Historiker und Schriftsteller *Philipp Blom* – wie eine „seismographische Aufzeichnung der Strömungen der Zeit": Z.B. „Philosophie des Geldes", „Die Großstädte und das Geistesleben", „Der Fragmentcharakter des Lebens"³⁶.

Darüber hinaus habe ich es für mich als besondere Chance erlebt, in eine nahe verwandt erscheinende Rechtsordnung gleichsam lehrend und forschend „eintauchen" zu können. Erst dadurch habe ich entdeckt, welch grundlegenden Dinge und auch welche Nuancen man in der Rechtsvergleichung schlicht nicht sieht und nicht sehen kann, weil man entweder nicht die Sprache spricht oder/und nicht die allgemeine Rechtsordnung und Rechtswirklichkeit aus eigener Anschauung und Erfahrung kennt.

Von daher habe ich den unschätzbaren Vorteil, dass diese 20 Jahre mir Einsichten ermöglicht haben, die man „von außen" entweder nur sehr schwer oder vielleicht gar nicht gewinnen kann. Dies reicht hin bis zu Irritationen von einigen meiner österreichischen Gesprächspartner, weil für sie ein Rekurs auf die Geschichte Habsburgs überraschend kommt. Bereits in der Schule hätten sie doch gelernt, dass es seit Ende des 1. Weltkriegs in Österreich keinen Adel und keine Monarchie und keine Habsburger-Dynastie mehr gebe. Das liegt also „hinter uns".

Ich vermeinte, öfters auch eine unausgedrückte Abwehrhaltung („So sind wir doch nicht!") gespürt zu haben. Doch es ist gerade der Blick „von außen", der Blick „des Fremden", den ich einnehmen kann, gebürtige Österreicherinnen und Österreicher aber gerade nicht. Sie sind in dieser Kultur und dieser Geschichte aufgewachsen, haben z.B. die Habsburger Geschichte oder die noch näher zu illustrierende³⁷ „Pietas³⁸ Austriaca" gleichsam von Kindesbeinen an erlebt und verinnerlicht. Meine deutsche Sozialisierung hingegen verlief anders. Als Sohn eines preußischen Vaters und einer hohenlohischen Mutter bin ich im Schwäbischen aufgewachsen und habe ganz andere Erfahrungen gemacht und eben die deutsche und nicht die österreichische Nachkriegsgeschichte in Kindheit und Jugend miter-

---

35 *Simmel*, Soziologie, Exkurs über den Fremden, S. 685.
36 *Blom*, Kontinent, S. 385.
37 Siehe unten Teil 2 B.
38 Zu den vielen Bedeutungen des Begriffs „Pietas" vgl. *Rieks/Hauser*, Pietas, in: Ritter/Gründer (Hrsg.), Historisches Wörterbuch der Philosophie online, www.schwabeonline.ch (Druckversion: Bd. 7, Sp. 971).

Einleitung

lebt. Von daher nehme ich die österreichische Welt eben ganz anders wahr: Diese Welt wird dadurch nicht besser und nicht schlechter. Sie ist für mich eben anders. Eine solche tolerante Sichtweise sollte man auch in der „teilnehmenden Beobachtung" einnehmen.[39]

Besonders nachdenklich haben mich aber zentrale Erfahrungen in der Lehre in Österreich gemacht. Diese haben ihre Wurzel darin, dass es in Österreich völlig unverständlich ist, wenn man von dem unten noch näher zu erläuternden „Gutachtenstil" spricht[40]. Jetzt nur so viel: Das ist etwas, das jeder deutsche Jura-Student vom ersten Semester an bis zum Geht-Nicht-Mehr lernt und sich quält. Ich fragte mich erstaunt „Warum kennt man das in Österreich nicht?" oder „Wie arbeiten österreichische Juristen ohne Gutachtenstil?" Erst diese Fragen haben mich vor die Folgefragen gestellt: Was genau ist denn erstens das Ziel juristischer Lehre? Und zweitens: Welche Auswirkungen hat es, dass das „Jus"-Studium in Österreich grundsätzlich wie jedes andere akademische Studium strukturiert wird, weil auch dieses Studium den allgemeinen Vorschriften für ein Hochschulstudium unterliegt. In Deutschland hingegen hängen die landeseinheitlichen Studienvorgaben (durch „Landesjustizprüfungsordnungen") von den Vorgaben der Justizverwaltung ab[41] und haben nur peripher etwas mit allgemeinen wissenschaftlichen Prämissen eines Studiums zu tun. Grund dafür ist, dass in Deutschland das juristische Studium nur eine Vorstufe der Richterausbildung ist. Das geht auf Friedrich den Großen (1712–1786) zurück.[42] Meine Wahrnehmung ist inzwischen, dass deutsche Juristinnen und Juristen gerade deshalb oft eher unflexibel denken. Nur zwei besonders markante Beispiele:

- Ein österreichischer Teilnehmer an meinem Doktorandenseminar hatte ein Start-Up Unternehmen. Er habe einen deutschen „10-Punkte-Juristen" eingestellt, den der sehr schnell wieder habe entlassen müssen, weil er zu wirtschaftlichem Denken nicht in der Lage gewesen sei.
- Ein deutscher Absolvent eines rechtswissenschaftlichen Studiums hat in aller Regel keinerlei Kenntnisse von allgemeiner wissenschaftlicher Methodik. Man meint allenfalls, „juristische Methoden" seien gleichzusetzen mit allgemeinen wissenschaftlichen Methoden.[43]

---

39 Vgl. *Schwartz-Shea/Yanow*, Interpretative Research Design, 2012.
40 Dazu näher unten M XI.
41 Näher zu diesem Zusammenhang unten M XI.
42 Vgl. *Lagodny/Mansdörfer/Putzke*, ZJS 2014, 157.
43 Vgl. *Lagodny*, ZDRW 2018, 8 f.

Je mehr ich an diesem Buch geschrieben habe, umso mehr wurde mir bewusst, dass dieses Buch auch so eine Art „persönlicher Tätigkeitsbericht" über meine Zeit in Salzburg wird. Dabei wurde mir eben immer mehr bewusst, dass ich eine privilegierte Stellung in mehrfacher Hinsicht hatte: Zum einen ist die Stellung als „pragmatisierter österreichischer Beamter" ein Ausgangspunkt für meine hier zusammengestellten Überlegungen gewesen: In einer Weise unkündbar zu sein, die sonst nur sehr wenigen Menschen auf dieser Welt beschieden ist, verlieh mir zum einen eine wahrhaft sichere wissenschaftliche Unabhängigkeit. Zum anderen machte mir diese Stellung anschaulich, wie wohl zuletzt Kaiser Franz Joseph in den 67 Jahren seiner Regentschaft (1849–1916) für seine Untergebenen und Staatsdienern gesorgt haben muss. Man kolportiert, dass er nie einen Beamten entlassen haben soll. Freilich war sein Reich, die österreichisch-ungarische Doppelmonarchie, groß genug, um einen eigentlich entlassungswürdigen Beamten an einen Ort zu versetzen, an dem er nichts zu tun hatte.[44] Ob das heute noch so praktiziert wird, indem man einen solchen Menschen aus seinem Amtszimmer in einen Kellerraum setzt, in dem sich nichts befindet außer der Langeweile, kann ich nicht beurteilen.

E. Nutzen und mögliche Konsequenzen der Arbeit

Einen unmittelbaren Nutzen aus dieser Schrift mag man etwa in der Diskussion über die europarechtliche Harmonisierung der Strafrechtsordnungen ziehen: Wenn sich schon im Verhältnis so eng benachbarter und sogar historisch verwandter europäischer Rechtsordnungen so viele grundlegende Unterschiede ergeben: Um wie viel weniger sind dann Unterschiede zwischen Italien und Finnland oder zwischen Irland und Rumänien zu harmonisieren? Wenn man das Nebenkriminalstrafrecht und das Ordnungswidrigkeitenrecht mit einbezieht, dann wird die Unmöglichkeit noch handgreiflicher.

Um dies anschaulicher zu machen: Das Nebenkriminalstrafrecht (kurz auch „Nebenstrafrecht") ist das Strafrecht, das nicht im Strafgesetzbuch (und damit im „Kernstrafrecht"), sondern in anderen Gesetzen geregelt ist, wie z.B. im deutschen Tierschutzgesetz. Dieses enthält in § 17 dTierschG

---

44 Vgl. dazu das bei *Winkelhofer*, Alltag des Kaisers, S. 15/16, wiedergegebene Beispiel des persönlichen Bademeisters von Franz Joseph, der nur innerhalb des Hofes versetzt worden ist.

Einleitung

den Straftatbestand der „Tierquälerei". Dieser ist in Österreich im Kernstrafrecht in § 222 öStGB enthalten.

Um sich die praktische Bedeutung und den Umfang des Nebenkriminalstrafrechts vor Augen zu halten, möge das Beispiel der Kommentierung von „Erbs/Kohlhaas, Nebenstrafrecht" dienen. Sie umfasst mehrere Bände als Loseblattsammlung. Bezieht man noch das Ordnungswidrigkeitenrecht, das in Österreich „Verwaltungsstrafrecht" genannt wird, mit ein, so ist die „Rechtsmasse" noch sehr viel größer.

Dies alles kann unmöglich vereinheitlicht werden.

Einen anderen Nutzen kann man für die Methoden der Rechtsvergleichung ziehen. Es ist allgemein bekannt, dass es für manche rechtsvergleichenden Fragestellungen keinesfalls genügt, das „law in the books" zu vergleichen. Man muss das „law in action" einbeziehen.[45] Die hier vorgestellte Betrachtung geht aber weit darüber hinaus. Sie wird die jüngst explizit auch für die Strafrechtsvergleichung herausgearbeitete These stützen, dass die Methode von der Fragestellung abhängt.[46] Keinesfalls kann man nämlich aus meinen Darlegungen die Schlussfolgerung ableiten, Rechtsvergleichung müsse immer so geschehen, dass man zuerst mehrere Jahre in dem Land leben und arbeiten müsse, bevor man dessen Recht mit dem Recht vergleicht, das man von der Kindheit an erlebt und studiert hat. Die Darstellung wird aber auch zeigen, dass man manche Fragen überhaupt erst formulieren kann, wenn man den Alltag des Rechts und den normalen Alltag des Landes als neu erfährt.

Vielleicht ergeben sich schließlich am Ende durchaus auch kulturvergleichende Aspekte. Der Staatsrechtler *Georg Jellinek* hat im Jahre 1908 davon gesprochen, dass das Strafrecht der größte „Kulturmesser" (oder modern: „Prüfstein") einer Gesellschaft sei. Er führt dazu aus:

„Das Strafrecht ist vielleicht der beste Kulturmesser, den es gibt.

- Die gemeinsamen Interessen der Gesellschaft,
- der Wert der Persönlichkeit,
- die durchschnittliche Höhe der altruistischen Triebe,
- der Grad der intellektuellen Fähigkeiten, der psychologischen und sozialen Erkenntnis eines Volkes,

---

45 Siehe zu dieser auf *Roscoe Pound* zurückgehenden Unterscheidung: *Kischel*, Rechtsvergleichung, § 1 Rn. 16.
46 Siehe *Eser*, Strafrechtsvergleichung, in: Eser/Perron (Hrsg.), Strukturvergleich, S. 1038 ff. und 1098–1100.

- die Sicherheit der Rechtsordnung und Rechtspflege,
- die Vollkommenheit der staatlichen Schutzmaßregeln gegen das Unrecht

müssen in ihm ihren Ausdruck finden. Wenn uns die Geschichte von irgendeinem Volke nichts anderes bewahrt hätte als sein Strafrecht, so könnten wir daraus allein seine ethische und intellektuelle Kulturstufe bestimmen, wie der Naturforscher aus einem aufgefundenen Knochen den Bau eines untergegangenen Tiers zu rekonstruieren imstande ist."[47]

Jellinek hat hier also treffend formuliert, dass man aus dem bestehenden Strafrecht Rückschlüsse auf die gesamte Gesellschaft ziehen kann. Man müsste dann auch zwei Gesellschaften miteinander vergleichen können, indem man ihre Strafrechtsordnungen miteinander vergleicht. Ob dies schon hier befriedigend erfolgen kann, sei hier dahingestellt. Das vorliegende Projekt hätte insofern schon ein Ziel erreicht, wenn man in Zukunft überhaupt stärker über einen Kulturvergleich[48] nachdenkt.

F. Wissenschaftliche Methoden

I. Ausgangspunkte

Weil das Buch allgemein verständlich sein soll, ist es nicht als wissenschaftliche Untersuchung im eigentlichen Sinne konzipiert. Gleichwohl versuche ich, mich des Kanons wissenschaftlicher Methoden zu bedienen.

Damit sind wir bereits an einem Punkt angelangt, den deutsche Juristinnen oder Juristen vielleicht nicht nachvollziehen können. Als solche sind sie es nicht gewohnt, solche Überlegungen anzustellen und gegenzufragen: „Wir haben doch unsere Methoden!" Damit meinen sie die (gängigen) Auslegungsmethoden der Wortlautauslegung, der historischen, systematischen oder teleologischen Auslegung.[49] Diese sind wissenschaftstheoretisch nur Unterfälle der Textauslegung. Auslegungsmethoden ihrerseits sind wiederum wissenschaftliche Methoden der Analyse eines Textes. Damit sind wir jetzt bei den Sprachwissenschaften und deren Teilgebieten.

---

47 *Jellinek*, Sozialethische Bedeutung, S. 122 (Spiegelstriche von mir, O.L., hinzugefügt).
48 Dazu die Beiträge in: *Beck/Burchard/Fateh-Moghadam* (Hrsg.), Strafrechtsvergleichung, 2011, und generell, wenngleich vom Zivilrecht her kommend: *Mankowski*, Rechtskultur, passim und insb. S. 479 ff.
49 Vgl. dazu insgesamt und ausführlich: *Möllers*, Juristische Methodenlehre², S. 107 ff.

Einleitung

Innerhalb der Wissenschaft wird unterschieden zwischen empirisch und nicht-empirisch arbeitenden Wissenschaften. Musterbeispiel für empirische Wissenschaften sind die Naturwissenschaften, soweit es eben um traditionell naturwissenschaftliche Erkenntnisinteressen geht. Ab welcher Temperatur ein fester Stoff (wie z.B. Eis) sich verflüssigt und z.B. zu Wasser wird, kann man empirisch testen und belegen. Damit kann man eine Theorie zu den Aggregatzuständen begründen oder abstützen. Seit den Arbeiten von *Popper*[50] hat sich allerdings zunehmend durchgesetzt, dass man eine Theorie nur *falsifizieren*, nicht aber verifizieren kann.

Die Rechtswissenschaften hingegen sind weitgehend eine normative und damit nicht-empirisch arbeitende Wissenschaft. Zunehmend wird erkannt, dass es sich bei den nicht-empirisch arbeitenden Wissenschaften um „Argumentations-" oder „Begründungswissenschaften" handelt. Damit meint man, dass man eine These, eine Ansicht oder – auf die Rechtswissenschaft bezogen – ein Rechtsproblem[51] begründet und hierfür wissenschaftlich nach den „besten" oder „überzeugendsten" Argumenten sucht.[52]

Sehr verbreitet ist die Aufteilung in Natur- und Geisteswissenschaften. Das ist die erste Gliederungsebene der Struktur der Max-Planck-Gesellschaft zur Förderung der Wissenschaften. In dieser Aufteilung sind die „Argumentationswissenschaften" in aller Regel Geisteswissenschaften. Freilich kann ich diese Frage hier nicht näher diskutieren. Denn jedenfalls sind die Rechtswissenschaften weder Naturwissenschaften noch empirisch arbeitende Wissenschaften, soweit es nicht um die Einbeziehung empirischer Erkenntnisse über normative Fragen geht, wie etwa bei der Kooperation von Strafrecht und Kriminologie. Rechtswissenschaften sind Argumentationswissenschaften wie viele Sparten der Theologie oder der Sprachwissenschaften und der Sozialwissenschaften. Zu denken ist etwa an die theologische Dogmatik oder an die politikwissenschaftliche Theorie.

Von diesen Zusammenhängen lernt man im deutschen Jurastudium wenig bis gar nichts. Auch ich bin damit erst in Österreich näher konfrontiert worden. Deshalb habe ich Verständnis, wenn ein deutscher Leser oder eine deutsche Leserin fragen sollte: „Wozu denn dieses Kapitel F?" Ich hoffe, ich habe vorstehend genügend Antworten hierauf gegeben.

---

50 *Popper*, Wissenschaftslehre, in: Popper (Hrsg.) , Leben, S. 15 ff., 24 ff.
51 Dazu *Lagodny*, Juristisches Begründen, S. 27 ff.
52 Dazu demnächst ausführlich: *Lagodny/Lagodny*, in: Kremnitzer-FS (in Druck).

II. Hier gewählte empirische Methoden

Auch wenn ich nachfolgend viel über und aus der Kultur im weitesten Sinne zu gewinnen versuche: Mir geht es methodisch nicht um eine quantitativ empirische Analyse der politischen Kultur von Österreich.[53] Dies sei vorweg betont.

Soweit es um die Auslegung von Rechtsnormen geht, werde ich mich auf die erwähnten Wege der Auslegung stützen. An nicht wenigen Stellen wird es aber nicht um die Auslegung von Normen gehen, sondern um die Berücksichtigung und Bewertung von Fakten, wie z.B. das geringe Ansehen der Strafverteidigung in der Bevölkerung oder das hohe Ansehen der Richter- oder der Ärzteschaft. Solche Dinge müssten eigentlich empirisch valide erhoben werden, um als Grundlage für wissenschaftliche Schlussfolgerungen dienen zu können. Das würde die Heranziehung erhobener Daten oder sogar die eigene Erhebung von Daten erforderlich machen. Dazu fehlt mir bislang die fachliche Kompetenz.

Allerdings eröffnet sich auch und gerade mir eine sozialwissenschaftliche Methode, nämlich die „teilnehmende Beobachtung" des Wissenschaftlers selbst. Sie wird vor allem im Bereich der Ethnologie, der Psychologie, der Erziehungswissenschaft oder der Soziologie angewandt und gehört dort anerkanntermaßen zum Methodenkanon[54] Sie ist freilich wegen der Verknüpfung zwischen Untersuchendem und Untersuchungsmethode nicht unumstritten. Im vorliegenden Fall geht es aber um meine Beobachtungen als „Fremde[r], der heute kommt und morgen bleibt" (*Georg Simmel*).

Eine Parallele ist die Figur des „sachverständigen Zeugen" im Prozessrecht: Dieser nimmt nur etwas wahr, weil er eine „besondere Sachkunde" (§ 85 dStPO) dafür hat. Beispiel: Der zufällig am Unfallort anwesende Arzt nimmt wahr, dass das Opfer einen Schock erlitten hat. Der Arzt ist nicht vom Gericht bestellt, weshalb er kein „Sachverständiger", sondern „nur" Zeuge ist.

Würden meine Beobachtungen empirisch mit anderen Methoden (Statistik, Umfrage, etc.) widerlegt, wäre für mich bereits diese Diskussion ein wissenschaftlicher Gewinn. Die teilnehmende Beobachtung macht aber et-

---

53 Vgl. mit dieser Methode etwa *Plasser/Ulram*, Staatsbürger oder Untertanen?, 1993.
54 *Schöne*, Historische Sozialforschung 30 (2005), 170.

Einleitung

was zugänglich, das bei anderen Methoden nicht zugänglich ist. Sie ist allerdings nicht unumstritten und wirft folgende Probleme auf:[55]

Man muss erstens klären, was genau bei einem wissenschaftlichen Aufenthalt „vor Ort" gerade nur durch teilnehmende Beobachtung (und nicht etwa durch ein Interview) beobachtbar wird. Im vorliegenden Fall ist dies genau die Beobachtung „des Fremden, der heute kommt und morgen bleibt" im Sinne von *Georg Simmel*. Der einheimische Forscher kann dies per se nicht sehen, weil er vieles eben „als normal" gewohnt ist und deshalb gar nicht erst hinterfragt. Der ausländische Forscher stellt hingegen Fragen, welche der „Inländer" sich gar nicht stellt, weil das Bestehende gar nicht der weiteren Erklärung bedarf. So hat mir ein lieber Kollege auf meine ständige Frage, warum denn Behörden nach dem herrschenden Verständnis des Trennungsgrundsatzes (Art. 94 B-VG)[56] „vor den Gerichten" zu schützen sei, offen eingeräumt: Die Frage habe er sich so noch nicht gestellt.[57]

Zentral wird bei der ersten Frage auch sein, ob man meine individuellen Beobachtungen verallgemeinern kann oder ob es sich um Einzelfälle handelt, die nicht typisch sind. Deshalb werde ich meine Beobachtungen erstens so zu formulieren versuchen, dass es sich um einen grundsätzlich verallgemeinerungsfähigen Satz handelt. Auf jeden Fall möchte ich dabei vermeiden, mich als „deutscher Besserwisser" aufzuführen, der „den Österreichern" erklären möchte, was Österreich ist. Wie peinlich das sein kann, habe ich an einer touristischen Alltagssituation erfahren, als mir ein deutscher Tourist in Salzburg erklären wollte, was denn in Salzburg sehenswert ist.

Zweitens ist nach wie vor „die Protokollfrage" offen. Damit ist z.B. gemeint, ob das, was während der Beobachtung bzw. nachträglich notiert werde, bei der Auswertung als Protokolle im Sinne der vergleichsweise neutralen Beschreibung von Sachverhalten oder vielmehr – um die Gegenposition zu zitieren – als Erzählungen des Beobachters zu betrachten sei.[58]

Darauf wird es dann nicht ankommen, wenn sich die von mir beobachteten Besonderheiten auch noch zusätzlich anderweitig belegen lassen. Zudem ist zu berücksichtigen, dass dieses Projekt in den vergangenen 10–15

---

55 Siehe *Lüders*, Teilnehmende Beobachtung, in: Bohnsack/Marotzki/Meuser (Hrsg.), Hauptbegriffe, S. 151, 152 f.
56 Näher dazu unten Teil 3 E I.
57 Siehe *Wiederin*, ÖJZ 2011, 352.
58 Siehe *Lüders*, Teilnehmende Beobachtung, in: Bohnsack/Marotzki/Meuser (Hrsg.), Hauptbegriffe, S. 151.

Jahren gewachsen ist. Manche Fragen haben sich erledigt, manche sind hinzugekommen. Von daher darf man hier nicht von einem „klassischen" methodischen „Protokoll" ausgehen. Man kann manches von dem, das ich nachfolgend als „Befund" zugrunde lege, als bloße „Erzählung" eines einzelnen Forschers abtun. Umso mehr werde ich auf die bereits betonte anderweitige Nachweisbarkeit achten.

Um ein Beispiel zu geben: Die Geringschätzung des Strafverteidigers, wie sie mir im Zusammenhang mit dem Praktikerseminar[59] begegnet ist, kann ich entweder empirisch durch Umfragen untermauern. Dann stehe ich aber vor dem methodischen Problem, dass wahrscheinlich nur wenige in Österreich ausdrücklich sagen werden, dass Strafverteidiger gering geschätzt werden. Deshalb stützte ich diese These durch ein „normatives Misstrauen" ab, das man direkt aus dem Gesetz ablesen kann.

Drittens stellt sich die ethische Frage, weil personenbezogene Daten erzeugt würden. Dem trage ich dadurch Rechnung, dass ich meine Berichte streng anonym formulieren werde. Dabei werde ich darauf achten, dass sie auch nicht zurückgeführt werden können auf bestimmte Personen. Deshalb kann ich auch nicht auf universitätsinterne Vorgänge und z.B. Mails zurückgreifen, auch wenn sie noch so sehr den einen oder anderen Aspekt unterstreichen würden. Der Schutz personenbezogener Daten kommt also noch hinzu zu meinen ohnehin bestehenden dienstlichen Verschwiegenheitspflichten.

Im Übrigen habe ich selbst erst durch dieses Projekt gemerkt habe, dass ich eigentlich über zwanzig Jahre lang auch eine „teilnehmende Beobachtung" vornahm. Meine Gesprächspartner und vor allem meine Kolleginnen und Kollegen haben dies auch in der Zeit nicht so erlebt.

Das führt zu einer möglichen methodischen Fehlerquelle. Denn gerade bei der teilnehmenden Beobachtung werden sowohl die Wahrnehmung wie auch die Schlussfolgerung unmittelbar durch persönliche Eigenschaften und Beziehungen beeinflusst. Hierauf wurde jüngst hingewiesen.[60] Ich muss mich also immer wieder fragen, ob die eine oder andere Frage oder Erkenntnis dadurch beeinflusst ist, dass ich selbst in Deutschland und in Schwaben allgemein und juristisch sozialisiert worden bin bzw. dass viele meiner Kommunikationspartner dies eben in Österreich worden sind.

Deshalb bin ich dankbar, dass es etwa solche Erkenntnisquellen wie Schulbücher zur Geschichte und „Jungbürgerbücher" gibt. Die Schulbü-

---

59 Siehe unten Teil 1 L VIII.
60 *Schwartz-Shea/Yanow*, Interpretive Research Design, 2012. Herzlichsten Dank für diese Information an *Julius Lagodny* und *Shubha Kamala Prasad*.

Einleitung

cher werden in dieser Funktion staatlich genehmigt. „Jungbürgerbücher" haben junge Erwachsene vom Landeshauptmann vor allem in den 70er und 80er Jahren des vergangenen Jahrhunderts als Geschenk zur Volljährigkeit bekommen. Beides betrachte ich als „offizielles Geschichts- und Kulturverständnis".

Teil 1: Meine Alltagserfahrungen in Österreich

A. Die österreichische „Seele" – Dekansbriefe wegen LV-Verlegung

Von Anfang an wurde mir bewusst, dass es so etwas wie eine „österreichische Seele" geben muss: Kurz nach meinem Beginn in Salzburg hat mir unser Dekan einen eine ganze Seite umfassenden Brief geschrieben, in dem er mir ausführlich erläuterte, dass eine wichtige wissenschaftliche Tagung an unserer Fakultät stattfinden werde, worin deren Wichtigkeit bestehe und warum er so stolz darauf sei, dass die Tagung an unserer Fakultät stattfinde. Erst am Ende des Briefes war für mich der eigentliche Anlass ersichtlich: Ob ich etwas dagegen habe, so unser Dekan, wenn meine Lehrveranstaltung an diesem Tage wegen der Kollision mit der Tagung nicht im Hörsaal X, sondern im Hörsaal Y stattfinde.

Ich war natürlich hocherfreut über diese nette Geste und schrieb sofort zurück, dass dies kein Problem sei. Ich habe das Schreiben aber sofort an einen Kollegen in Dresden gefaxt mit dem amüsierten Hinweis, dass ich in Dresden (wie an jeder anderen deutschen Universität) froh gewesen wäre, wenn ich überhaupt vorher von irgendjemanden erfahren hätte, dass dieser Hörsaalwechsel stattfinden wird.

Vor diesem Hintergrund war ich doch wirklich erstaunt über den netten Brief des Dekans. Dies scheint also – so sagte ich mir – der übliche Umgang in Salzburg oder in Österreich zu sein.

Ähnlich berührt war ich seinerzeit im Jahre 1999 (also lange bevor elektronische Kommunikation üblich geworden ist), als mir ein Kollege mündlich ankündigte, dass er mir demnächst eine E-Mail senden werde zu einer bestimmten Frage. Heute macht das freilich kaum noch jemand. Aber ich denke immer wieder: Wie wirkt es auf meinen Adressaten, wenn ich ihn mit einer E-Mail mit einem bestimmten Anliegen gleichsam „überfalle". Aber vielleicht ist eine solche Ankündigung auch nur Ausdruck davon, dass man „eigentlich" die direkte Kommunikation gegenüber der nur elektronisch kommunizierten bevorzugt.

Ich befürchte, dass ich bisweilen gar nicht bemerken werde, an welchen Stellen diese „österreichische Seele" eigentlich im Vordergrund steht. Jedenfalls bemerke ich bei allem im österreichischen Alltag: Österreich ist kein Land der Extreme, sondern des „Ebenmaßes"[61].

B. Verschiedene Wahrnehmung von Sprache („Türe schließen!!!")

„Es ist die gemeinsame Sprache, die uns trennt." Dieser Satz wird in der Regel dem genialen Sprachpuristen *Karl Kraus*[62] zugeschrieben.

Man kann sich dieses Bonmot im österreichischen Alltag nicht oft genug in Erinnerung rufen. Manchmal hat ein Wort eine völlig andere Bedeutung, wie etwa „Koffer": nach deutschem Sprachgebrauch ist das ein Wort für ein transportables Behältnis; nach österreichischem jedoch auch für ein grobes Schimpfwort.

Manchmal hat ein ganzer Satz einen völlig anderen Bedeutungszusammenhang. So ging es mir mit dem Satz: *„Es wird ersucht, die Türe zu schließen."* Er stand an der Gittertüre im Aufgang zum Wohnungstrakt eines Geschäftshauses. Als deutsch empfindender Kommunikationsempfänger einer solchen Mitteilung denkt man sofort: „Ach, ist das höflich! Natürlich werde ich die Türe schließen. Keine Frage!" Für österreichisch empfindende Empfänger hat dieser Satz aber genau denselben Bedeutungsgehalt wie die Aussage *„Türe schließen!!!"* *(mit drei Ausrufezeichen)* Diesen würde man an vergleichbaren deutschen Gittertüren erwarten. Und in der Tat: beide Sätze sollen genau dasselbe unmissverständlich und klar aussagen.

Ähnlich verhält es sich mit Sätzen in Briefen wie: *„Ich ersuche Sie höflich* [dies oder das zu tun]". In Österreich kommt das einem beleidigenden militärischen Befehlston gleich. Deshalb sollte man dort eine solche Formulierung nur in einem Notfall benutzen. Wenn ich mich jedoch über einen deutschen Mitbürger ärgere, das aber ihm gegenüber nicht zum Ausdruck bringen kann oder will, schreibe ich „Ich ersuche Sie höflich ...." Und habe mir innerlich etwas Luft verschafft.

Überhaupt ist der „Umgangs- und Streitton" in Österreich ein gänzlich anderer als in Deutschland.[63] Kritik wird in Österreich sehr moderat und

---

61 *Mappes-Niediek*, Österreich, S. 47.
62 Dazu allgemein die juristische Monografie von *Merkel*, Strafrecht und Satire, 1998; zum Zitat siehe https://www.kraus.wienbibliothek.at/content/was-deutschland-und-oesterreich-trennt-ist-die-gemeinsame-sprache und https://www.diepresse.com/1313957/was-die-osterreicher-und-die-deutschen-trennt.
63 Siehe hierzu als Beispiel ein Zitat von *Vogler* zu meinen Arbeiten (siehe unten im Text zu Fn. 88). Die damit auf meine Arbeiten abgefeuerte Breitseite einer Kritik hat mich rhetorisch vieles lernen lassen.

zurückhaltend formuliert.⁶⁴ Erst wenn man eine gewisse Sensibilität erreicht hat, versteht man kritische und sehr kritische Untertöne.

Österreichische Sprechweisen sind umgekehrt ebenfalls konfliktträchtig, wenn man sie nicht gewohnt ist. Als ich in einem Rundschreiben zum ersten Mal las, dass es an die „Geschätzten Kolleginnen und Kollegen..." gerichtet ist, habe ich mich gefragt, ob das Wort „geschätzt" einen ironischen Unterton enthält. Dem ist aber überhaupt nicht so. Ich hätte dem Verfasser also etwas unterstellt, das gar nicht vorhanden war.

Für unser Thema ist es also durchaus relevant, dass manche Dinge in Österreich nicht so deutlich und plakativ ausgedrückt werden müssen. Man versteht sie trotzdem. Sehr scharfsinnig und süffisant sind jedoch die Beiträge in der ÖJZ unter der Rubrik „Sprache und Recht". Dort werden nicht nur oft benutzte Austriazismen (wie z.B. „hiergerichtlich", „Deposition" oder „beamtshandeln") vorgestellt und genüsslich seziert. Zum Begriff „subintelligieren" vermerkt der Rechtsanwalt und Verfassungsrichter *Michael Rami* beispielsweise süffisant: „Was es bedeuten soll, weiß heute niemand mehr so genau, aber das stört nicht."⁶⁵

In Teil 3 werden wir sehen, dass nicht nur die Gerichtssprache und die Kleiderordnung bei Gericht ein historisches Vermächtnis der Kaiserzeit ist.

C. „Höf-Lichkeit" – Türgriffe im Toskanatrakt

Wenn man in Salzburg durch barocke Räumlichkeiten schreitet, wie etwa die Alte Residenz, bemerkt man die Höhe der Türgriffe. Sie zwingen einen dazu, aufrecht zu stehen und nach oben zu greifen. Man merkt schon an diesen Begebenheiten: Wer durch diese Tür gehen muss, um etwa in ein Vorzimmer eines Hofbediensteten zu gelangen, dem wird rein physisch schon vermittelt: „Schaue auf zu Deinem Herrscher und sei unterwürfig oder demütig oder ergeben."

Wie wir später noch sehen werden⁶⁶, stehen diese Türgriffe für einen ganz besonderen Aspekt der österreichischen Kultur, für den Hofstaat. Wie sehr diese „Kultur des Hofstaates" die heutige österreichische Kultur noch prägt, werden wir an vielen Stellen des Buches sehen. Leider kann man z.B. außerhalb der Landesgrenzen von Österreich den ORF terres-

---

64 Meine Kritik an *Fuchs* im Jahr 1991 (*Lagodny*, GA 1991, 300) erscheint mir heute deshalb in einem völlig anderen Licht.
65 *Rami*, ÖJZ 2016, 528.
66 Unten Teil 2 A.

Teil 1: Meine Alltagserfahrungen in Österreich

trisch nicht empfangen, aber über das Internet abrufen. Das dritte Fernsehprogramm, ORF III, bietet einen Blick in die „Seele" Österreichs. In ORF III gibt es nämlich sehr viele Sendungen über die Habsburger Monarchie. Und wenn man einen der vielen Bälle in ganz Österreich besucht, fühlt man sich in vielerlei Hinsicht mit genau der „Kultur des Hofstaates" konfrontiert.

D. Bedeutung von Titeln – „Dr. Lagodny in Zimmer 2"

In Österreich spielen Titel eine herausragende Rolle im gesellschaftlichen Leben. Seit 1919 ist zwar der Adel verboten,[67] ganz offensichtlich hat man sich Ersatz beschafft. Das wurde mir nebenbei bewusst, als ich beim Arzt war. Aus dem Lautsprecher des Wartezimmers tönte es: *„Herr Diplomingenieur Brandl bitte in Zimmer 2, Frau Magister Schmidhuber bitte in Zimmer 3, Herr Dr. Lagodny bitte in Zimmer 1".* Ich wurde also „nur" mit „Dr." aufgerufen, nicht mit „Professor". Daran ist korrekt, dass der akademische Doktortitel auch in Österreich Teil des Namens ist, nicht aber die Berufsbezeichnung „Professor". Nicht unbedeutend ist insoweit nämlich, dass auch Lehrerinnen und Lehrer an Schulen mit „Professor" bzw. „Professorin" angesprochen werden. Das würde den Unterscheidungsgrad der Anrede mit „Professor" wohl abschwächen. Deshalb ist meine korrekte österreichische Berufsbezeichnung auch „Universitätsprofessor".

Was ich zunächst aber gar nicht verstanden habe, etwa beim Unterschreiben von Zeugnissen als Studiendekan, war die Abkürzung „DI" vor dem Nachnamen. Auch das ist ein Titel; die Abkürzung steht für „Diplomingenieur".

Dass man die Verleihung eines höheren „Titels" bisweilen auch als Ersatz für eine Gehaltserhöhung einsetzt, wurde mir ebenfalls im Verlauf meiner Universitätszeit bekannt: Aus einer „Sekretärin" wird eine „Fachoberinspektorin", die man mit „FoI" abkürzt. Und schon ist die Gehaltsfrage geklärt, nämlich gar nicht.

Auch dieser Aspekt des gesellschaftlichen Lebens muss in Teil 3 vor dem Hintergrund der höfischen Gesellschaft erklärt werden.

---

67 Vgl. Adelsaufhebungsgesetz (Gesetz vom 3. April 1919 über die Aufhebung des Adels, der weltlichen Ritter- und Damenorden und gewisser Titel und Würden, StGBl. 1919/211) und das Habsburgergesetz (Gesetz vom 3. April 1919 betreffend die Landesverweisung und die Übernahme des Vermögens des Hauses Habsburg-Lothringen, StGBl. 1919/209).

E. Übertriebene Korrektheit – Ausnahmen auf dem Salzburger Verkehrsschild

Es scheint ein zentrales Bedürfnis österreichischen Rechtslebens zu sein: Die Gewährung von Ausnahmen. Dies wurde für mich sinnbildlich erfahrbar an einem Verkehrsschild in Salzburg. Am Franz-Josefs-Kai führt eine Straße in die Altstadt zum Mozartplatz. Unter dem Schild „Einfahrt verboten" stehen direkt unter dem runden Verkehrsschild die „Ausnahmen":

„ausgenommen

- Taxi
- Rollstuhlfahrer (Symbol)
- Ladetätigkeit
  Werktags 6h-11h
- Handelsvertreter
  Werktags 6h–11h
- Zufahrt Post mit Hinterlegungsanzeige
  Werktags 6h–11h
laut Amtsblatt 11/2010"

Dies charakterisiert manches, das mir in meinem Alltag begegnet ist: Das Bedürfnis nach Ausnahmen von einer Regel: Die Ausnahme von einer Anmeldefrist, von einer Prüfungsvoraussetzung, von einer Teilnahmevoraussetzung, usw. und so fort. Solche Beispiele wie das oben angeführte Verkehrsschild zeigen mir aber, dass es keine Besonderheit des Universitätslebens ist, wenn Ausnahmen zur Debatte stehen.

Generell zeigt das Beispiel dieses Verkehrsschilds aber etwas, das mir typisch für österreichische Strukturen zu sein scheint: Eine übertriebene Form von Korrektheit. Die Information über den Fundort („laut Amtsblatt 11/2010") erscheint wenig sinnvoll auf einem Schild zur Regelung des Verkehrs.

Ich habe mir kollegialiter erklären lassen, dass es sich bei Verkehrsbeschränkungen rechtlich um Verordnungen handelt. Verkehrsschilder sind daher Kundmachungen von Verordnungen. Mitunter wird ein Fall doppelt kundgemacht: mit Amtsblatt und mit Verkehrsschild auf der Straße. Geboten sei das aber nach der Straßenverkehrsordnung nicht, und schon gar nicht sei die Angabe eines sonstigen Kundmachungsorts neben dem Verkehrsschild geboten. Für mich kommt diese Genauigkeit auch in Din-

Teil 1: Meine Alltagserfahrungen in Österreich

gen zum Ausdruck, die man für nebensächlich halten könnte, wie z.B. in der Genauigkeit der Kleiderordnung bei Gericht.[68]

F. Funktion des österreichischen Verwaltungsbeamten – Bauverhandlung

Als Eigentümer einer Wohnung wurde ich von der Baubehörde benachrichtigt, dass eine „Bauverhandlung" stattfinden werde. Auf dem Nachbargrundstück solle nämlich demnächst gebaut werden. Es gehe bei der Bauverhandlung – so die Mitteilung – darum, dass alle Nachbarn noch ihre etwaigen („allfälligen") Einwendungen vorbringen. Meine spontane Reaktion war: Das ist doch bloße „Augenwischerei" und eine „pro forma"-Veranstaltung, die nur den Anschein erwecken soll, die Baubehörde nehme auf so späte Einwendungen noch Rücksicht. Ich fühlte mich darin sogar noch bestärkt, als ich dann doch aus Interesse an dieser Anhörung teilnahm und den Eindruck hatte, dass alles bereits entschieden ist.

Ein österreichischer Kollege des Verwaltungsrechts klärte mich später über mein Fehlverständnis auf: Die österreichischen Bauverwaltungsverfahren (der Bundesländer) seien in einem ganz besonderen Maße nachbarfreundlich. Nachbarrechtliche Aspekte – wie z.B. der Grenzabstand – würden von den zuständigen Baubehörden von Amts wegen in aller Hinsicht geprüft. Die deutschen Bauverwaltungsverfahren seien hingegen so ausgestaltet, dass die meisten nachbarschaftsrechtlichen Bestimmungen nur auf ausdrückliche Rüge der betroffenen Nachbarn überhaupt geprüft würden. Ansonsten gebe es eine Ausschließung („Präklusion") der Rüge solcher Bestimmungen. Im österreichischen Bauverfahren würden solche nachbarrechtlichen Vorschriften jedoch von Amts wegen geprüft.

An diesem Beispiel wurden mir manche Aspekte bewusst, die in anderen Zusammenhängen noch eine Rolle spielen werden: Die Rolle der Behörden und ihrer Beamten im 19. Jahrhundert als Wahrer und Beschützer bürgerlicher Freiheiten. Man muss hinzufügen: „Trotz *Metternich*" und kann diesen Gegensatz nur mit den zwei Gesellschaftswelten erklären, die nach meiner Wahrnehmung auch heute noch prägend wirken: Das „ordentliche" und ruhige Österreich und das genau diese Ruhe „störende" Österreich.

---

68 Verordnung des Bundesministeriums für Justiz vom 9. Mai 1962 über die Beschaffenheit, das Tragen und die Tragdauer des Amtskleides der Richter, öBGBl. 1962/133.

G. Vorrang privaten Tätigwerdens

I. Besitzstörungsklage

Erstaunlich ist z.B. auch immer wieder, wie strikt österreichische Hauseinfahrten oder überhaupt private Flächen freigehalten werden. Keiner würde es wagen, dort zu halten oder zu parken. Dafür genügt der private Hinweis: „Bei Zuwiderhandlung erfolgt Besitzstörungsklage", nämlich eine vorbeugende Unterlassungsklage. Eine solche Klage bedeutet: eine schnelle vollstreckbare zivilrechtliche Entscheidung für den Grundstücksbesitzer und ein drastisches Kostenrisiko für den Störenden: Er muss vor allem die Anwaltskosten des Grundstücksbesitzers tragen. Die Erfolgsvoraussetzungen einer solchen Klage sind nämlich sehr niedrig. Außer einem Beweisfoto bedarf es nur des erwähnten und deutlich sichtbaren Hinweises.[69]

In Deutschland hingegen ist eine solche zivilrechtliche „Besitzstörungsklage" gänzlich unüblich. Man findet vielmehr folgende Warnhinweise:

„Schulhof – Privatgelände [...] Die unbefugte Nutzung wird als Hausfriedensbruch angezeigt. [Unterschrift: Stadt Freiburg]"[70].

Dies gibt erstens Anlass, sich über das Verhältnis von Strafrecht (Nötigung, Hausfriedensbruch) zum Polizeirecht und zum Privatrecht Gedanken zu machen.[71] Zweitens wirft dieses Beispiel ein charakteristisches Licht auf den Respekt vor fremdem Eigentum. Er wird in Österreich sehr großgeschrieben. Beidem möchte ich hier nachgehen.[72] Drittens zeigt dieses Beispiel schließlich, dass Rechtsvergleichung den Lösungsvorrat einer anderen Rechtsordnung bereichern kann. Mir ist es nicht gelungen, die Ursachen dafür aufzuspüren, warum diese Lösung in Deutschland überhaupt nicht verfolgt wird, obwohl rechtlich keinerlei bedeutsamer Unterschied besteht.

---

69 Vgl. sehr instruktiv zur Frage des in Deutschland üblichen Abschleppens: *Messner*, JBl 2020, 209 und 291 sowie *Stowasser*, ZVR 2012, 45.
70 Gesehen in Freiburg/i.Br. an einer Schule.
71 Dazu: *Müller*, Besitzschutz in Europa, passim sowie dort zur Gerichtsgeschäftsordnung in Österreich ab S. 94 und dem Verfahren ab S. 107.
72 Näher siehe unten Teil 1 G.

Teil 1: Meine Alltagserfahrungen in Österreich

II. Hausverkauf ohne Notar

Für den bloßen vertraglichen Verkauf eines Hauses braucht man in Österreich *de iure* keinen Notar, nur für die verfahrensmäßige Eintragung ins Grundbuch. Deshalb könnte man ein Haus auch auf einem Bierdeckel (oder Bierfilz) verkaufen. Dies wurde mir hilfreich bewusst, als es darum ging, ein Haus noch an einem bestimmten Tag zu verkaufen. Einen Notartermin so kurzfristig zu erhalten, war freilich aussichtslos. Also setzte ich mich mit dem Käufer in dessen Büro zusammen. Wir unterschrieben beide einen von uns beiden ausgehandelten Vertragstext, der alle grundsätzlichen Fragen regelte. Das hat mir jede Menge an Zinszahlungen erspart. Zum Notar gingen wir erst später.

Rückblickend wird mir dadurch die außerordentliche Bedeutung des mündlich vereinbarten Wortes im österreichischen[73] Rechtslebens bewusst. Dies wird uns an manchen Stellen beschäftigen, wenn es um das Verfahren und seine Besonderheiten geht.[74]

Die Bedeutung des bloßen Wortes wurde mir nochmals deutlich in einem Gespräch mit einem Kollegen über Zusagen eines Rektoratsmitglieds gegenüber einem bestimmten Fachbereich. Hier fiel das Wort, man sei doch „handschlagsfest" und erwarte das auch vom Gegenüber. Damit meinte der Kollege, dass man sich auf ein gesprochenes Wort, das man mit einem Handschlag besiegelt, verlassen können muss. Es bedarf also keiner Schriftform.

Für mich kommt in diesen Beispielen zum Vorrang zivilrechtlichen Vorgehens deutlich der Vorrang des Einzelnen vor dem „Staat" und seinen Regelungen zum Ausdruck. Dies drückt sich im Strafrecht an ganz unterschiedlichen Stellen aus. Das betrifft z.B. die Frage, ob man den Besonderen Teil des StGB mit den Delikten gegen den Einzelnen (so Österreich) oder gegen den Staat (so Deutschland) beginnt.[75] Oder: Wenn das Opfer in seiner Bedeutung an völlig verschiedenen Stellen hervorgehoben wird,[76] dann drückt auch dies eine Grundeinstellung aus.

---

73 In Irland scheint ein – wie mir mein Sohn *Julius* mitteilte – ein Handschlag eine Unterschrift zu ersetzen. In Ungarn zählt nach der Mitteilung meines Kollegen *Stephan Kirste* nur das schriftlich Vereinbarte.
74 Siehe unten Teil 3 S.
75 Näher dazu unten Teil 3 J.
76 Näher unten Teil 3 F, G, H und I.

H. Österreichischer Pragmatismus – „Vorschreibung"

Oft bekommt man in Österreich als jemand, der eine öffentlich-rechtliche Forderung zu bezahlen hat, nur eine „Vorschreibung" in Form eines Überweisungsformulars, keinen Bescheid, gegen den – wie auf dem Bescheid in Form der „Rechtsmittelbelehrung" angegeben - ein Rechtsmittel möglich ist. Ein persönlich erfahrenes Beispiel sind etwa die Rundfunkgebühren-Beiträge des „Gebühren Information Service" (GIS). Das ist das österreichische Pendant zum deutschen „Beitragsservice", der zuvor weniger beschönigend schlicht „Gebühreneinzugszentrale" (GEZ) hieß.

Für diese Rundfunkgebühren bekommt man nur die erwähnte „Vorschreibung", keinen „Bescheid". Das österreichische Verwaltungsverfahren funktioniert also anders und zwar nach folgendem Gedankengang: Der Bürger hat ein Recht darauf, in solchen Fällen, einen Bescheid zu beantragen, gegen den er dann Rechtsmittel einlegen kann. Hierüber muss er auch belehrt werden. Wenn er aber mit der „Vorschreibung" – sprich der Bezahlung – einverstanden ist, muss er nichts weiter tun als zahlen.

Ich buche das innerlich unter Pragmatismus ab, nicht unter „rechtsstaatliches Defizit". Das wäre es nur, wenn man keinen förmlichen Bescheid bekommen würde. Gleichwohl: Der Bürger, der nicht weiß, dass er einen Bescheid bewirken kann, ist allerdings der Dumme. Das Problem besteht darin, wie er davon erfährt.

Doch möchte ich hier nicht Fragen des österreichischen Verwaltungsverfahrens diskutieren. Das Beispiel mit der Vorschreibung verdeutlicht mir aber, dass eine andere Rechtsordnung die Erreichung rechtsstaatlicher Ziele, wie hier die Gewährleistung des Rechts auf Rechtsschutz nach Art. 19 Abs. 4 GG, auch auf anderen Wegen erreichen kann als einem unmittelbaren Klagerecht.

Diese Beispiele haben mir deutlich gemacht: Das österreichische Denken ist oft von einem Pragmatismus geprägt. Sein Gegensatz ist deutsches Konsequenz-Denken. Dieser Aspekt wird uns nachfolgend immer wieder beschäftigen.

I. Alltägliche Diskriminierung ohne Gewissensbisse – „Nazi-Bauer", „Jud" und „Sie san ja kein richtiger Ausländer" (Autokauf)

Kurz nach meiner Ankunft im Jahre 1999 in Salzburg entdeckte ich auf einer Gemarkungskarte den Namen „*Nazibauer*" in der Nähe von Seekirchen/Wallersee. In einem Lehrbuch fiel mir immer wieder die fettformatierte Abkürzung „*Jud*" auf. Selbst als ich die Worte „J U D" in einer Lehrveranstaltung an die Tafel schrieb und fragte, was die Studierenden damit assoziierten, meldete sich niemand. Einen Autohändler habe ich gefragt, ob man bei ihm auch ein Auto „auf Kredit" kaufen könne. Ich sei erst hergezogen und habe ein Haus gekauft. Er gab mir die bejahende Antwort mit dem Hinweis: „Sia san ja kein richtiger Ausländer!" (*Sie sind ja kein richtiger Ausländer!*").

Was mir nicht bewusst war: „Nazibauer" kommt von „Nazbauer" als Kurzform von „Ignaz"/„Ignazbauer". Und die Abkürzung „Jud" wird in der österreichischen juristischen Literatur für „Judikatur" verwendet. Was schließlich ein „richtiger" Ausländer ist, habe ich dann im Laufe der Zeit verstanden.

Diese drei Erfahrungen deuteten auf ein im Untergrund ständig schwelendes Problem hin, das mir dann immer deutlicher geworden ist: In Österreich bestand zumindest im Jahre 1999, also 54 Jahre nach Ende des 2. Weltkriegs, kein allgemeines Problembewusstsein für die Mitverantwortung von Österreicherinnen und Österreichern für die Taten unter dem Banner des Nationalsozialismus und besonders für die Judenvernichtung. Und zweitens mangelte es an Sensibilität für die offensichtliche (und erst recht für versteckte) Ausländerfeindlichkeit. Der Bedeutung dieser Fragen werde ich deshalb nachgehen.[77]

Als ich irgendwann in eine Parteiveranstaltung der FPÖ mit dem damaligen Vorsitzenden *Strache* im „Stiegl-Keller", der auf dem Weg zur Salzburger Festung liegt, hineinschauen konnte, hatte ich die Vorstellung: So muss eine Veranstaltung der Nazis in den 30er Jahren des 20. Jahrhunderts gewesen sein: Dumpf, verräuchert und bierschwanger, die Äußerungen der Leute wirkten insgesamt sehr bedrohlich auf mich. Ich war froh, dass ich nur von außen und von oben in den Keller geschaut habe.

Ob man es Heimatliebe, Fremdenfeindlichkeit oder Schutz vor einer Überfremdung nennt: Der Verkauf eines Grundstücks an Ausländer ist genehmigungspflichtig. So muss etwa ein Ausländer nach § 19 Z. 3 lit. b des niederösterreichischen Grundverkehrsgesetzes seit mindestens zehn Jahren in Österreich einen Hauptwohnsitz haben.[78] Noch deutlicher in Salzburg. § 8 Abs. 2 des Grundverkehrsgesetzes des Bundeslandes Salzburg[79] erklärt als Ziel der Regelungen für den Grundverkehr für Ausländer:

---

77 Näher siehe unten Teil 2, D.
78 Niederösterreichisches Grundverkehrsgesetz 2007 (NÖ GVG), nöLGBl. 6800-5.
79 (Salzburger) Grundverkehrsgesetz 2001 (GVG 2001), sbgLGBl. 2002/9.

J. Tertiäre Sozialisation – „Wenn das mein Verbindungsbruder wäre"

„Ziel der Bestimmungen dieses Abschnitts ist die Beschränkung des Rechtserwerbs an Grund und Boden durch Ausländer, die nicht durch das Recht der Europäischen Union oder sonst Inländern gleichgestellt sind, *aus staatspolitischen, volks- oder regionalwirtschaftlichen, sozialpolitischen und kulturellen Interessen.*" (Hervorhebung von mir, O.L.)

Aus Deutschland sind mir vergleichbare Grundstückverkehrsnormen nicht bekannt.

Insgesamt tritt für mich hier eine durchaus ambivalente Toleranz hervor, die durchaus schnell ins Gegenteil umschlagen kann. Das Schwanken zwischen „ewiger Neutralität", Leben und leben lassen, beides aber ist oft gepaart mit einer durchaus „immerwährenden" Konfliktscheuheit.

J. Tertiäre Sozialisation – „Wenn das mein Verbindungsbruder wäre"

Auf einer universitären Veranstaltung zum Auslieferungsrecht in der Europäischen Union habe ich mich kritisch zur deutschen Praxis der Amtsgerichte nach erfolgter Festnahme geäußert. Diese bedeute letztlich den gesetzlich vorgeschriebenen Ausschluss richterlicher Verantwortung, obwohl gerade ein Richter diese Verantwortung für die Rechtmäßigkeit zu übernehmen hat. Der Amtsrichter darf nämlich, wenn man nur nach dem Wortlaut von § 21 IRG vorgeht, fast nichts prüfen außer der Identität des Festgenommenen.[80] Er müsste die Festnahme selbst dann bestätigen, wenn dem Amtsgericht die amtliche Mitteilung vorliegen würde, dass der Festgenommene zur Tatzeit in Haft war und die ihm vorgeworfene Tat überhaupt nicht begangen haben kann, weil er nicht am Tatort war (§ 10 Abs. 2 IRG). Nach der Sitzung hat mich ein hoher Beamter des Bundeslandes Salzburg irritiert darauf angesprochen und – die deutschen gesetzlichen Vorgaben offensichtlich nicht kennend – gemeint: Wenn „sein Bundesbruder" der Richter wäre und sich auf diese wenigen rechtlichen Voraussetzungen beschränken würde, „dann würde ich mit dem aber mal ein ernstes Wort reden".

Diese kurze Bemerkung hat mir schlaglichtartig bewusst gemacht, dass es in Österreich eine unter der Oberfläche existierende Struktur politischer Kultur geben muss, die man als Fremder nicht so leicht erkennt: Der mittelbare Einfluss studentischer Verbindungen. Sie bewirken nach meinen Erfahrungen in vielen Fällen eine Form dritter Sozialisierung, neben der

---

80 Vgl. zu diesem Sachproblem: *Hackner*, in: Schomburg/Lagodny, Internationale Rechtshilfe[6], Vor §§ 21, 22 IRG Rn. 1–12.

Teil 1: Meine Alltagserfahrungen in Österreich

ersten im Elternhaus und der zweiten in den Schulen. Auch hierauf werde ich zurückkommen.[81]

K. Der allgegenwärtige „gesunde Menschenverstand" („Billa – sagt der Hausverstand")

Die Supermarktkette „Billa" wirbt seit 2007 mit dem Slogan *„Billa – sagt der Hausverstand"*. Hierin kommt die Bedeutung des „Hausverstandes", des „gesunden Menschenverstandes" zum Ausdruck. Dieser Begriff hat grundlegende Bedeutung, ist aber völlig unklar in seiner Ausprägung. Er wird von der politischen Mitte, von konservativer bis hin zu rechtsextremer Seite gebraucht, um Lösungen für politische Probleme nicht näher begründen zu müssen. Er wird eingesetzt wie hier in der Werbung, um so eine Art österreichischen „common sense" zu beschwören, den ich in der Tat an vielen Stellen und bei vielen Gelegenheiten bemerkt habe. Es geht um eine Art gesundes und gewachsenes Mittelmaß. Unklar ist allerdings, wo man die „Mitte" in diesem Sinne ansiedeln möchte. Unabhängig von diesen inhaltlichen Fragen hat der Begriff des „Hausverstandes" auf jeden Fall eine positive einheitsstiftende Funktion. Sonst würde ein umsatzstarkes Unternehmen kaum mit einem solchen Slogan werben. Kurz gefasst: Was „der Hausverstand" sagt, sollte möglichst befolgt werden, weil das positiv ist.

Der Begriff des „Hausverstandes" oder des „gesunden Menschenverstandes" ist freilich schillernd: Er kann *erstens* bedeuten, dass man keine extrem erscheinenden Lösungen verfolgen soll, dass man „die Kirche im Dorf lassen" soll. Dieses Argumentationsmuster ist durchaus prägend für Gesellschaften, die zur Ruhe gekommen sein wollen oder nach außen das Bild erzeugen, in sich zu ruhen. Man scheut vor allem extreme Lösungen. Diese sind vielleicht nur deshalb „extrem", weil sie so viel Wert auf eine „konsequente" oder auf eine „widerspruchsfreie" Lösung legen. Hierfür ist man in Deutschland sehr anfällig; in Österreich legt man darauf keinen besonderen Wert. Das hat für Deutschland schon *Kleist* in seiner Novelle über *„Michael Kohlhaas"* thematisiert.

Zweitens kann die Bemühung des „Hausverstandes" auch damit einhergehen, dass man brandgefährliche populistische Ansichten im Schafsfell der Normalität darbietet. Man propagiert etwa die Verwendung in Öster-

---

81 Näher siehe unten Teil 2 E.

reich hergestellter Produkte und schürt damit subkutan einen allseits spürbaren Fremdenhass.

Beide Lesarten sind möglich. Wer die Metapher vom „Hausverstand" verwendet, kann aber nie auf eine der beiden Varianten verpflichtet werden.

Wir werden in Teil 3 sehen, dass im heutigen österreichischen Strafrecht sicherlich kein „Prinzipiendenken" in der Tradition von *Kant* herrscht. An vielen Stellen lugt vielmehr die paternalistische Milde des gütigen Herrschers hervor. Für mich ist ein wohltuendes Musterbeispiel die Regelung der „tätigen Reue"[82] und die Einschränkung der Versuchsstrafbarkeit bei untauglichem Versuch.[83]

L. Dörfliche Struktur

Wenn man länger in Österreich lebt, fällt einem die Zersiedelung der Landschaft außerhalb von Ortschaften auf. Man fährt durch schöne Natur und plötzlich ragt mittendrin ein modernes Fabrikgebäude heraus, das freilich recht „stylisch" ist.

Dieser Umgang mit freier Fläche wird für mich erklärbar, wenn ich weiß, dass „der Bürgermeister" die örtliche Baubehörde ist für die Genehmigung eines Bauvorhabens. Das leistet kriminogenen Strukturen durchaus Vorschub oder schafft eine gute Grundlage für Bestechung oder Vorteilsannahme.

Deshalb macht es Sinn, einen Blick auf die Struktur des heutigen Österreich zu werfen und nach der Verteilung von Städten und Nicht-Städten zu fragen. Oben haben wir schon gesehen, dass es sehr wenige große Städte und mit Wien nur eine wirkliche Großstadt gibt.[84] Sehr erstaunt war ich nämlich über die tägliche Rubrik „Kino Bundesländer" in der österreichweit erscheinenden Tageszeitung „Der Standard". Ich fragte mich: Sind dort alle Kinos in Österreich aufgeführt? Eine Rückfrage bei der Zeitung ergab, dass dies nicht der Fall ist. Immerhin werden aber Kinos aus folgenden Orten abgefragt. Deren Einwohnerzahl ist erstaunlich niedrig (Einwohnerzahlen in Wikipedia abgefragt am 26.06.2020):

- Oberpullendorf (BGL): 3189 Einwohner
- Lambach (OÖ): 3523 Einwohner

---

82 Siehe unten Teil 3 H.
83 Siehe unten Teil 3 D.
84 Siehe oben Einleitung L.

- Parndorf (BGL): 4807 Einwohner
- Lieboch (STM): 5149 Einwohner
- Horn (NÖ): 6458 Einwohner
- Hartberg (STM): 6687 Einwohner
- Regau (OÖ): 6700 Einwohner
- Pasching (OÖ): 7607 Einwohner
- Oberwart (BGL): 7623 Einwohner
- Freistadt (OÖ): 7960 Einwohner
- Fohnsdorf (STM): 8080 Einwohner
- Lauterach (Vorarlberg): 10 269 Einwohner
- Imst (Tirol): 10 628 Einwohner
- Leibnitz (STM): 12 374 Einwohner
- Bludenz (Vorarlberg): 14 577 Einwohner
- Hohenems (Vorarlberg): 16 720 Einwohner

Wegen dieser ganz deutlichen dörflich/kleinstädtischen Struktur bekommen solche gesellschaftlichen Faktoren wie „Sozialkontrolle" und „Sozialdisziplinierung" eine ganz andere Bedeutung.[85] Es kann auch sein, dass die ausgesprochene Opferorientierung[86] damit zusammenhängt.

Einen direkten Einfluss dieser dörflichen Struktur auf das Strafrecht kann ich nicht aufzeigen. Überlegenswert wäre es, ob es einen Zusammenhang mit der prägenden Kraft des „Hausverstandes"[87] gibt.

M. Meine Erfahrungen als Universitätslehrer

Viele der vorstehend aufgezeigten Alltagssituationen spiegeln sich natürlich wider in meinen Erfahrungen an der Universität Salzburg. Nachfolgend geht es aber auch um zusätzliche Aspekte aus dem akademischen Leben, die weniger das Strafrecht als Lehre und Forschung zum Strafrecht betreffen.

Als ich im Jahre 1999 von der Universität Dresden nach Österreich kam, hatte ich eine deutsche juristische Sozialisation erfahren, sprich zwei staatliche, keine universitären Prüfungen („Staatsexamen") absolviert, und meine wissenschaftliche Ausbildung an deutschen Universitäten sowie elf Jahre lang am „Max-Planck-Institut für ausländisches und internationales Strafrecht" in Freiburg i. Br. mit seinen zwei Forschungsgruppen (Strafrecht und Kriminologie) absolviert. Ich hatte zudem das Glück, dass ich

---

85 Siehe dazu unten Teil 2 A II.
86 Siehe dazu unten Teil 3 F bis I.
87 Siehe oben Teil 1 K.

mit *Albin Eser* einen sehr toleranten und ebenso fördernden wie fordernden akademischen Lehrer hatte. Dies alles hat mich und mein wissenschaftliches und universitäres Vorverständnis sehr geprägt.

Den Unterschied zu Österreich kann ich mit folgenden Beispielen illustrieren: Ich hatte es in meiner Dissertation gewagt, eine deutsche Habilitationsschrift sehr heftig sachlich zu kritisieren. Der betreffende Kollege hat das sehr persönlich genommen, mich ignoriert, dann aber, als er bereits fortgeschritten an Krebs erkrankt war, kurz vor seinem Tod noch eine richtig beeindruckende rhetorische Salve auf mich abgefeuert.

> „*Lagodny* [...], der das Wesen der Auslieferung eben so gründlich wie konsequent verkennt, [...] [E]r ist offensichtlich von dem Bemühen verleitet, neue Wege zu gehen ohne Rücksicht auf nationale und internationale Standards, wird aber mangels theoretischen Verständnisses, praktischer Erfahrung und sachkundiger Begleitung den Anforderungen, die das anspruchsvolle Thema [...] stellt, nicht gerecht."[88]

In Österreich wäre so eine ausdrückliche und direkt formulierte und sogar gedruckte Kritik nach meiner Einschätzung nicht denkbar. Man würde sicherlich andere Wege finden, um solche Konflikte zu leben.

Im Rahmen eines Dissertantenseminars kam ich dann auf die Bedeutung von *Kelsen* und seine Auffassung von Rechtspositivismus in Österreich zu sprechen. Diese sei mir erst im Laufe meiner Lehrzeit in Salzburg bewusst geworden. Eine hervorragende Seminarteilnehmerin fragte mich dann ganz direkt: „Wie können Sie als Deutscher damit leben und in Österreich Jus unterrichten? Müssen Sie da nicht gehen?" Diese Frage traf einen entscheidenden Problempunkt, auf den ich unten[89] noch eingehen muss.

Aus zahlreichen Gesprächen mit Studierenden habe ich schließlich den Eindruck gewonnen, dass die Erziehung zum selbständigen Arbeiten jedenfalls nicht an erster Stelle der Arbeit der Schulen und Gymnasien steht. Ich bin mir bewusst, dass dies ein so „heißes Eisen" ist, dass ich mir die Finger daran verbrennen kann. Ich kann mich auch nicht auf empirische Erkenntnisse stützen, sondern nur auf jahrelange Erfahrungen in der Arbeit mit Studienanfängern.

Auf wissenschaftlichem Gebiet wurde ich immer wieder mit dem bereits erwähnten verfassungsrechtlichen „Trennungsgrundsatz" nach Art. 94 B-VG konfrontiert. Danach sind Verwaltung und Gerichte „in allen Instan-

---

88 *Vogler*, Auslieferungsrecht, in: Wolter (Hrsg.), 140 Jahre Goltdammer's Archiv, S. 261 vor allem mit der hier im Text abgedruckten Fn. 49.
89 Siehe unten Teil 2 F II und Teil 4 B.

zen getrennt". Erst ab dem Jahr 2014 gab es in Österreich Verwaltungsgerichte, die man auch nach deutschem Vorverständnis so bezeichnen würde. Noch später wurde mir klar, dass es in Österreich keine materielle Norm zur Gewaltenteilung in der Verfassung gibt, sondern eben nur die formelle nach Art. 94 B-VG. Das wird uns noch eingehend beschäftigen.[90]

Einige weiteren Erfahrungen und Erlebnisse im akademischen Alltag an der Universität deuten Strukturen und Denkweisen an, die auch über die Universität hinaus von Bedeutung sind. Ob man die von mir angedeuteten Hypothesen zur Verallgemeinerung machen kann, lasse ich dabei dahingestellt. Sie zu verifizieren, ist gegebenenfalls Aufgabe eines weiteren wissenschaftlichen Projektes. Wenn Leserinnen und Leser ohne juristische Kenntnisse an dieser Stelle zu dem geschichtlichen Teil 2 springen, schränkt dies das Gesamtverständnis nicht ein. Mir ist klar, dass ein solcher Hinweis aber eher die Neugier auf die folgenden Zeilen weckt.

I. „Handschlagfest" sein

Die bereits erwähnte Bedeutung und Verbindlichkeit mündlicher Absprachen wurde mir besonders bei Verwaltungsaufgaben an der Universität bewusst. Ein Kollege betonte in diesem Zusammenhang, die Gegenseite sei „nicht handschlagsfest". Das bedeutet: Man muss sich auf das mündlich Vereinbarte verlassen können.

II. „Zur Kenntnis genommen"

Heute besteht an unserer Universität ein elektronisches Verwaltungssystem zur Bearbeitung etwa von Urlaubsanträgen von MitarbeiterInnen. Bevor es eingeführt worden ist, musste ich auf einem papiernen Urlaubsformular als unmittelbarer Dienstvorgesetzter zwischen zwei Antworten wählen. Ich musste nur das entsprechend vorformulierte Kästchen ankreuzen: „zur Kenntnis genommen" oder „nicht zur Kenntnis genommen". In der Sache bedeutete das: „genehmigt" bzw „nicht genehmigt". Jedes Mal, wenn ich angekreuzt habe „zur Kenntnis genommen", fragte ich mich: Was erkläre ich hier eigentlich?

Wenn ich nur „zur Kenntnis nehme", dann entscheide ich ja nach meinem sprachlichen Verständnis nicht, ob ich den Antrag genehmige oder

---

90 Siehe unten Teil 3 E.

nicht. Das muss ich aber doch als Dienstvorgesetzter. Ich „nehme" also nur „zur Kenntnis" und betrachtete das Formular und seine Vorgabe für mich als „gegeben". Dadurch erzeuge ich ja, so war meine Überlegung, für niemanden ein Schaden. Gleichwohl war es doch höchst widersprüchlich. Denn wenn ich ankreuze, „nicht zur Kenntnis genommen" drücke ich schlicht die Unwahrheit aus, kurz: ich lüge. Und wenn ich eine solche Erklärung auch noch unterschreibe, dann bekräftige ich, dass ich das genaue Gegenteil von dem mache, was ich erkläre. In der universitären Praxis hätte die Erklärung, dass ich es „nicht zur Kenntnis" genommen habe, bedeutet: „nicht genehmigt".

Im Zivilrecht gibt es hierfür eine Rechtsregel (protestatio facto contraria non nocet). Sie wurde für Fälle aktiviert, wenn jemand zum Beispiel ohne zu bezahlen mit einem öffentlichen Verkehrsmittel gefahren ist, obwohl dort ein Hinweis zu lesen war: „Fahrt nur mit gültigem Fahrschein". Der Vorbehalt des Fahrenden, keinen Beförderungsvertrag abschließen zu wollen, wird durch diese Regel für unbeachtlich erklärt. Deshalb habe ich mich manches Mal gefragt: Ist meine Erklärung unbeachtlich? Wenn ja: Wer entscheidet dann über den Antrag?

Oder will einem das Formular nur ersparen, etwas Negatives auszudrücken, nämlich: schlicht „nicht genehmigt"? Wie auch immer: der Vordruck des Formulars erschien mir immer höchst suspekt.

III. „Studentenprotest" mit Kuchen

Als ich von 2009–2013 Mitglied des Senats der Universität Salzburg war, hat die Studierendenvertretung der ÖH (Österreichische Hochschülerschaft) Proteste angekündigt, weil wir über Studiengebühren zu entscheiden hatten. Ich ging mit leicht ungutem Gefühl in die entscheidende Sitzung, weil ich mit allen möglichen Formen des studentischen Protestes gerechnet habe. Ich fragte mich, ob wir Aktionen wie in Deutschland in den 1968er Jahren zu erwarten haben.

Ich war doch sehr verwundert (und erleichtert) als die Tür zum Sitzungssaal aufging und die Studierendenvertreter uns allen Kuchen auf einem Tablett angeboten haben. Das war also, so mein spontaner Gedanke, die österreichische Version von Studentenprotest. Es lief alles sehr friedlich ab, man gab sich die Hände und hörte einander zu.

Ich fragte mich, ob das alles an politischer Aktion, an politischem Protest der Studierenden war. Das konnte es doch nicht sein, dass man Protest mit der Gabe von Kuchen ausdrückt! Dieses Erlebnis motivierte mich in

Teil 1: Meine Alltagserfahrungen in Österreich

besonderem Maße, dieses Projekt hier voranzutreiben. Wie ich unten[91] noch näher ausführen möchte, ist der Sachzusammenhang zwischen fehlender Akzeptanz der eigenen Rolle im Nationalsozialismus und fehlender studentischer Protestkultur in den 1960/70er Jahren ein Spezifikum der österreichischen Geschichte.

IV. „Mörderfrage" in Prüfungen

Einen ersten Hinweis auf ein mir zentral erscheinendes Thema erhielt ich in einer Besprechung von engagierten Kolleginnen und Kollegen zum Thema „Didaktik". Wir kamen auf die Gestaltung mündlicher Prüfungen zu sprechen. Ein von mir sehr geschätzter Kollege meinte, die „Mörderfrage" stelle er nur selten. Ich war sehr erstaunt, dass er mit dieser Charakterisierung solche Fragen meinte, die nach dem „Warum" einer rechtlichen Regelung fragen, also nach dem Grund und dem Anlass.

Meine spontane Überlegung war, dass meine Prüfungen mit dieser Frage beginnen. Der Rückschluss von Prüfungen auf den in Lehrveranstaltungen vermittelten Stoff ist naheliegend: Das „Warum" scheint bei diesem Kollegen nicht im Vordergrund zu stehen. Mein Zweifel begann: Ist das eine Einzelmeinung oder eine generelle Linie? Ist das nur ein Reflex der anzusprechenden Konfliktscheuheit?

V. Prüfungsnoten

In Schwaben gilt folgendes Prinzip für den Umgang mit Lob: „Nicht geschimpft ist genug gelobt". In Österreich gilt meiner Erfahrung nach genau der spiegelverkehrte Grundsatz: „Nicht gelobt ist genug geschimpft." Entsprechend hoch ist z.B. das Notenniveau an Schulen: eine 2, ein „gut" ist schon eher schlecht. Eine drei („befriedigend") wird schon als schlecht empfunden. Das gilt selbst bei der dienstlichen Beurteilung von RichteramtsanwärterInnen[92], wie ich von PraktikerInnen erfahren habe.

Ganz anders sieht es im österreichischen juristischen Studium aus der Sicht der Studierenden aus. Hier gilt in Studentenkreisen der Grundsatz „vier gewinnt", also: Hauptsache bestanden. Das hängt natürlich damit zu-

---

91 Siehe unten Teil 2 D und E.
92 Diese sind von der Stellung her in etwa vergleichbar mit deutschen Assessoren/Assessorinnen.

sammen, dass das rechtswissenschaftliche Studium nur die Voraussetzung für den *Beginn* z.B. einer Richterausbildung ist, nicht bereits ein *Bestandteil* derselben wie in Deutschland.[93] Hinter dieser österreichischen Benotungsphilosophie könnte sich ein genereller Zug verbergen, andere nicht zu sehr kritisieren zu wollen und nicht „zu direkt" zu sein. Vielleicht hat dies auch mit der unten[94] noch zu behandelnden „Höf-Lichkeit" zu tun.

Der deutsche Notenlevel bei juristischen Arbeiten sieht demgegenüber so aus, dass die Notenskala von 0–18 Punkte reicht. Der Durchschnitt liegt bei fast allen Prüfungen zwischen 4 und 5 Punkten. Ab 4 Punkten ist die Arbeit bestanden. Die beste Note sind ist 18 Punkte. Ab 9,00 Punkten nach der mündlichen Prüfung liegt in Baden-Württemberg (wie auch in anderen Bundesländern) die Note „vollbefriedigend" vor. Diese werden von etwa zehn Prozent der Absolventen erreicht. Ein „vollbefriedigend" ist in aller Regel die Voraussetzung für anspruchsvolle und finanziell ansprechende Stellen in Justiz, Verwaltung und Wirtschaft.

Warum in Deutschland das Niveau juristischer Noten so tief liegt, ist mir nicht bekannt. Ich führe es zum Großteil darauf zurück, dass die Prüferinnen und Prüfer einerseits oft divergieren bei der zu erwartenden Prüfungsleistung, andererseits nicht gerne eine bessere Note geben als sie selbst erhalten haben. Dadurch wird die Notenskala von vornherein „gedeckelt".

Welche geradezu absurden Züge der deutsche Glaube an die Exaktheit der Benotung spielt, ist mir in Dresden bewusst geworden. Ich war Vorsitzender einer mündlichen Prüfung im Ersten Juristischen Staatsexamen. Nach Abschluss der Einzelprüfungen stand ein Kandidat rechnerisch auf einem Durchschnitt von 8,92 Punkten. Mit 9,00 hätte er die oben erwähnte Notenstufe „vollbefriedigend" erreicht. Die Prüfungskommission kann bei der nun vorzunehmenden Gesamtbewertung um 1,00 Punkte nach unten oder nach oben abweichen. Auf meine Frage, ob wir dem Kandidaten die fehlenden „0,08 Punkte" geben, sprang ein Kollege fast vom Stuhl auf und stieß aus: „Das können wir nicht machen! Da hängen Karrieren davon ab!" Ich dachte mir „Eben!", lies dem Ganzen aber frustriert seinen Lauf, weil die anderen Prüfer dem Kollegen zustimmten.

---

93 Zu weiteren Unterschieden im Studium und in der Notengebung, siehe *Lagodny*, Rechtsvergleichende Überlegungen, in: Warto/Zumbach/Lagodny/Astleitner (Hrsg.), Rechtsdidaktik, S. 51–66.
94 Siehe unten Teil 2 A II.

Teil 1: Meine Alltagserfahrungen in Österreich

VI. Verfassungskonforme Auslegung (Fortbildungsveranstaltung RichteramtsanwärterInnen)

Vor längerer Zeit habe ich eine Einheit in einer Fortbildungsveranstaltung des OLG Linz für RichteramtsanwärterInnen[95] übernommen. Mein Thema war die Europäische Menschenrechtskonvention im Strafverfahren. Ich habe einen Fall gebildet, bei dem es aus meiner Sicht auf die verfassungskonforme Auslegung einer Vorschrift der StPO ankam. Weil die Europäische Menschenrechtskonvention (EMRK) in Österreich Verfassungsrang hat, ging es um die Heranziehung eines Artikels der EMRK.

Eine Teilnehmerin fragte ganz erstaunt: „Wo steht das in der StPO?". Es gebe zu dieser Rechtsfrage nirgendwo in der StPO eine Verweisung auf die EMRK. Meine spontane Reaktion hierauf war: „Die EMRK braucht keine Eintrittskarte ins einfache Recht!"

Rückblickend ist mir klargeworden, dass mir spätestens in Maria Alm das „*kelsen*sche Denken"[96] und die darauf aufbauende Lehre vom „Stufenbau der Rechtsordnung" begegnet ist. Die hervorragenden Richteramtsanwärterinnen und Richteramtsanwärter waren einhellig irritiert ob meiner Ausführungen. Es kann also nicht an der fehlenden juristischen Methodik gelegen haben. Rückblickend war das, was ich gesagt habe, schlicht unverständlich für sie, weil sie das Gegenteil „gelernt" haben in ihrer juristischen Ausbildung. Also denken deren Ausbilderinnen und Ausbilder so und nicht anders, weil sie genau das weitergegeben haben. Das ist für mich ein Beleg, wie weit verbreitet das unten noch näher zu behandelnde[97] *kelsen*sche Denken auch heute noch ist.

VII. Betreuung eines fachübergreifenden Dissertationsthemas

Leider musste ich in Salzburg die Erfahrung machen, dass die Betreuung eines Dissertationsprojekts nicht von meiner Lehrbefugnis gedeckt und deshalb nicht möglich sein soll, während dies in Deutschland außer Frage gestanden wäre. Es ging um die internationale Rechtshilfe bei der Vollstreckung von Bußgeldbescheiden in Verkehrsstrafsachen. In Österreich unterfallen solche „Bußgeldbescheide" dem Verwaltungsstrafrecht und deshalb dem Verwaltungsrecht. Dafür habe ich in der Tat keine Lehrbefugnis.

---

95 Zu deren Stellung siehe oben Teil 1 M V.
96 Siehe unten Teil 2 F.
97 Siehe unten Teil 2 F.

Aber abgesehen davon, dass ich hierzu bereits einen Überblicksaufsatz geschrieben hatte,[98] gehört das Ordnungswidrigkeitenrecht für mich eindeutig zum Straf- und Strafprozessrecht. Zudem ist die grenzüberschreitende Vollstreckung von strafrechtlichen Entscheidungen schließlich eines meiner Spezialgebiete. Ich hatte vielmehr den Eindruck eines „Kästchendenkens", wenn man zwischen gerichtlichem Strafrecht und Verwaltungsstrafrecht so kategorisch trennt, obwohl beides nach der Rechtsprechung des Europäischen Gerichtshofs für Menschenrechte eine „strafrechtliche Anklage" im Sinne von Art. 6 Abs. 1 EMRK darstellt.[99]

Hieraus ergaben sich aber für mich die „Entdeckung" des österreichischen Trennungsgrundsatzes sowie die Befassung mit *Hans Kelsen* und seiner auch heute noch wahrnehmbaren Bedeutung für die österreichische Rechtswissenschaft.[100]

VIII. Strafverteidiger nicht einladen

Vor einigen Jahren haben wir in Salzburg Praktikerseminare durchgeführt. Die Strafrechtslehrerinnen und -lehrer der Salzburger Fakultät diskutierten über aktuelle praktische Rechtsprobleme mit Richter/-innen und Staatsanwälten/Staatsanwältinnen der Salzburger Justiz. Diese Seminare waren für alle Studierenden und sonstigen Fakultätsangehörigen offen. Meine Anregung, doch auch Strafverteidiger dazu einzuladen, stieß auf wenig Gegenliebe und verlief im Sande. An der Gestik meiner Gesprächspartner hierzu konnte ich auch ablesen, dass mein Vorschlag als geradezu befremdlich aufgefasst worden ist. Von der deutschen strafrechtlichen Kultur und Denkweise her wäre es aber bei einer solchen Veranstaltungsart geradezu selbstverständlich gewesen, auch Strafverteidiger einzuladen.

Meine eigene Erklärung hierzu fand ich erst viel später: Das Ansehen und der Ruf „der Strafverteidigung" ist in Österreich völlig verschieden von demjenigen in Deutschland. Die Strafverteidigung ist höchst suspekt und arbeitet kollusiv mit „dem Verbrechen" zusammen. Auch diesen Punkt gilt es, noch näher auszuarbeiten.[101]

---

98 *Schomburg/Lagodny*, Internationale Rechtshilfe in Verkehrsstrafsachen, DAR 1992, 445–448.
99 So treffend *Schick*, ZöR 65 (2010), 573, 576–578.
100 Dazu unten Teil 2 F.
101 Siehe unten Teil 3 Q.

Teil 1: Meine Alltagserfahrungen in Österreich

IX. Die Begegnung mit der Sentenz „Österreich ist ein Labyrinth, in dem sich jeder auskennt"

Beim österreichischen Strafverteidigertag 2005 in Salzburg erläuterte ich rechtsvergleichend,[102] dass europäische Geschworenengerichte zentral an dem Mangel litten, dass zwei Gerichtsteile (Geschworene und Berufsrichter) in Konkurrenz zueinander stünden. In der Diskussion ging man überhaupt nicht auf diesen Punkt ein. Auf meine Frage, warum das ignoriert würde, bekam ich von einem ehemaligen Justizminister zur Antwort: „Österreich ist ein Labyrinth, in dem sich jeder auskennt."

Das ist keine spontan in der Diskussion entstandene pointierte Ausdruckweise. Es handelt sich um ein Zitat von „Herrn Karl". Das ist ein Monolog als Theaterstück aus dem Jahre 1961, in dem der „Herr Karl" darüber räsoniert, dass „die Österreicher" als opportunistische Mitläufer keine Mitverantwortung an der Judenvernichtung in der Nazizeit trügen. Deshalb ist dieser Spruch vom „Labyrinth" etwas durchaus Charakteristisches: Man kann in der österreichischen Gesellschaft und Kultur mit Widersprüchen und Inkonsequenzen leben.

X. Auftreten der Polizei

Allerdings: Auf dem Alten Markt in Salzburg wurde ich eines Morgens Zeuge, wie ein Lieferauto einen dort stehenden Zeitungsverkäufer beim Rangieren gestreift hat und ein anwesender Polizist (damals noch: „Gendarm") gerade dabei war, den Zeitungsverkäufer zu vernehmen. Weil es sonst keinen Beobachter des Geschehens gab, sprach ich den Zeitungsverkäufer an und bot ihm an, als Zeuge zur Verfügung zu stehen, falls es Probleme gebe. Sofort wurde ich von dem Polizisten barsch aufgefordert, ihn nicht bei seiner Amtshandlung zu stören. Ich drückte dem Zeitungsverkäufer kurzerhand eine Visitenkarte in die Hand und ging des Weges.

An dieser kleinen Begebenheit wurde mir die uneingeschränkte Autorität bewusst, die jedenfalls die österreichische Polizei besitzt; vielleicht aber auch die Polizei in jedem anderen Staat. Ich hatte jedenfalls das Gefühl, von dem Polizisten geradezu selbstverständlich in die Rolle des nur störenden Untertanen versetzt zu werden. Das war für mich jedenfalls ein lehr-

---

102 Siehe *Lagodny*, in: Heike Jung-FS, S. 499.

reicher Anstoß, um mich fortan mit der Stellung der Strafverteidigung in Österreich zu befassen.[103]

XI. Konzeption des Jus-Studiums in Österreich

Ich benötigte lange Zeit, ich es überhaupt bemerkt hatte: Erst die Bitte an eine Mitarbeiterin, mir doch „kurz zusammenzustellen, was es zum Gutachtenstil in Österreich" gebe, führte zu der klaren Antwort: „Es gibt nichts dazu" – verbunden mit der erstaunten Frage, was „der Gutachtenstil" denn sei. Der „Gutachtenstil" ist eine in Deutschland praktizierte juristische Methode, um zu beantworten, ob ein konkreter Lebenssachverhalt unter eine abstrakt formulierte Rechtsnorm, also z.B. ein Gesetz, fällt.[104] Beispiel: „Tötet" der Briefträger, wenn er dem Empfänger eine Briefbombe übergibt, und diese kurz darauf beim Öffnen explodiert.

Das war für mich sehr irritierend, kam ich doch aus der deutschen juristischen Tradition, die jedem Erstsemester eintrichtert: „Ohne Gutachtenstil geht im Jurastudium gar nichts!" Ich musste mich also erst von dieser Grundüberzeugung lösen bzw. mir die zentrale Botschaften des „Gutachtenstils" bewusst machen, um sinnvoll weiterarbeiten zu können. Denn zu lehren ohne Lehrziel(e) zu haben, macht didaktisch keinen Sinn. In Deutschland hinterfragt man den Gutachtenstil eigentlich nicht wirklich.[105] Bei der Beschäftigung mit dieser Frage wurde mir erst bewusst: Der „Gutachtenstil" hat sich erstens nur in Deutschland entwickelt. Er ist zweitens zur Zeit *Friedrichs des Großen* in Preußen im 18. Jahrhundert entstanden, weil das Jura-Studium damals die zwingende Eingangsphase der Richterausbildung war. Das ist der historische Hintergrund, warum es in Deutschland in den Rechtswissenschaften auch heute noch zwei staatliche exekutive Prüfungen (Staatsexamina) und nur widerwillig geduldete und hingenommene ergänzende universitäre Prüfungen („Schwerpunkt") gibt. In Österreich besteht dieser Zusammenhang nicht. Wer Richter werden will, beschreitet einen besonderen Weg, den nur ein Bruchteil der Studie-

---

103 Näher dazu unten Teil 3 R.
104 Zum Gutachtenstil ausführlich: *Valerius*, Einführung³, 2009. Im angloamerikanischen Rechtsraum gibt es nur wenige abstrakte Rechtsnormen. Man muss sich die abstrakte Rechtsnorm oder Bestandteile davon durch die Analyse von (vielen) Gerichtsentscheidungen erst zusammensuchen.
105 Siehe *Lagodny/Mansdörfer/Putzke*, ZJS 2014, 157–164.

Teil 1: Meine Alltagserfahrungen in Österreich

renden wählt. Das Jus-Studium wird nämlich wie jedes andere akademische Studium konzipiert.

Dass es deshalb in Österreich in der Tat die Kategorie „Gutachtenstil" gar nicht gab, man aber doch „irgendwie" zurechtkommt zwang mich letztlich zu den Fragen: 1. Was ist das Ziel der rechtswissenschaftlichen Lehre in Österreich? 2. Welche Auswirkungen hat es, dass das „Jus-Studium" in Österreich grundsätzlich wie jedes andere akademische Studium ausgestaltet wird?[106]

Wenn man aber als deutscher „Volljurist" damit konfrontiert wird, dass ein Jus-Studium grundsätzlich wie jedes andere akademische Studium betrieben wird, dann schließt dies Fragen mit ein, die ebenfalls in jedem anderen Studium gestellt werden.

XII. Rechtsvergleichendes Aha-Erlebnis: Amnesty Gutachten

Ein rechtsvergleichendes Schlüsselerlebnis hatte ich, als ich ein Gutachten für Amnesty International anfertigte zur Frage, ob in Deutschland anerkannte Asylberechtigte aus Deutschland ausgeliefert werden dürfen.[107] Das war eine Frage, an der ich mir schon bei meiner Dissertation[108] in den achtziger Jahren des vergangenen Jahrhunderts die Zähne ausgebissen habe. Auch das deutsche Bundesverfassungsgericht hatte keine überzeugende Antwort auf die Frage, warum die verwaltungsrechtliche Anerkennung als Asylberechtigter alle anderen staatlichen Organe an die Anerkennungsentscheidung bindet, aber ausdrücklich gerade *nicht* die Oberlandesgerichte, die über die Zulässigkeit der Auslieferung eines anerkannten Asylberechtigten zu entschieden haben:

> § 6 AsylG lautet auch heute (*Hervorhebung von mir, O.L.*): Die Entscheidung über den Asylantrag ist in allen Angelegenheiten verbindlich, in denen die Anerkennung als Asylberechtigter [...] rechtserheblich ist. *Dies gilt nicht für das Auslieferungsverfahren* [...].

Als Begründung gaben die Gesetzgebungsmaterialien seinerzeit die „Besonderheiten des Auslieferungsverfahrens" an. Rechtsprechung und ein Teil der (strafprozessualen) Lehre haben diese Besonderheiten darin gesehen, dass der ersuchende Staat die Garantie dafür gibt, dass er den Ver-

---

106 *Lagodny*, Rechtsvergleichende Überlegungen, in: Warto/Zumbach/Lagodny/Astleitner (Hrsg.), Rechtsdidaktik, S. 51.
107 *Lagodny*, Auslieferung trotz Flüchtlings- oder Asylanerkennung?, 2008.
108 *Lagodny*, Rechtsstellung des Auszuliefernden, 1987.

dächtigen nur („speziell") wegen der dem Ersuchen zugrundeliegenden Delikte verfolgt. Das nennt man „Spezialität".

Als ich im Jahr 2008 die in Salzburg vorhandenen Bücher zum deutschen Asylverfahren durchstöbert habe, bin ich „nur" auf ein Buch aus dem Jahr 1968 gestoßen. Darin lag aber die Lösung für das Problem. Der Autor hat nämlich am seinerzeitigen Gesetzgebungsverfahren mitgewirkt und in seinem Buch zum einschlägigen Gesetz von 1965 vermerkt:

> „Die Regelung wurde damit begründet, dass dem OLG die Möglichkeit eröffnet werden sollte, auch über das Asylrecht zu befinden. Es solle dabei nicht an eine Entscheidung einer Verwaltungsbehörde [*gemeint: Bundesamt für die Anerkennung ausländischer Flüchtlinge, Anm. O.L.*] gebunden werden. Daraus wird zu schließen sein, dass die Bindungswirkung für das Auslieferungsverfahren doch eintritt, wenn über die Asylberechtigung durch rechtskräftiges verwaltungsgerichtliches *Urteil* entschieden ist."[109]

In den amtlichen Materialien ist dieser Hintergrund nicht ausdrücklich benannt. Als die Regelung von der Sache her – damals als „§ 26s" – eingefügt worden war, sprach der „Schriftliche [...] Bericht des Ausschusses für Inneres [...]"nur davon, dass diese Neuregelung „auf dem Sondercharakter des Auslieferungsverfahrens als einer Form der Rechtshilfe" beruhe.[110] Dieser schriftliche Bericht hat aber auf nur 9 Seiten die Begründungen für die 18 Seiten umfassenden synoptisch dargestellten Änderungen allein des Normtextes zusammengefasst, welche der Innenausschuss gegenüber der Regierungsvorlage[111] beschlossen hat. Das Wort vom „Sondercharakter" hat deshalb primär zusammenfassenden Charakter. Es hat aber in der Praxis bis hin zum BVerfG ein Eigenleben geführt, das nichts mehr mit dem ursprünglich Intendierten zu tun hat. Deshalb hat man dann den „Sondercharakter" des Auslieferungsverfahrens in der Spezialität sehen wollen.

Die Oberlandesgerichte waren jedoch bis 1965 die einzigen Gerichte, die über das Asylrecht entschieden haben – nämlich gerade dann, wenn sie eine Auslieferung für zulässig oder unzulässig erklärt haben. Ein Asylanerkennungsverfahren mit gerichtlichem Rechtsschutz gab es damals noch nicht. Dieses wurde erst durch das Ausländergesetz 1965 eingeführt. Die VwGO und damit die Verwaltungsgerichte existierten erst seit dem Jahre 1960.

Vor diesem gänzlich anderen prozessualen Hintergrund ist die wiedergegebene Begründung zu sehen. Dies führt zu völlig anderen Schlussfolge-

---

109 *Schiedermair*, Handbuch Ausländerrecht, Erläuterung 7 zu § 45 AuslG.
110 BT-Drs. IV/3013, S. 8.
111 BT-Drs. IV/868.

rungen. Sie zeigen, dass auch die Praxis des Bundesverfassungsgerichts schlicht von unzutreffenden Prämissen ausgegangen ist.[112]

Auf dieses entscheidende Buch bin ich in Deutschland nie aufmerksam geworden, weil ich gar nicht auf die Idee gekommen wäre, so einen Bericht über das Gesetzgebungsverfahren zu finden. Es war also Zufall, dass dieses Buch aus dem Jahre 1968 gerade in Salzburg verfügbar war.

Mein Fazit für die Rechtsvergleichung hieraus ist: Es ist besser, ein veraltetes Buch der anderen Rechtsordnung zu haben als gar keines. Denn nur dann kann man weitere Fragen stellen (oder in meinem Fall sogar: Antworten bekommen).

XIII. Auf Österreich beschränkte rechtswissenschaftliche Forschung?

Ein von mir sehr geschätzter österreichischer Kollege hat mich sehr überrascht. Ich habe ihn zu einer seiner Veröffentlichungen gefragt, warum er zu diesen Rechtsfragen nicht auch die deutsche Literatur und Judikatur zitiere. Es handele sich doch um Rechtsfragen, die sich in beiden Rechtsordnungen grundsätzlich in derselben Weise stellten und nicht von normativen Besonderheiten abhingen. Er meinte kurzerhand: Die Rezeption der deutschen Dogmatik hätte in Österreich keine Chance. Das verwunderte mich.

Oder liegt die in der Tat oft fehlende Rezeption nur daran, dass Österreich als kleines Land eine überschaubare Zahl von StrafrechtswissenschaftlerInnen hat? Auch diese Überlegung habe ich oft gehört.

Andererseits werden sowohl deutsche Literatur und deutsche Rechtsprechung zitiert und auch verarbeitet. Was aber – so muss man fragen – sind die Auswahlkriterien? Gibt es die überhaupt? Wie ist so etwas zu vereinbaren mit dem Anspruch, wissenschaftlich zu arbeiten? Welches Wissenschaftsverständnis wird dabei zugrunde gelegt?

Bei all diesen Fragen hat es mich weitergebracht, dass die Rechtswissenschaften in Österreich behandelt werden wie jede andere Wissenschaft.

---

112 *Lagodny*, Auslieferung trotz Flüchtlings- oder Asylanerkennung?, 2008.

Teil 2: Erklärungsversuche über geschichtlich entstandene Prägungen

Der „Fall Österreich" ist historisch das Ergebnis eines zunächst jahrhundertelangen Vergrößerungs- und daran anschließenden Verkleinerungsprozesses: Es begann mit der konsequent und kontinuierlich gewachsenen Habsburger-Großmacht des Mittelalters. Diesem Reich des 16. Jahrhunderts, „in dem die Sonne nie untergeht", folgte eine Doppelmonarchie im 19. Jahrhundert bis hin zu einem heute noch bestehenden „Rest", der nach dem 1. Weltkrieg „übriggeblieben" ist.

Im Folgenden geht es aber nicht darum, diese Entwicklungslinien zeitlich nachzuzeichnen. Wie wir spätestens bei der Einzelanalyse großer strafrechtlicher Unterschiede zwischen diesen beiden deutschsprachigen Strafrechtsordnungen sehen werden, müssen wir vielmehr immer wieder auf historische Entwicklungen zurückgreifen, um bestimmte Entwicklungen und Phänomene zu verstehen. Dafür ist ein allgemeiner Abriss der österreichischen Geschichte nicht erforderlich. Das übersteigt auch meine Kompetenz. Deshalb sei insoweit hier nur sehr subjektiv und exemplarisch hingewiesen auf historische Standardwerke mit fachlichem bzw. populärwissenschaftlichem Anliegen, die mir sehr hilfreich gewesen sind:

- *Bruckmüller, Ernst*, Österreichische Geschichte. Von der Urgeschichte bis zur Gegenwart. Wien 2019;
- *Zöllner, Erich*, Geschichte Österreichs: Von den Anfängen bis zur Gegenwart, 8. Auflage Wien 1990;
- *Vocelka, Karl*, Österreichische Geschichte, 4. Auflage München 2014;
- *Hamann, Brigitte*, Österreich. Ein historisches Porträt, München 2009.
- *Heimann, Hans-Dieter*, Die Habsburger. Dynastie und Kaiserreiche, 4. Auflage München 2009

Unter www.habsburger.net gibt es eine Fülle von gut aufbereiteten Informationen zur „Welt der Habsburger" mit Videos von *Karl Vocelka* oder Artikeln von *Martin Mutschlechner*.

Viele Grundlageninformationen zur Gesellschaft von und zum Alltag in Österreich habe ich folgenden Darstellungen entnommen:

- *Walterskirchen, Gudula*, Die österreichische G'sellschaft. Satirische Einblicke und Ausblicke, Wien 2006
- *Nilsson, Alice*, Hättiwari. Der wahre Kern von Österreich, Wien 2012

Teil 2: Erklärungsversuche über geschichtlich entstandene Prägungen

Von geradezu unschätzbarem Wert war für mich das „Wörterbuch der politischen Sprache in Österreich"[113].

Notwendig erscheint mir, eine historisch-funktionale Auswahl zu treffen und mich auf bestimmte Aspekte zu beschränken. Diese wähle ich nach dem Bild aus, das ich im vorangegangenen Teil 1 in meinem österreichischen Alltag gewonnen habe. Zu erklären gilt es:

- Allgemein: Die „österreichische Seele",
- die Bedeutung und Herkunft der „Höf-Lichkeit",
- die Bedeutung von Titeln,
- die Herkunft übertriebener Korrektheit,
- die Funktion und Stellung von Beamten,
- der Vorrang privaten Tätigwerdens,
- die Bedeutung von Pragmatismus,
- der zu beobachtende alltägliche Diskriminierung,
- die Bedeutung tertiärer Sozialisation,
- die Rolle des „gesunden Menschenverstandes",
- die andere Universitätskultur sowie
- die Rolle der katholischen Kirche.

Diese „Sonden" für die Auswahl der historisch zu analysierenden Faktoren und Funktionen erscheinen Ihnen vielleicht höchst subjektiv. Das trifft zu. Wenn ich diese Auswahl unter methodisch-empirischen Gesichtspunkten legitimieren möchte, so kann man die Auswahl sicherlich erfassen als wissenschaftliche Methode der „teilnehmenden Beobachtung". Sie wurde in der Einleitung thematisiert.[114]

Die Methode ist als empirische Erkenntnismöglichkeit umstritten, weil es der beobachtende Teilnehmer selbst ist, der die empirischen Fakten erhebt. Das macht sie grundsätzlich angreifbar. Nur die Vorauswahl über die „teilnehmende Beobachtung" ermöglicht mir es aber gerade hier im hi-

---

113 *Panagl/Gerlich* (Hrsg.), Wörterbuch der politischen Sprache in Österreich, 2007. Es liest sich sehr spannend, weil Begriffe erläutert werden, die den politischen Gegenwartsalltag prägen: von „Autonome Szene" über „Ehemalige", „Freunderlwirtschaft", „gesundes Volksempfinden", „Hainburger Au", „Heldenplatz", „Hofratsnation", „Illegaler", „Insel der Seligen", „Kaisermythos", „Kammer", „Konkordat", „Kronenzeitung", „k.u.k.-Armee", „Landesfürst", „Los von Österreich", „Moskauer Memorandum", „Nazi", „Neutralität", „österreichischer Weg", „Opernball", „Opferthese", „Pragmatisierung", „Proporz", „Reichsdeutscher", „Sandler", „Schattendorf", „Sozialpartnerschaft", „Staatsvertrag von St. Germain", „Stempelmarke", „Studentenverbindungen", „Vaterland", „Verfassungsgerichtshof", „Vernadern", „Waldheimaffäre", „Wehrmachtsausstellung", „Wiedergutmachung", „Zweite Republik", bis hin zu „Zwentendorf".
114 Siehe dazu Einleitung F.

Teil 2: Erklärungsversuche über geschichtlich entstandene Prägungen

storischen Teil, die Fülle historischer Fakten so zu strukturieren, dass ich keine buchhalterische Sammlung von Daten und Ereignissen präsentiere. Deshalb greife ich darauf zurück.

Ich bin mir zudem sicher, dass Sie, wenn Sie in Österreich geboren und aufgewachsen sind, diese Schwerpunkte gar nicht oder vielleicht nicht so stark sehen, weil Sie von Kindesbeinen an damit aufgewachsen sind. Ja, es kann sogar sein, dass Sie meine Auswahl als „wenig einsichtig" oder „völlig einseitig" oder „rein subjektiv" bewerten. Mit letzterem hätten Sie ja recht: Meine Auswahl ist rein subjektiv und muss weder auf Gegenliebe noch auf Anerkennung stoßen, auch nicht in Österreich. Aber sie beruht auf meine jahrelangen Erfahrungen als „Fremder" (im Sinne von *Georg Simmel*[115]) in Österreich.

Es geht vor allem nicht um Vorwürfe oder Beschuldigungen. Diesen Eindruck hatte ich aber sehr oft, wenn ich meine Thesen mit geborenen Österreicherinnen und Österreichern im Vorfeld diskutiert habe. Dabei habe ich nämlich oft eine ausgesprochene Verteidigungshaltung zu spüren bekommen. Nicht selten hörte ich: „Habsburg ist doch schon lange vorbei", wenn ich über meine geschichtlichen Thesen diskutiert habe.

Mit diesen Überlegungen hier versuche ich mich also auch zu befreien von dem „Messer", das ich während des Schreibens immer in meinem Kopf wahrnehme: „Was sagen die einheimischen Kolleginnen und Kollegen oder generell ÖsterreicherInnen zu dieser oder jener These?" Das ist eigentlich eine wenig sinnvolle Frage, weil ich der „Ausländer" bin, der heute kommt und morgen bleibt.

Wie oft wurde ich etwa gefragt, was denn dies oder das „mit Strafrecht" zu tun habe, wenn ich den „Jungbürgerbüchern" aus den Jahren von ca. 1960 bis 1980 nachgegangen bin[116] oder wenn mich die rein zivilrechtliche „Besitzstörungsklage"[117] umgetrieben hat. Auch in einem Kollegengespräch habe ich die Rückmeldung bekommen, das heutige Österreich sei doch sehr tolerant und „nicht mehr" von der katholischen Kirche beherrscht.

Im Laufe der Zeit wurde mir schließlich auch klar, dass sich kultur-historische Erklärungsversuche lange zurückverfolgen lassen müssen, um einen Erklärungswert zu haben. Je weiter zurück ich gehe, umso deutlicher muss sich diese Erklärung auch heute noch bestätigen lassen. Das kann zum Beispiel eine aktuelle Charakterisierung durch einen Fachmann

---

115 Siehe oben Teil 1 D.
116 Dazu unten Teil 2 D I.
117 Dazu unten Teil 3 N.

Teil 2: Erklärungsversuche über geschichtlich entstandene Prägungen

sein. Als Beispiel möge die Aussage des anerkannten österreichischen Historikers *Karl Vocelka* (Universität Wien) dienen. Er bezeichnet den barocken konfessionellen Absolutismus als ein „Spezifikum der österreichischen Entwicklung" und die „Pietas Austriaca" als die „spezifische Frömmigkeit" der Habsburger.[118] Diese Beurteilung in der historischen Fachwelt ist für mich die Grundlage, um darin „Prägungen" zu sehen.

Ganz wichtig war für mich zunehmend die Erkenntnis, dass das heutige Österreich im Wesentlichen die „Habsburger Stammlande" sind. Das war mir lange nicht bewusst. Aber jeder in Österreich aufgewachsene Österreicher und jede dort aufgewachsene Österreicherin dürfte dieses Bewusstsein haben. Dies kommt unter anderem in den erwähnten „Jungbürgerbüchern" zum Ausdruck. Auch das Programm des Senders „ORF III" bringt ähnlich häufig Sendungen zu „den Habsburgern" wie einer der deutschen Spezial-Sender wie Arte, NTV, ZDF-Info, Phoenix, Alpha, etc. fast jeden Tag irgendeine Sendung zum Themenkreis Nationalsozialismus und/oder 2. Weltkrieg auf dem Tableau haben.

Mit dem Begriff „Stammlande" sind nicht die Gebiete gemeint, aus denen die Habsburger herstammen. Das ist die Habsburg in der Schweiz. Mit dem Begriff „Stammlande" meint man vielmehr das heutige Österreich. Dessen Bundesländer waren seit jeher habsburgisch:[119]

Die oben genannten geschichtlichen Entwicklungen erscheinen mir also prägend. Der Begriff „prägend" ist bewusst gewählt. Der ehemalige Präsident des deutschen Bundesverfassungsgerichts, *Udo Di Fabio*, hat ihn verwendet, um die Frage zu analysieren, woran die Weimarer Republik gescheitert ist. Er stellte z.B. die einfache Überlegung an, ob die Weimarer Republik nicht der Boden für die Machtergreifung der Nationalsozialisten im Jahr 1933 gewesen wäre, wenn statt der Weimarer Reichverfassung schon damals das Bonner Grundgesetz gegolten hätte.[120]

Diese Überlegung eines „Normentausches" erzeugt ein spontanes Verständnis dafür, dass eine Norm allein noch gar keine Veränderung mit sich bringen muss. Das ist nichts anderes als die rechtsvergleichende Grunderkenntnis, dass das „Law in the books" etwas anderes ist als das „law in action" oder das geschriebene Recht nicht gleichgesetzt werden darf mit dem gelebten Recht.

---

118 *Vocelka*, Österreichische Geschichte, S. 59 und 60.
119 Siehe näher unten Teil 2 A I.
120 *Di Fabio*, Weimarer Verfassung, S. 247–257, vor allem z.B. S. 248: „Wenn seit August 1919 das Grundgesetz gegolten hätte, wäre das wirklich ein Garant für politische Stabilität gewesen?"

Teil 2: Erklärungsversuche über geschichtlich entstandene Prägungen

Das Faszinierende an dieser Überlegung besteht in der Erkenntnis von *Di Fabio*, dass es allein der Normtext nicht bewirkt, wie eine Rechtsordnung gelebt wird und sich entwickelt. Vielmehr hängt das auch von den Einstellungen und Handlungsweisen der konkret lebenden Menschen ab.

Hintergrund des Ansatzes von *Di Fabio* über einen „Prägeraum" ist seine Schrift zur Analyse politischer Herrschaft: „Herrschaft und Gesellschaft", bei welcher die Kategorie des „Prägeraums" eine zentrale Rolle einnimmt. Recht und Staat seien etwa zu unterscheiden von einem „grenzüberschreitenden politischen Prägeraum"[121]. Die territorial-nationale Organisation sei der Staat, der national-kommunikative Prägeraum die öffentliche Meinungsbildung.[122] Der Begriff erscheint mir unbestimmt und offen genug, um auch solche Phänomene wie die hier beschriebenen geschichtlichen Entwicklungslinien aufnehmen zu können. Jedenfalls ist er präzise und leistungsfähig genug, um diese Linien zu verdeutlichen und greifbar zu machen.

Sie mögen jetzt fragen, liebe Leserin und lieber Leser, was diese Erkenntnis aus der Verfassungsgeschichte mit der hier behandelten Strafrechtsvergleichung zu tun hat. Die Antwort ist ganz einfach: Rechtsvergleichung ist nicht nur horizontal, sondern auch vertikal möglich. Horizontal auf ein und derselben Ebene betrachtet man verschiedene Rechtsordnungen, die zur selben Zeit gelten, also z.B. das geltende deutsche mit dem geltenden österreichischen Strafrecht oder Verfassungsrecht.

Rechtsgeschichte ist deshalb insgesamt *auch* vertikale Rechtsvergleichung: Man betrachtet ein- und dieselbe Rechtsordnung in der zeitlichen Dimension: Wie hat sie sich zum Beispiel in den letzten hundert oder zweihundert Jahren entwickelt? Das ist die allgemeine vertikal-rechtsvergleichende Art der Fragestellung.

Freilich erschöpft sich Rechtsgeschichte nicht darin, vertikale Rechtsvergleichung zu sein. Auch die Erforschung früherer Rechtsordnungen ohne Bezug zur Gegenwart hat einen Eigenwert. Musterbeispiel ist die Auffassung über das Römische Recht. Dieses wird vielfach als eigenständige Disziplin angesehen. Das muss aber nicht zwangsläufig so sein.

Deshalb ist es insgesamt folgerichtig, eine Fragestellung z.B. der Verfassungsgeschichte in die Strafrechtsvergleichung zu übertragen. Das Konzept der „Prägung" bzw des „Prägeraums" erscheint mir deshalb naheliegend.

---

121 *Di Fabio*, Herrschaft und Gesellschaft, S. 154.
122 *Di Fabio*, Herrschaft und Gesellschaft, S. 221 ff., 222.

Teil 2: Erklärungsversuche über geschichtlich entstandene Prägungen

Mit diesem Vorverständnis wende ich mich folgenden Aspekten zu:

- Das heutige Österreich als die *Habsburgischen Kernlande* (unten A): Das Gebiet des heutigen Österreich bildete seit mehr als 500 Jahre (vom 13./14. Jahrhundert[123] bis 1806) mit Ausnahme des unter kirchlicher Herrschaft stehenden Salzburg die „Kernlande" (oder „Stammlande") der Habsburger. Das ist das Haus der Dynastie, aus dem die deutschen Kaiser kamen. Hieraus ergeben sich ganz zentrale Spezifika, nämlich vor allem die Sozial-Struktur der „höfischen Gesellschaft" mit Aspekten der Subalternität und des Paternalismus.
- Die *Bedeutung der Pietas Austriaca*, also *der katholischen Kirche* (unten B), ist eine ganz besondere. Die enge Verzahnung von weltlicher und kirchlicher Macht wird zudem nirgends so deutlich wie in Salzburg, dem „Rom des Nordens", mit seinen vielen Kirchen.
- Es gibt noch weitere *Prägungen, die spezifisch im 19. Jahrhundert entstanden* sind (unten C): Nach der Auflösung des Heiligen Römischen Reiches Deutscher Nation (1803/1806) entstanden das Deutsche Reich (1871) und die österreichisch-ungarische Doppelmonarchie (1867–1918). Diese Entwicklung hat Grundlagen geschaffen, die heute noch wirkmächtig sind.
- Der *Umgang mit der eigenen (österreichischen) Beteiligung am Nationalsozialismus in den Jahren 1933–1945* zeigt aus meiner Sicht schließlich ganz besonders zwei Aspekte der aktuellen österreichischen Gesellschaft: Konfliktscheu und ein Unschuldsbedürfnis nach außen (unten D). Diese Diskussion spielt eine ganz besondere Rolle, weil sie Spezifika aufzeigt, die ebenfalls heute noch zu beobachten sind.
- Das *„österreichische Labyrinth"* in der Gegenwart muss ebenfalls beschrieben werden (unten E). Dazu gehört z.B., dass man hier mit Dingen, die aus deutscher Sicht Widersprüchlichkeiten und inkonsequentes Verhalten darstellen, bestens zu Recht kommt.
- Eine juristische Betrachtung kann schließlich, auch wenn sie sich auf das Strafrecht konzentriert, nicht ohne den Rechtswissenschaftler *Hans Kelsen und seine Bedeutung* auskommen (unten F). Die Auseinandersetzung mit ihm und seiner Wirkung ist gleichsam ein Mikrokosmos und eine Zusammenfassung aller hier behandelten „Prägeräume". Sie wird uns auch den Weg zu den strafrechtlichen rechtsvergleichenden Einzelanalysen im Teil 3 dieser Arbeit öffnen.

---

123 Nach *Vocelka*, Österreichische Geschichte, S. 17–199: seit 1273 (Rudolf von Habsburg).

A. Die heute noch allgegenwärtige Grundlage der habsburgischen „Stammlande"

Einer meiner Söhne berichtete mir, dass sich der Schulunterricht im Fach Geschichte in Salzburg (Österreich) kaum von dem in Freiburg i. Br. (Deutschland) unterscheide, weil die Geschichte weitgehend identisch sei. Ich stutzte zwar zunächst; mir wurde aber schnell bewusst, dass die Geschichte der Menschen in beiden Territorien[124] in vielerlei Hinsicht bis 1803/06 identisch verlaufen war.

Ein Blick auf die oben[125] befindliche Karte aus dem Jahr 1917 macht es nochmals verständlicher: Sowohl das Gebiet der heutigen Bundesrepublik wie auch des heutigen Österreich gehörten zum Heiligen Römischen Reich Deutscher Nation. Dieses bestand seit dem Jahr 800 n. Chr. mit der Krönung von *Karl dem Großen* bis zum Jahre 1806, mit der Niederlegung der römisch-deutschen Kaiserkrone durch den Habsburger *Franz II*. Zuvor war im Jahre 1803 der „Reichsdeputationshauptschluss" als Entschädigungsdekret einer Fürstenkommission zu Verlusten an Frankreich ergangen.

Dies wird noch deutlicher, wenn man sich die Abfolge der Herrscher im Heiligen Römischen Reich deutscher Nation bzw. in Österreich von 1740–1918 in Erinnerung ruft:

1740–1780	Maria Theresia, 1765-1780 zusammen mit Joseph II
1780–1790	Joseph II (alleine)
1790–1792	Leopold II.
1792–1835	Franz II. als Kaiser des „Heiligen Römischen Reiches deutscher Nation" und danach Kaiser von Österreich
1835–1848	Ferdinand I. Kaiser von Österreich
	1834: Deutscher Zollverein (funktionell: Vorstufe des Deutschen Reiches)
1848–1916	Franz Joseph I. Kaiser von Österreich, König von Ungarn
	1871: Gründung des Deutschen Reiches
1916–1918	Karl I. Kaiser von Österreich; König von Ungarn

---

124 Diese Formulierung mag befremdlich erscheinen, vermeidet aber Begriffe wie „Reich" oder „Staat".
125 Einleitung A (S. 22).

Teil 2: Erklärungsversuche über geschichtlich entstandene Prägungen

Dieser Zusammenhang wurde mir auch vor Augen geführt, als ich in der Wiener Hofburg die Reichskrone in einer Vitrine sah: Ich sagte mir: Das ist doch genau die Krone, die ich aus dem Geschichtsunterricht als diejenige kannte, mit der viele zum Kaiser gekrönt worden waren. Für manche Leserinnen und Leser mag diese späte Erkenntnis von mir befremdlich erscheinen, aber der Besuch in der Hofburg war die erste visuelle Konfrontation mit diesem Teil der Geschichte.

Vor allem die „Kaiser" waren für beide heutigen Territorien bis 1803/1806 identisch. Unterhalb des Kaisers gab es in den später „deutschen" Landen z.T. völlig andere Strukturen als in den später „österreichischen". Erwähnt sei nur die oft zitierte Kleinstaaterei in den später deutschen Territorien. Diese Entwicklung macht deutlich, wie nahe sich die beiden Gesellschaften eigentlich historisch stehen.

In der Tat: Zentral für meine historische Analyse ist die Tatsache, dass das heutige Österreich die so genannten „Stammlande" der Habsburger Monarchie und Herrschaft sind. Das betont *Bruckmüller* in seiner umfassenden Darstellung der österreichischen Geschichte bereits im Vorwort:

> „Die Gebiete der neuen [*heutigen*, O.L.] Republik waren aber schon seit Jahrhunderten unter der Herrschaft der Habsburger beisammen gewesen – nur Salzburg erst seit 1816. Umgangssprachlich existierte längst eine Bezeichnung für das Gebiet der Herrschaft der Habsburger – *Österreich*."[126]

Das ist von zentraler Bedeutung. Aus dieser Habsburgergeschichte des heutigen Österreich (unten I) ist dann die Herausbildung einer *höfischen* Gesellschaft kulturell zentral bedeutsam (unten II). Weiter Spezifika sind der Paternalismus (unten III) und die Toleranz (unten IV).

I. Habsburgergeschichte des heutigen Österreich

Wenn man auf den offiziellen Homepages der einzelnen Bundesländer nachschaut und damit auf eine gewissermaßen offizielle Darstellung zurückgreift, stellt sich die Entwicklung im Wesentlichen folgendermaßen dar:

- *Niederösterreich* ist seit 1282 habsburgisch; damals war Niederösterreich das „Herzogtum Österreich unter der Enns" mit der Hauptstadt *Wien*.
- *Oberösterreich* war seit dem 13. Jahrhundert habsburgisch.
- Das *Burgenland* gehörte bis 1918 zur ungarischen Reichshälfte.

---

126 *Bruckmüller*, Österreichische Geschichte, S. 9.

A. Die heute noch allgegenwärtige Grundlage der habsburgischen „Stammlande"

- Das ab 1286 bestehende Herzogtum *Kärnten* fiel 1335 an das Haus Habsburg.
- In der *Steiermark* waren die Habsburger seit 1282 Herzöge.
- *Salzburg* kam 1816 zu Österreich. Bis dahin war Salzburg ein Kirchenstaat unter der Herrschaft der Erzbischöfe.
- *Margarethe Maultasch* übergibt *Tirol* im Jahre 1363 an Herzog *Rudolf von Habsburg*.
- *Vorarlberg* war ab 1861 ein eigenständiges Kronland der Habsburger, das bis 1918 in einer Verwaltungseinheit mit Tirol stand.

Diese historische Identität ist in vielen Hinsichten für die heutige österreichische Gesellschaft und Kultur und deshalb auch für das Recht relevant. Wenn es irgendwo eine Habsburger Kontinuität gab, dann in diesen habsburgischen Stammlanden. Spezifika der Habsburger Zeit treffen auf diese für Stammlande, also für das heutige Österreich zu oder sind zumindest in der einen oder anderen Form prägend und mitbestimmend.

Hierbei muss heute man sicherlich einen Unterschied zwischen Wien einerseits und „den Bundesländern", also dem ganzen Rest des heutigen Österreichs machen. So ist die Geschichte Tirols nicht nur geprägt von *Andreas Hofer* und seinem Freiheitskampf zu Beginn des 19. Jahrhunderts, sondern auch von *Michael Gaismair* (1490–1532)[127]. Dies wird an entsprechenden Stellen zu berücksichtigen sein.

Für mich tritt diese Welt heute im Jahr 2020 beim „Wiener Opernball" hervor. Der Bundespräsident tritt nur an die Stelle des alten Kaisers. Ein solcher Ball scheint mir als aufschlussreiche Reminiszenz. „In den Bundesländern" begegnet einem diese z.B. in der Form von Faschingsbällen oder generell als „Ball". Man kann darin einen „alten Zopf" sehen, ein Verweilen im ewigen Gestern. Man kann diese Kultur als Fortsetzung von Habsburger monarchischen Traditionen sehen; dann wird man sie zumindest in anderem Licht sehen.

1. Lange Herrschaftszeiten

Die Herrschaft der Habsburger war vor allem dadurch geprägt, dass die einzelnen Kaiser jeweils sehr lange an der Macht waren. Das verschaffte dem Reich Kontinuität. Das war in Europa zwar keine Besonderheit,[128] wirkt sich meines Erachtens aber doch aus auf die Bedeutung für die

---

127 Siehe *Höller*, Eine Leiche in Habsburgs Keller, 2011.
128 Vgl. nur Königin *Viktoria* von Großbritannien war 64 Jahre an der Macht (1837–1901).

Teil 2: Erklärungsversuche über geschichtlich entstandene Prägungen

Stammlande und damit auf das heutige Österreich. Die Habsburger prägen das heutige Österreich.

Bis zum Ende der österreichisch-ungarischen Doppelmonarchie im Jahre 1918 gab es allein drei „Dauerkaiser" in der Zeit seit 1740:
Maria Theresia war 40 Jahre an der Macht (1740–1780). Franz war als *Franz II.* von 1792–1806 Kaiser des Heiligen Römischen Reiches und von 1804–1835 als *Franz I.* Kaiser von Österreich. Damit war er sogar 42 Jahre an der Spitze des Reiches. *Franz Joseph* schließlich war mit einer Herrschaft von 68 Jahren (1848–1916) der Spitzenreiter.

2. Die Bedeutung Wiens im Habsburger Reich

Man setzt heute oft „Österreich" mit „Habsburg" gleich. Deshalb meint man, was als "österreichisch" erscheint, ist wohl „habsburgisch". Die Umkehrung ist nicht ohne weiteres möglich. Wenn man etwas als „typisch habsburgisch" charakterisieren kann, dann trifft dies nicht unbedingt auf das gesamt heutige Österreich zu. Es gibt ganz große Besonderheiten und Eigenheiten bzw. Eigenständigkeiten „in den Bundesländern".[129] Man denke nur an ein völlig verschiedenes Selbstverständnis in Tirol und in Wien. Auf jeden Fall gibt es auch den generellen Unterschied zwischen „Wien" und „den Bundesländern". Dies kann aber nicht so verstanden werden, dass das heutige Österreich in zwei Teile zerfiele. Im Gegenteil: Die prägende Wirkmacht der Metropole Wien ist überall zu spüren.

Die Macht lag deshalb in Wien; und zwar letztlich bis zur Gründung des deutschen Reiches im Jahr 1871. Das wird einem mittelbar bewusst, wenn man die Charakterisierung der Berufsmöglichkeiten des 23 Jahre alten preußischen *Freiherrn von Stein* (1757–1831) im Jahre 1780 liest. Bei der Beschreibung des Werdegangs dieses in Preußen aufgewachsenen Verwaltungsreformers führt der renommierte englische Historiker *Gordon A. Craig* nämlich hierzu aus:

> „Als dieser Reichsfreiherr nun als junger Mann vor der Wahl stand, sich für eine Karriere zu entscheiden, *tat er nicht das nächstliegende und ging nach Wien*, wo ihn eine aller Voraussicht nach ehrenvolle und lukrative Karriere im kaiserlichen Dienst erwartet hätte. *Statt dessen bewarb er sich, im Jahr 1780, um Aufnahme in den preußischen Staatsdienst* [...]"[130]

---

129 Meinem lieben Freund *Hannes Winner* sei herzlich gedankt für diese Hinweise.
130 *Craig*, Ende Preußens, S. 16 (Hervorhebung von mir, O.L.).

A. Die heute noch allgegenwärtige Grundlage der habsburgischen „Stammlande"

Wien war also auch Ende des 18. Jahrhunderts eindeutig das „nächstliegende" politische Zentrum für eine Karriere als Verwaltungsbeamter. Dieses Beispiel ist aus heutiger Sicht frappierend. Es macht die starke politische Stellung Wiens im 19. Jahrhundert deutlich. Berlin hingegen war – wie Preußen generell – erst ein aufsteigendes Machtzentrum in Mitteleuropa.

Ein nochmaliger Blick auf die oben[131] eingefügte Karte aus dem Jahr 1917 macht diese historischen Zusammenhänge deutlich: Dort ist Österreich-Ungarn neben dem Deutschen Reich zu sehen. Beides zusammen war zeitweise eine Teilmenge des Heiligen Römischen Reiches Deutscher Nation, das bis 1806 bestand.

II. Höfische Gesellschaft

1. Analyse von Norbert Elias

Je länger ich mir die soeben geschilderten historischen Linien bewusst gemacht habe, umso klarer wurde mir die Bedeutung der Ausführungen des österreichischen Historikers *Karl Vocelka*[132] von der Universität Wien bewusst. Er betont, dass „manches" von den Thesen von *Norbert Elias* zur „Höfischen Gesellschaft" für die Habsburgermonarchie übertragbar sei. Der Adel der Erbländer und Böhmens und in einem viel geringeren Ausmaß derjenige Ungarns habe in der Verwaltung bei Hof eine „zentrale Rolle" gespielt. Die wichtigsten Hofämter seien immer wieder von den Angehörigen der gleichen Geschlechter, die durch Verwandtschafts- und Patronatssysteme miteinander verbunden gewesen waren, besetzt worden. Einige hundert Familien – im Kern „noch weitaus weniger Familien" – können bis zum Ende der Monarchie (also 1918) als führende Geschlechter gelten.

Diese wenigen Familien seien im Laufe des 17. Jahrhunderts immer stärker an den Hof gezogen worden. Diese Konzentration des Adels in Wien entfremdete die Aristokraten von ihren Herrschaften und der lokalen Macht, die dem Landesfürsten und Kaiser gefährlich werden konnte, und disziplinierte sie auch im höfischen Dienst.

Vocelka fährt fort:

> „Dieser – ebenfalls nicht unumstrittene Begriff der Sozialdisziplinierung – ist auf den Adel anwendbar. Durch das höfische Zeremoniell, durch

---

131 Einleitung A (S. 22).
132 *Vocelka*, Österreichische Geschichte, S. 55–57.

Teil 2: Erklärungsversuche über geschichtlich entstandene Prägungen

Chancenmonopolisierung, aber auch durch Phänomene wie militärischen Drill oder höfischen Tanz wurde dieser Adel völlig domestiziert. [...] Die Sozialdisziplinierung als Machtinstrument von Staat und Kirche beschränkte sich allerdings nicht auf den Adel, sondern erfasste auch die Untertanen in zunehmender Weise. [...] Auch die Vollendung der Intentionen der Sozialdisziplinierung ist erst im aufgeklärten Absolutismus zu sehen, der einen Untertanenstaat schuf, dessen mentale Prägungen [sic, O.L.] bis in die Gegenwart nachwirken."[133]

Die von *Vocelka* zur Analyse herangezogenen Arbeiten von *Norbert Elias*[134] zeigen am Beispiel des Hofes von *Ludwig XIV.* auf, wie sich eine gesonderte Kultur am Hofe, eben die „höfische Gesellschaft", entwickelt mit ganz festen und spezifischen Bindungen, Abhängigkeiten und Verhaltensmustern. Diese muss man auf das Österreich in seiner historischen Entwicklung übertragen. Dann wird deutlich, welche prägende Kraft das Hause Habsburg auf das heutige Österreich hat.

Daraus lassen sich Besonderheiten erklären. Diese reichen von einer streng hierarchischen Denkstruktur bis hin zu den bekannten ausgeprägten österreichischen Höflichkeitsformen. Sie sind eben im Wortsinne "höflich" und stammen letztlich prägend. Die Habsburger Hofgesellschaft wirkte und wirkt fort. Beispielsweise blieben in der „guten Gesellschaft" von Wien im 19./20. Jahrhundert die Standesschranken streng abgeschlossen.[135]

Man mag jetzt einwenden, warum das gerade für Österreich so bedeutsam sein soll, und nicht für andere Staaten und Gesellschaften gilt. Immerhin kann man sagen: Rang- und Protokollfragen wurden „an keinem Hof so streng befolgt wie in Wien"[136]. Auch war der Adel in Österreich zahlreicher; der britische blieb eine „vergleichsweise kleine und wohlhabende Gruppe"[137].

Der österreichische Adel war erbrechtlich anders verfasst als der englische Adel. Auf den britischen Inseln wurde das Erbe nach den Grundsätzen der Primogenitur auf den Erstgeborenen übertragen. In Österreich wurden die Kinder eines Herzogs selbst Herzöge und die familiären Besit-

---

133 *Vocelka*, Österreichische Geschichte, S. 56/57. Als Beispiel dafür, wie der Gedanke der Sozialdisziplinierung als wissenschaftliches Konzept diskutiert wird: *Johann*, Kontrolle mit Konsens, 2001.
134 Zur Wirkungsgeschichte von *Norbert Elias* vgl. *Opitz* (Hrsg.), Höfische Gesellschaft und Zivilisationsprozess, 2005.
135 *Karsten*, Untergang, S. 80.
136 *Hamann*, Österreich, S. 80.
137 *Blom*, Kontinent, S. 46.

A. Die heute noch allgegenwärtige Grundlage der habsburgischen „Stammlande"

zungen unter ihnen aufgeteilt. Zudem bestimmten in Österreich viele Heiraten die Herausbildung eines ganzen Netzes von Beziehungen.[138]

Auch das Vereinigte Königreich hat einen historisch über lange Zeit gewachsenen und entsprechend tief verwurzelten Königshof und eine monarchisch-höfische Tradition. Diese ist auch der Bevölkerung sehr wichtig. Aber gerade an diesen beiden Herrschaftsordnungen und Gesellschaften wird einem die Bedeutung der Geschichte bewusst: Sowohl das Vereinigte Königreich wie auch Frankreich haben vor allem eine ganz andere demokratische Tradition. Sie beginnt in England mit der Magna Charta von 1215 und in Frankreich mit der Französischen Revolution von 1789. Dies relativiert die Bedeutung der höfischen Gesellschaft in sehr bedeutsamem Maße.

Zu denken ist aber an Frankreich, das ja der zentrale Gegenstand der Untersuchung von *Elias* war.[139] Er hat seine Untersuchung zudem ganz bewusst modellhaft verstanden. Seine Erklärungen sind also nicht als Betrachtung und Analyse einer historisch einmaligen Situation zu verstehen, die allein auf die spezielle Lage am Hofe *Ludwigs XIV.* in Frankreich zugeschnitten wäre. Die „höfische Gesellschaft" sei Modell für die Bildung von „Figurationen". Unter diesem offenen Begriff verstand er ein Gebilde, das aus vielen Menschen besteht. Er will insoweit nicht von einem „System" sprechen,[140] sondern will „spezifische Interdependenzen" aufzeigen.[141] Er will zusammenfassend, ein Modell dieses Abhängigkeitsgeflechts, das der Überprüfung fähig ist und bedarf,[142] aufstellen.

Der von *Elias* hierfür entwickelte Figurationenanalyse gehe es darum, den zu erforschenden Menschen in seiner Beziehung zu anderen Menschen, also in ihrem Beziehungsgeflecht zu sehen. Es geht darum

> „größere Distanz und Autonomie gegenüber den oft recht flüchtigen und vergänglichen Werthaltungen zu sichern, die den großen Parteiungen, in die die jeweils Forschenden selbst in ihrer eigenen Zeit verwickelt sind, entspringen. Erst das Bemühen um größere Autonomie der Erforschten als zentraler Wertmaßstab, der Auge und Hand der Forschenden lenkt, gibt die Chance, die Einflüsterungen heteronomer Ideale der Forschenden unter Kontrolle zu bringen."[143]

---

138 *Blom*, Kontinent, S. 46.
139 *Elias*, Die Höfische Gesellschaft. Untersuchungen zur Soziologie des Königtums und der höfischen Aristokratie, 1. Auflage 1969, Neuausgabe 2002.
140 *Elias*, Höfische Gesellschaft, S. 243.
141 *Elias*, Höfische Gesellschaft, S. 245.
142 *Elias*, Höfische Gesellschaft, S. 247, siehe dann S. 358–362.
143 *Elias*, Höfische Gesellschaft, S. 360.

Teil 2: Erklärungsversuche über geschichtlich entstandene Prägungen

Wenn man dies in neuerer Sprache zusammenfasst, geht es *Elias* darum, die nötige Distanz zum Forschungsgegenstand zu bewahren, um weniger voreingenommen zu sein. Es handelt sich mithin um eine Untersuchung, die um Objektivität bemüht ist.

Die höfische Gesellschaft sei ein Modell in kleinem Maßstab. Man habe gesehen, dass die Menschen dieser Gesellschaft in vieler Hinsicht

> „anders aneinander gebunden waren – daß sie andere Figurationen bildeten – als Menschen industrieller Gesellschaften und daß sie sich dementsprechend auch in vielerlei Hinsicht anders entwickelten und verhielten als Menschen, die Industriegesellschaften bilden"[144].

Der ritterliche Adel des Mittelalters habe sich zum höfisch-aristokratischen Adel in der Neuzeit, gewandelt. Handwerksbetriebe seien zurückgegangen; Fabrikbetriebe hätten zugenommen. Der vorhöfische Adel wird „verhoft"[145].

Der Hofadel habe so gut wie keine Ausweichmöglichkeit, keine Freizügigkeit, gekannt. „Sie konnten kaum ohne Statusverlust ihren Platz wechseln"[146], also wegziehen. Die Abhängigkeit war deshalb unausweichlich.[147] Das Landleben war das Gegenstück zu höfischen Zwängen. *Elias* beschreibt die höfische Zivilisiertheit mit „zur zweiten Natur gewordenen Selbstzwängen"[148], Höfe seien „Figurationen der Selbstkontrolle"[149]. Die höfischen Zwänge seien gesellschaftliche Zwänge, die jeder Einzelne aushalten müsse. Sie halten „jeden einzelnen der zugehörigen Menschen zu einem hohen Maß von Selbstzwang" an, „und zwar zu einem bereits recht differenzierten und verhältnismäßig umfassenden Selbstzwang"[150].

Dem entspricht auch die Rolle des „Intendanten" im höfischen Großhaushalt. Dieser stellt eine Großorganisation dar.[151] Zum „richtigen" Verhalten am Hofe gehörte es auch, dass man spontane Impulse maskiert und unterdrückt sowie elementare Gefühlsregungen nicht zeigt.[152] Aus heutiger Sicht wäre dies meines Erachtens eine Erklärung für die Aussendung von Signalen, die nach außen widersprüchlich erscheinen.

---

144 *Elias*, Höfische Gesellschaft, S. 360/361.
145 *Elias*, Höfische Gesellschaft, S. 363.
146 *Elias*, Höfische Gesellschaft, S. 402.
147 *Elias*, Höfische Gesellschaft, S. 403.
148 *Elias*, Höfische Gesellschaft, S. 405.
149 *Elias*, Höfische Gesellschaft, S. 414.
150 *Elias*, Höfische Gesellschaft, S. 403.
151 *Elias*, Höfische Gesellschaft, S. 474–490.
152 *Elias*, Höfische Gesellschaft, S. 405.

A. Die heute noch allgegenwärtige Grundlage der habsburgischen „Stammlande"

In der höfischen Gesellschaft geht es nach *Elias* allerdings lockerer zu als in der industriellen.[153] Das Aufsetzen von Masken, das Spiel mit Masken sei aber „zur zweiten Natur" geworden.[154]

Das „Lever du roi" war peinlich genau geregelt.[155] *Elias* sieht schon hierin, also in der Organisation dieses Alltags-Vorgangs, das Abbild eines Machtgefüges.[156] Die „Zeremoniell-Apparatur"[157] werde durch Rangordnungen geschaffen. Damit meint *Elias* die Regelung: Wer? Darf was? Wann? bei diesem Zeremoniell machen.[158] Das zeigt erstaunliche Parallelen zum Ablauf am Hofe von Kaiser Franz Joseph[159].

Hieraus ergibt sich die Bedeutung von „sich falsch benehmen"[160]. *Elias* analysiert, was eine „gute Gesellschaft" ausmache.[161] Die gesellschaftliche Meinung über eine Person sei existenzbegründend.[162] Dadurch wird „die Ehre" zu einer Art Steuerungsinstrument.

Hieraus folgt auch die Bedeutung von Machtkämpfen am Hof.[163] Jeder hing von jedem ab; und alle hingen vom König ab. Aus den Machtkämpfen des „Jeder gegen jeden" resultierte z.B. das Erfordernis, dass man den „anderen" ganz genau beobachtete.[164]

Zusammenfassend kann man diese Beobachtungen von *Elias* als „höfische Rationalität"[165] bezeichnen. Die „Etikette" sei nicht nur eine bloße Zeremonie gewesen, sondern ein Instrument zur Beherrschung der Untertanen.[166] „Der Hof" müsse soziologisch als Herrschaftsgefüge untersucht werden.[167] Genauer geht es *Elias* um „Interdependenzen" der Menschen innerhalb des Hofes. Die Menschen sind nicht alle gleichgerichtet „gegen den König", sondern gerade auch untereinander gegeneinander.[168]

---

153 *Elias*, Höfische Gesellschaft, S. 405/406.
154 *Elias*, Höfische Gesellschaft, S. 406/407.
155 *Elias*, Höfische Gesellschaft, S. 142–146.
156 *Elias*, Höfische Gesellschaft, S. 145.
157 *Elias*, Höfische Gesellschaft, S. 153.
158 *Elias*, Höfische Gesellschaft, S. 155 ff.
159 Vgl. die Darstellung von *Winkelhofer*, Alltag des Kaisers, S. 103 ff. (das Kapitel „Glanz und Repräsentation – die Hofgesellschaft").
160 *Elias*, Höfische Gesellschaft, S. 161.
161 *Elias*, Höfische Gesellschaft, S. 162–170.
162 *Elias*, Höfische Gesellschaft, S. 164.
163 *Elias*, Höfische Gesellschaft, S. 179–192.
164 *Elias*, Höfische Gesellschaft, S. 179–192.
165 *Elias*, Höfische Gesellschaft, S. 193 f.
166 *Elias*, Höfische Gesellschaft, S. 202.
167 *Elias*, Höfische Gesellschaft, S. 203.
168 *Elias*, Höfische Gesellschaft, S. 204/205.

Teil 2: Erklärungsversuche über geschichtlich entstandene Prägungen

Für den König war es rational, gerade die Schwächsten zu unterstützen, weil diese am tiefsten fallen, wenn die Unterstützung wegfällt.[169] Das ist aber ein allgemeiner Gedanke, der z.B. die Wirkung von Populismus erklären kann – gerade heute!

Wichtig in diesem Zusammenhang auch: Die Untertanen identifizierten sich mit dem König.[170]

Beachtlich ist schließlich folgende Beobachtung:[171] Weil alles am König des Hofes wertvoll war, konnte er auch durch kleine Gesten herrschen, z.B. eine kurze Antwort, wenn jemand ihn etwas fragte.

Man durfte vor allem nicht aus der Reihe tanzen; *Elias* bezeichnet das als „Interdependenzkette"[172]. Jeder Schritt war vorherbestimmt – eben „höflich"[173]. Vor diesem Hintergrund sind auch Anwesenheitspflichten auch des kleinen Adels beim Hofe zu sehen.[174]

2. Historische Analysen von *Winkelhofer*

Was *Elias* theoretisch hergeleitet hat, kann man verifizieren durch Analysen von *Winkelhofer* zum Alltag am Hofe in der k.u.k-Monarchie aus der Sicht von Frauen und zum Leben von Kaiser Franz Joseph.[175]

Die Weitergabe von (höfischen) Adelssitten war ein wesentlicher Zug der Abgrenzung des Adels vom Bürgertum.[176] Von daher war die Erwartung innerhalb des Adels zentral: „Man benimmt sich einfach ordentlich"[177]. Man wusste sich eben zu benehmen oder nicht: Der Verhaltenskodex des Adels und die Treue zum Kaiserhaus erlangten dadurch große Bedeutung.[178]

Gleichzeitig war der Adel nach außen geschlossen.[179] Die Rolle des Familienchefs bestand darin, diese Ordnung aufrechtzuerhalten.[180] Fidei-

---

169 *Elias*, Höfische Gesellschaft, S. 207.
170 *Elias*, Höfische Gesellschaft, S. 232.
171 *Elias*, Höfische Gesellschaft, S. 225.
172 *Elias*, Höfische Gesellschaft, S. 226.
173 *Elias*, Höfische Gesellschaft, S. 355–356.
174 *Elias*, Höfische Gesellschaft, S. 335 f.
175 Die nachfolgende Zusammenfassung beruht auf *Winkelhofer*, Leben adeliger Frauen, 2011, sowie *dies.*, Alltag des Kaisers, 2008.
176 *Winkelhofer*, Leben adeliger Frauen, S. 20 f.
177 *Winkelhofer*, Leben adeliger Frauen, S. 223.
178 *Winkelhofer*, Leben adeliger Frauen, S. 109–111, 112/113.
179 *Winkelhofer*, Leben adeliger Frauen, S. 109.
180 *Winkelhofer*, Leben adeliger Frauen, S. 71 f.

A. Die heute noch allgegenwärtige Grundlage der habsburgischen „Stammlande"

kommisse (eine Form von Stiftungen) sorgten dafür, dass das Vermögen innerhalb der Familie geschlossen gehalten und nicht durch Erbaufteilung zersplittert wurde.[181] Die Aristokratie verstand sich als „erste Gesellschaft", die sich von den Wirtschaftsbaronen und Industriellen als „zweiter" Gesellschaft abhoben.[182] Dabei war für den Adel die Forderung zentral: Man benimmt sich einfach „ordentlich"[183].

Speziell zur Rolle von Frauen bedeutete dies schon von der Anrede her: Eine „gnädige Frau" waren alle Frauen, die keinen Adelstitel hatten.[184] Es gab keinen „Plan B" zur Heirat.[185] Daher war der Ehebruch für eine Frau gefährlicher als für Männer.[186]

Zum Alltag des Kaisers berichtet *Winkelhofer*[187] über die Versorgungstradition von *Franz Joseph*: Er entlässt keine Mitarbeiter, die morgens nicht rechtzeitig aufstehen können, sondern versetzt sie an eine andere Stelle, bei der sie nicht so früh aufstehen müssen.

Der „Mikrokosmos Hof" lasse sich nicht so schnell aus den Fugen bringen, er „basierte schließlich auf 600 Jahren Erfahrung"[188]. Die gesamte Verwaltung des Hofes war unterteilt in die mehr als 600 jährige Einteilung in vier Stäbe:[189]

- Obersthofmeisterstab,
- Oberstkammererstab,
- Obersthofmarschallstab und
- Oberststallmeisterstab.

Bei Hof spiegelte sich auch nach der Grundablöse von 1848 noch die alte ständische Ordnung wieder.[190]

Auch das Zeremoniell am Hofe hatte große Bedeutung. Es lässt sich sogar als Regelung eines Verfahrens verstehen, das man im heutigen Verständnis als Verwaltungsverfahren bezeichnen würde. Es prägt noch heute den Behördenalltag und den des öffentlichen Lebens. Dieses charakterisiert der Historiker *Mark Hengerer* sehr anschaulich folgendermaßen:

---

181 *Winkelhofer*, Leben adeliger Frauen, S. 189 ff.
182 *Winkelhofer*, Leben adeliger Frauen, S. 126–138.
183 *Winkelhofer*, Leben adeliger Frauen, S. 233.
184 *Winkelhofer*, Leben adeliger Frauen, S. 48.
185 *Winkelhofer*, Leben adeliger Frauen, S. 98.
186 *Winkelhofer*, Leben adeliger Frauen, S. 94/95.
187 *Winkelhofer*, Alltag des Kaisers, S. 15/16.
188 *Winkelhofer*, Alltag des Kaisers, S. 17.
189 *Winkelhofer*, Alltag des Kaisers, S. 48.
190 *Winkelhofer*, Alltag des Kaisers, S. 103.

Teil 2: Erklärungsversuche über geschichtlich entstandene Prägungen

> „Zeremoniell war ein eminent wichtiges Element bei der Entstehung kaiserlicher Entscheidungen, es läßt sich gar als Verfahren verstehen. Im Geheimrat der Kaiser galten im 17. Jahrhundert für die Reihenfolge des Eintritts in die Ratsstube, für die Sitzordnung und für die Reihenfolge Wortmeldungen unterschiedliche Rangfolgen, was v.a. die Geltendmachung von Erfahrung begünstigte bzw. den Adelsrang zurückdrängte. Angelegenheiten, die dem Kaiser aus den Verwaltungen bzw. aus der Justiz (z.B. Hofkammer, Hofkriegsrat, Landesverwaltungen, Reichshofrat) zur Entscheidung vorgelegt wurden, hatten ein komplexes Verfahren durchlaufen, das, je nach Hierarchietiefe unterschiedlich viele schriftliche Vorlage(n) und mündliche Beratung(en) in Gremien hintereinander schaltete. In den Beratungen kam aufgrund der Regeln zu Sitz- und Redeordnung besonders Amtsanciennität zur Geltung (formale Qualifikation und ständischer Rang wurden durch Regeln über die Partizipation von Gelehrten- und Adelsbänke balanciert).
> Die schriftlichen Vorlagen prämierten Sachnähe, Normorientierung, Präzedenzfall- bzw. Aktenkenntnis. Behördenkooperation wurde zeremoniell besonders aufwendig organisiert, mit Entscheidungen etwa zum Ort der Zusammenkunft (z.B. gemeinsame Hofkammer- und Hofkriegsratsberatungen in der Hofkammer) und zur Sitzordnung. Texte reflektierten in Argumentation und Form den Interaktionsraum ihrer Erörterung und waren so selbst Teil des Zeremoniells. Der Inhalt der schriftlichen Vorlagen, die oft einen gewissen Entscheidungsfreiraum vorzeichneten, entsprachen meist der abschließen kaiserlichen Entscheidung. Die Interaktion in Gremien und Audienzen gab dem schriftlichen Verwaltungsverfahren weniger einen Inhalt vor, sondern vielmehr der Entscheidung etwas mit: eine Geschichte situativ angereicherter Autorität."[191]

Aus meiner Sicht kann die historische Bedeutung der „höfischen Gesellschaft" für das Verständnis des heutigen Österreich und seiner allgemeinen und seiner politischen Kultur nicht hoch genug eingeschätzt werden. Ihre Muster werden nach meinen Erfahrungen im Alltag heute noch gelebt und gepflegt. Wenn man sich dieser geschichtlichen Entwicklung nicht bewusst ist, bleibt es beim touristisch oberflächlichen: „Die" Österreicher sind eben nett und freundlich.

Ein weiterer Gedanke, der mir bislang noch nicht begegnet ist: Wie wirkt sich die Tendenz zur Sozialdisziplinierung durch das historische

---

191 Siehe *Hengerer*, Hofzeremoniell 1500–1800, www.hofkulturblog.de/hofzeremon iell-1500-1800-teil-ii-zeremoniell-des-kaiserhofes-1500-1800/ (abgefragt am: 30.08.2020). Vgl. zur Bedeutung der Regularien anschaulich auch: *Pieper/Saltzwedel* (Hrsg.), Welt der Habsburger, 2011 (z.B. S. 116/117 [Wie viele Meter kommt man der Delegation entgegen?] und S. 118 [rechts von jemandem sitzen = Ehre] sowie S. 206 [links davon = Unterordnung]) und *Trost*, Das blieb vom Doppeladler, 1980 (Standardwerk).

A. Die heute noch allgegenwärtige Grundlage der habsburgischen „Stammlande"

Vorbild einer höfischen Gesellschaft in einer Gesellschaft mit vorwiegend dörflicher Struktur aus? Vielleicht gelangt man dann, das wäre meine Hypothese, zur Erklärung von manchen Spezifika des österreichischen Alltags. Diese Hypothese zu falsifizieren, fehlt mir aber die empirische Forschungskompetenz.

3. Beschreibung höfischer Rationalität bei *Kehlmann*

Die Kommunikationsregeln der „höfischen Rationalität" werden treffend von *Daniel Kehlmann* in seinem historischen Roman „Tyll"[192] dargestellt. Er beschreibt folgendermaßen, wie sich die „Liz", Frau des entmachteten Monarchen, nochmals Zugang zum den ihr noch vertrauten Räumen im Palast verschaffen will. Sie läuft auf die Lakaien zu:

> „Die Lakaien flüsterten und machen einander Zeichen, Liz wusste, dass sie die Überraschung nutzen musste. In keinem dieser Köpfe durfte sich der Gedanke formen, dass es möglich war, sie abzuweisen. […]
> Das Wichtigste: nicht nachfragen und nicht zögern. Keine Geste der Ungeduld, keine Regung, die nach Zweifel aussah. Sowohl ihre Eltern als auch ihr armer Friedrich, der nun schon lange tot war, dass sie Portraits ansehen musste, um sich an sein Gesicht zu erinnern, hatten so gerade gestanden, als könnte kein Rheuma, keine Schwäche und keine Sorge sie je berühren. […]
> Nachdem sie als eine kleine Weile gerade gestanden hatten, umgeben von Getuschel und Staunen, tat sie einen und dann noch einen Schritt auf die zwei goldbeschlagenen Türflügel zu. […]
> Ohne innezuhalten, ging sie auf die Tür zu. Jetzt durfte sie nicht zögern. Der kürzeste Anflug von Unsicherheit würde ausreichen, um die zwei Lakaien, die links und rechts von der Tür standen, daran zu erinnern, dass es durchaus auch denkbar war, ihr nicht aufzumachen. Wenn das geschehen sollte, war ihr Vormarsch abgewehrt. Dann würde sie sich auf einen der Plüschstühle setzen müssen, und irgendwer würde auftauchen und ihr sagen, dass der Botschafter leider keine Zeit habe, dass aber sein Secretarius sie in zwei Stunden würde sehen können, und sie würde protestieren, und der Lakai würde kühl sagen, es tue ihm leid, und sie würde laut werden, und der Lakai würde es unbeeindruckt wiederholen, und sie würde noch lauter werden, und mehr Lakaien würden zusammenlaufen, und so wäre sie mit einem Mal keine Königin mehr, sondern eine klagende alte Dame im Vorzimmer.
> Deshalb musste es gelingen. Einen zweiten Versuch würde es nicht geben. […] Es gelang. […]

---

192 *Kehlmann, Daniel*, Tyll, 2017.

Teil 2: Erklärungsversuche über geschichtlich entstandene Prägungen

Hinter dem Schreibtisch erhob sich kleingewachsener Herr mit grauem Bart, der so unauffällig aussah, dass Liz einen Moment brauchte, um ihn zu bemerken. Er nahm seinen Hut ab und machte eine höfische Verbeugung. [...]
Dass er sie mit Hoheit angesprochen hatte, bedeutete, dass er zwar ihr Stellung als Mitglied der englischen Königsfamilie würdigte, sie aber nicht als Königin von Böhmen anerkannte, denn sonst hätte er sie mit Majestät anreden müssen; ja nicht einmal als Kurfürstin erkannte er sie an, denn dann hätte er Kurfürstliche Durchlaucht zu ihr gesagt, was zwar daheim in England nur wenig, aber hier im Reich mehr wert war als selbst die Hoheit eines Königskindes. Und gerade weil dieser Mann sein Geschäft verstand, kam es darauf an, dass sie sich hinsetzte, bevor er sie dazu aufforderte, denn während er natürlich einer Prinzessin einen Stuhl anzubieten hatte, so stand ihm dies bei einer Königin nicht zur. Monarchen setzten sich unaufgefordert, und alle andere standen, bis der Monarch ihnen das Sitzen gestattete.
"Wollen Eure Hoheit [...]"[193]

III. Paternalismus

Ein weiterer zentraler Aspekt der Habsburger Herrschaft ist die Herausbildung eines Paternalismus österreichischer Prägung. Dieser wird geradezu verkörpert von Kaiser Franz Joseph, der sein Amt von 1848 bis 1916 innehatte. Er hat alles für seine Untertanen gemacht. Er war ein Archetypus des „Pater Familias".[194]

Zur Macht „der Väter" im Zusammenspiel der hier so bezeichneten „Prägungen" schreiben die Historikerinnen *Leidinger/Moritz* recht anschaulich: „Gottvater – Landesvater – Hausvater'. Das Patriarchat gehört zur österreichischen Realverfassung"[195]. Das ist auch heute noch so. Volkstümlich ausgedrückt geht es um die Maxime: *„Der Vater wird's schon richten"*. Das ist eine Grundeinstellung, die mir sogar im kollegialen Alltag begegnet ist: Positiv ausgedrückt ist es ein Vertrauen auf den gerechten Gebrauch von Macht. Diese wird nur dazu eingesetzt, dass es den „Unterthanen" gut gehe. Dieser hat sich deshalb mit dem Herrscher identifiziert.

Eine besondere Bedeutung hat dabei der Gedanke des Gottesgnadentums: Die Herrschaft des Kaisers sei „einzig und allein über Gottes Willen

---

193 *Kehlmann*, Tyll, S. 429–448.
194 Vgl. dazu *Winkelhofer*, Alltag des Kaisers, 2010.
195 Vgl. die Darstellung bei *Leidinger/Moritz*, Umstritten. Verspielt. Gefeiert, S. 126 f.

legitimiert"[196]. Der Staat wird als Verbund von Familien verstanden. Darin hat „der Vater" eine zentrale Funktion. Der pater familias repräsentiert eine natürliche Ordnung mit absoluter Gewalt des Herrschers.[197] Der „gute Kaiser hat grundsätzlich recht und tut auch nichts, um seinen Untertan zu schaden".[198]

Die Vorstellung des Kaisers als Heiliger stellte ihn zudem über jede Kritik.[199] Konsequenterweise führt die Darstellung der Kaiser als sakrale Figur schließlich auch zur Notwendigkeit einer „öffentlich präsentierten Frömmigkeit in Form von kirchlichen Zeremonien und Riten"[200].

Im Paternalismus sehe ich eine mögliche wesentliche Ursache für den fehlenden Willen zur Konfrontation und für die fehlende bzw. sehr spät einsetzende Auseinandersetzung mit dem Nationalsozialismus. Diese hätte ja bedeutet, dass man die früher Herrschenden nicht nur kritisieren muss, sondern sie auch ablehnen muss. Das ist mit einer paternalistischen Grundeinstellung jedoch nicht zu vereinbaren. Aber diese Annahme müsste man empirisch überprüfen.

IV. Toleranz

Der aufgeklärte Absolutismus unter *Maria Theresia* und ihrem Sohn *Joseph II.* ist geprägt von einer für die damalige Zeit bemerkenswerten Toleranz. Diese war mit vielen Reformen[201] verbunden, darunter auch Abschaffung der Folter. Prägend war aber die „Toleranzgesetzgebung" unter *Joseph II.*

Im Grunde prägt der Toleranzgedanke auch weiterhin die österreichische Gesellschaft, Besonders die territoriale Entwicklung im 19. Jahrhundert wäre anders gar nicht zu bewältigen gewesen. So kommt etwa *Stefan Zweig* zu dem Fazit, dass leben und leben lassen ein Grundsatz im Wien der Wende zum 20. Jahrhundert gewesen sei.[202]

---

196 *Haarmann*, Entstehung, S. 55.
197 *Haarmann*, Entstehung, S. 55.
198 *Haarmann*, Entstehung, S. 96
199 *Haarmann*, Entstehung, S. 96. Vgl. dazu auch *Czech*, Kaiser, 213: Majestätsbeleidigung durch Nichtaufstehen während der Hymne (am 05.08.1900).
200 *Haarmann*, Entstehung, S. 99 mit dem Beispiel der Fußwaschung am Gründonnerstag (S. 99–102).
201 Siehe dazu die Auflistung bei *Vocelka*, Österreichische Geschichte, S. 62–66.
202 *Zweig*, Welt von Gestern, S. 40.

Teil 2: Erklärungsversuche über geschichtlich entstandene Prägungen

Der Toleranzgedanke wirkt wohl bis in die Gegenwart fort. Der Kompromiss ist nach *Lendvai*[203] die Grundlage der heutigen „Sozialpartnerschaft" zwischen Arbeitgebern und Arbeitnehmern in Österreich.[204]

Es wäre allerdings sehr oberflächlich, wenn man z.B. sagte: Toleranz ist etwas typisch österreichisches, hingegen disziplinforderndes Gehorsamsdenken etwas typisch Preußisches. Dass ein „jeder nach seiner façon selig" werde, ist eine ganz klare Haltung auch *Friedrichs des Großen* von Preußen, nicht nur *Joseph II*. Und dass die soldatischen Rekruten auf bisweilen unmenschliche Weise geschleift worden sind, hat gerade auch das österreichische Militär geprägt.[205]

Gleichwohl liegt im Toleranzgedanken, soweit er für Österreich gilt, ein geradezu konträrer Gegensatz zum preußischen Prinzipiengedanken, wie er z.B. von *Kant* geprägt worden ist. Dies lässt sich bis in zentrale strafrechtsdogmatische Fragen verfolgen, wie z.B. die Strafbarkeit des absolut untauglichen Versuchs.[206]

Vielleicht fällt mir als Deutschem und in Österreich „Fremdem" der Gegensatz zwischen preußischem „Konsequenz-Denken" und österreichischem „Kompromiss"-Denken nur deshalb auf, weil ich in Österreich in so vielfältiger Weise damit konfrontiert bin.

B. Die Pietas Austriaca und die katholische Kirche

Das Haus Habsburg war seit jeher katholisch. Der Augsburger Religionsfrieden von 1552 mit seinem Prinzip „cuis regio, eius religio" setzte sich in den Habsburger Landen allerdings erst mit Verzögerungen durch. Der österreichische Historiker *Vocelka* hält aber fest:

---

203 *Lendvai*, Mein Österreich, S. 49; ebenso *Karsten*, Untergang, S. 190 und Fn. 71: „Der Kompromiss war Trumpf." Daraus könnte sich folgender Gedanke ergeben: Der Vielvölkerstaat war nur möglich auf der Grundlage von Kompromissdenken. Und: Der Kompromiss war integraler Bestandteil des politischen Lebens. Das heißt freilich nicht, dass jedem dieser Kompromiss zugestanden wurde. Dem Fremden, dem Mohr, dem Osmanen wohl nicht. Da wurde gekämpft. – Eine solche Denkweise kollidiert natürlich mit preußischer Effizienz (*Karsten*, Untergang, S. 150).
204 Siehe dazu näher unten Teil 2 E.
205 Siehe *Hämmerle*, „... dort wurden wir dressiert und sekiert und geschlagen ...", in: Cole/Hämmerle/Scheutz (Hrsg.), Glanz, S. 31–54.
206 Siehe unten Teil 3 D.

B. Die Pietas Austriaca und die katholische Kirche

„Mit Ausnahme Ungarns und Spuren des Geheimprotestantismus war die Habsburgermonarchie um die Mitte des 17. Jahrhunderts wieder ein ausschließlich katholisches Land geworden"[207].

Die Wiener Historiker *Hannes Leidinger* und *Verena Moritz* sprechen vom „Erzhaus" Habsburg, das der „katholisch-paternalistischen Tradition verpflichtet" sei.[208] Ein anderer österreichischer Historiker, *Martin Haidinger*, charakterisiert die Verbindung zwischen der weltlichen und der kirchlichen Herrschaft sehr plastisch:[209] Es drehe sich alles um die enge Verbindung von Kaiser und Kirche. Österreich werde nach dem 30jährigen Krieg im 17 Jahrhundert „barockisiert". Das bedeute: Bekenntniszwang für die katholischen Untertanen. Das führe dazu, dass das Bekenntnis nur nach außen vertreten wird, nicht aber nach „innen":

> „Die von vielen bis heute so wahrgenommene Wiener Falschheit, freundlicher auch Doppelbödigkeit genannt, ist geboren. Sie traut nicht dem großartig geäußerten Glauben oder einer plärrenden politische Einstellung, sondern geht grundsätzlich davon aus, dass das äußerliche Bekenntnis des anderen wahrscheinlich dem Diktat irgendeiner Obrigkeit geschuldet ist."[210]

Die „Pietas Austriaca" der Habsburger wird in der von *Karl Vocelka* betreuten Diplomarbeit von *Daniela Haarmann*[211] in zwei (von vier[212]) Aspekte unterteilt: die Funktion als Verteidiger des christlichen Glaubens (z.B. gegen die Osmanen) und die Legitimation über das Gottesgnadentum. Beide Aspekte sind im hier anliegenden Zusammenhang wichtig. Vor allem das Gottesgnadentum hat eine ganz wesentliche Funktion: Wenn es allein Gott ist, der das Recht zum Herrschen verleiht, dann ist der Herrscher allein diesem Rechenschaft schuldig,[213] nicht etwa einem demokratischen Souverän.

Als entscheidend betrachte ich die Verknüpfung von katholischer Prägung und Gottesgnadentum. Dies ist bis in die Gegenwart wahrnehmbar,

---

207 *Vocelka*, Österreichische Geschichte, S. 44.
208 *Leidinger/Moritz*, Umstritten. Verspielt. Gefeiert, S. 48.
209 *Haidinger*, Franz Josephs Land, S. 124/125.
210 *Haidinger*, Franz Josephs Land, S. 125.
211 *Haarmann*, Die Entstehung des habsburgischen Mythos im 19. Jahrhundert, 2012, S. 77/78.
212 Weitere Aspekte sind: Die Sakralisierung und Apotheose in Bildern und Texten sowie kirchliche Zeremonien und Riten. Diese sind hier weniger bedeutsam.
213 *Haarmann*, Entstehung, S. 85 unter Verweis auf *Magris*, Habsburgische Mythos, S. 129.

wenn etwa *Karl (von) Habsburg* im Jahr 2019 betont,[214] Kaiser *Karl I.*, der letzte Habsburger Kaiser, habe sich als Monarch von Gottes Gnaden betrachtet: „Das bedeutete, dass er die Aufgabe von höherer Stelle erhalten hatte und sie nicht einfach von sich aus ablegen konnte", also abdanken konnte.

Nach meinem Eindruck kann man die Bedeutung dieser Verknüpfung nicht hoch genug einschätzen. Man kann sie durchaus ironisierend mit folgender Überlegung illustrieren, um den Gegensatz zwischen einem Deutschen oder einem Preußen und einem Österreicher zu erfassen:

> „Bis in die Gegenwart ist kaum ein unösterreichischerer Deutscher vorstellbar als ein preußischer, calvinistischer, sittenstrenger, hugenottischer Streber."[215]

Dies führt mich zu einer weiteren Bedeutung der Pietas Austriaca: Die ideengeschichtliche Aufklärung fand in Österreich nur sehr verzögert statt. Man nehme sich bei Habsburgs

> „anders als in Frankreich und England [...] die Freiheit heraus, einmal begonnene Aufgeklärtheiten wieder abzulegen, und das teilweise in einem sehr frühen Stadium"[216].

Damit wird insgesamt ein problematisches Thema angesprochen. Gerade aus der Sicht des deutschen Strafrechts verwundert es, wie wenig die Konzeptionen des preußischen Protestanten *Kant* oder des schwäbischen Pietisten *Hegel* in der strafrechtsdogmatischen Diskussion eine Rolle gespielt haben. Ganz anders ist die Bedeutung von *Kant* im österreichischen Zivilrecht. Als das ABGB vor über 200 Jahren geschaffen wurde, hatte die Philosophie von *Kant* wohl maßgeblichen Einfluss.[217] Vielleicht liegt es im 20. Jahrhundert mittelbar auch an dem Einfluss von *Kelsen* auf das öffentliche Recht und die dortigen akademischen Lehrer, dass man auch im Strafrecht nicht auf *Kant* oder auf *Hegel* rekurrierte.[218] Aber das ist eine bloße Vermutung.

Völlig unbeleuchtet ist auch die Rolle des „Index librorum prohibitorum"[219] der Katholischen Kirche. Auf diesem Index der verbotenen Bücher befanden sich Werke von *Kant* und von *Hegel*. Von daher könnte es

---

214 25.03.2019, F.A.Z (plus.faz.net).
215 *Haidinger*, Franz Josephs Land, S. 133.
216 Vgl. *Haidinger*, Franz Josephs Land, S. 181/182.
217 Zum österreichischen AGBG und dem dort umstrittenen Einfluss *Kants* vgl. *Gilardeu*, ZfRV 2004, 123 ff.
218 Zur Ablehnung von *Kant* durch *Kelsen*, siehe unten Teil 2 F.
219 Siehe die vielen Nachweise zu diesem Stichwort in: www.google.scholar.

sich erklären, dass sich der aus Österreich stammende und später in Berlin lehrende sehr bedeutende Strafrechtler *Franz von Liszt* kaum oder gar nicht mit den Theoretikern der Aufklärung befasst hat.[220]

C. Die prägende Bedeutung von Wien und „Weltösterreich" im 19. Jahrhundert

I. Die Schilderungen von Stefan Zweig im ausgehenden 19. Jahrhundert

In der Literatur hat wohl keiner so eindringlich die schwindende Bedeutung Wiens und der Doppelmonarchie sowie die Wende vom 19. auf das 20. Jahrhundert dargestellt wie *Stefan Zweig* in seinem rückblickenden Werk „Die Welt von gestern"[221] aus dem Jahre 1942.

Er schreibt damals:

> „Ich bin 1881 in einem großen und mächtigen Kaiserreiche geboren, in der Monarchie der Habsburger, aber man suche sie nicht auf der Karte: sie ist weggewaschen ohne Spur. Ich bin aufgewachsen in Wien, der zweitausendjährigen übernationalen Metropole, und habe sie wie ein Verbrecher verlassen müssen, ehe sie degradiert wurde zu einer deutschen Provinzstadt. [...] Jedesmal, wenn ich im Gespräch jüngeren Freunden Episoden aus der Zeit vor dem ersten Krieg erzähle, merke ich an ihren erstaunten Fragen, wieviel für sie schon historisch oder unvorstellbar von dem geworden ist, was für mich noch selbstverständliche Realität bedeutet. Und ein geheimer Instinkt in mir gibt ihnen recht: zwischen unserem Heute, unserem Gestern und Vorgestern sind alle Brücken abgebrochen. [...] Mein Vater, mein Großvater, was haben sie gesehen? Sie lebten jeder ihr Leben in der Einform. Ein einziges Leben vom Anfang bis zum Ende, ohne Aufstiege, ohne Stürze, ohne Erschütterung und Gefahr, ein Leben mit kleinen Spannungen, unmerklichen Übergängen; in gleichem Rhythmus, gemächlich und still, trug sie die Welle der Zeit von der Wiege bis zum Grabe. [...] Wir aber lebten alles ohne Wiederkehr, nichts blieb vom Früheren, nichts kam zurück; uns war im Maximum mitzumachen vorbehalten, was sonst die Geschichte sparsam jeweils auf ein einzelnes Land, auf ein einzelnes Jahrhundert verteilt. [...] Wir aber, die wir heute sechzig Jahre alt sind und de jure noch eigentlich ein Stück Zeit vor uns hätten, was haben wir *nicht* gesehen, nicht gelitten, nicht miterlebt?"[222]

---

220 Hierauf hat mich mein verehrter Kollege *Knut Amelung*, Dresden, in einem Gespräch kurz vor seinem Tod (2016) aufmerksam gemacht.
221 Vgl. dazu auch die Darstellung von *Karsten*, Untergang der Welt von gestern, 2019.
222 *Zweig*, Welt von Gestern, S. 8–11.

Teil 2: Erklärungsversuche über geschichtlich entstandene Prägungen

Seine Gymnasialzeit (Ende 19. Jahrhundert) in Wien preist *Zweig* als Zeit, in der er und seine Freunde „begeistert [waren] sich zu begeistern"[223]. „Wir jungen Menschen" hatten aber „nicht das geringste Interesse für politische oder soziale Probleme [...] Wir sahen nicht die feurigen Zeichen an der Wand"[224]. In Wien habe der Grundsatz gegolten: Leben und leben lassen.[225]

Zu dieser Zeit galt Eile „nicht nur als unfein, sie war in der Tat überflüssig" in „dieser bürgerlich stabilisierten Welt"[226]. Das 19. Jahrhundert war das Jahrhundert der "gesicherten Werte"[227]. Alter oder „graues Haar" waren etwas erstrebenswertes, ein „Zeichen von Würde". In der Zeit von 1900 bis vor dem 1. Weltkrieg kehrte sich das jedoch völlig um: Jungsein war jetzt angesagt, jeder war „stolz darauf, jung zu sein"[228]. Zugleich hat er „nie mehr an die Zukunft geglaubt als in dieser Zeit, da wir meinten, eine neue Morgenröte zu erblicken"[229]. „[I]ch bedauere jeden, der diese letzten Jahre des Vertrauens in Europa nicht jung miterlebt hat"[230].

Er berichtet auch vom Reisen in andere Länder *ohne Reisepass* (Indien, USA etc.). Erst nach dem 1. Weltkrieg sei ein solcher notwendig geworden.[231] Da war Schengen also schon existent!

Zum 1. Weltkrieg selbst schreibt er: „Wenn man heute [1942] ruhig überlegend fragt, warum Europa 1914 in den Krieg ging, findet man keinen einzigen Grund vernünftiger Art und nicht einmal einen Anlaß". Er beschreibt den Krieg als „als tragische Folge jenes inneren Dynamismus, der sich in diesen vierzig Jahren Frieden [1871–1914] aufgehäuft hatte und sich gewaltsam entladen wollte."[232] In Österreich sei man „im Kern der Unruhezone" gelegen;[233] *Zweig* spricht vom „Auflösungsprozess der tausendjährigen Monarchie"[234]. Den 1. Weltkrieg habe niemand gewollt, aber

---

[223] *Zweig*, Welt von Gestern, S. 59.
[224] *Zweig*, Welt von Gestern, S. 85.
[225] *Zweig*, Welt von Gestern, S. 40.
[226] *Zweig*, Welt von Gestern, S. 42.
[227] *Zweig*, Welt von Gestern, S. 20.
[228] *Zweig*, Welt von Gestern, S. 225.
[229] *Zweig*, Welt von Gestern, S. 223; „Morgenröte" heißt der Film über *Zweigs* letzte Jahre in Brasilien.
[230] *Zweig*, Welt von Gestern, S. 227.
[231] *Zweig*, Welt von Gestern, S. 463.
[232] *Zweig*, Welt von Gestern, S. 228.
[233] *Zweig*, Welt von Gestern, S. 236.
[234] *Zweig*, Welt von Gestern, S. 237.

gleichzeitig sei ein Kriegsenthusiasmus entstanden.[235] Das erinnert an moderne Sichtweisen, wie etwa von *Christopher Clark*[236].

Über das Verhältnis Wien und Berlin beobachtet er: Berlin hat keine „hundertjährige Tradition", aber Ende des 19. Jahrhunderts änderte sich das wegen des wirtschaftlichen Aufschwungs.[237] Eine Erfindung und eine Entdeckung jagte die andere.[238]

Stefan Zweig geht sogar so weit, dass Österreich der „Kern der Unruhezone" mit der Auflösung der 1000jährigen Monarchie war.[239] Wien wird zutreffend auch als „Laboratorium der Moderne" bezeichnet.[240]

Wenn ich hier also von „Weltösterreich"[241] spreche, so greife ich einen treffenden Begriff auf. Er charakterisiert für mich jedenfalls das politische Leben und Empfinden im Österreich des 19. Jahrhunderts aus der Sicht der österreichisch-ungarischen k.u.k. Doppelmonarchie.

Auch das 19. Jahrhundert möchte ich aber nicht in einem historischen Abriss behandeln. Ich möchte die mir funktional wichtig erscheinenden „Prägungen"[242] herausgreifen. So ist für die allgemeine Entwicklung in Europa sicherlich von zentraler Bedeutung, wie Napoleon Mitteleuropa nach der französischen Revolution von 1789 grundlegend umgestaltet und neue Entwicklungen erzwungen hat.

Weitere wichtige Beispiele für Gesamteuropa wären die Restauration und Metternich, oder der sog. „Vormärz" in der Zeit von grob 1830 bis 1848. Auch sie prägten sicherlich die Geschichte Österreichs. Aber diese Entwicklungen betrafen beide Territorien: diejenige des heutigen Deutschlands wie auch diejenige des heutigen Österreich. Aus dieser Parallelität lassen sich also keine Erklärungen für heutige Unterschiede gewinnen. Freilich hat die Bemühung um eine Rückkehr zu früheren monarchischen Zeiten, also die „Restauration", vielleicht vorübergehend stärkere Spuren in der österreichischen als in der deutschen Gesellschaft hinterlassen. Doch möchte ich diese schwierige historische Frage hier dahingestellt sein lassen. Auch das wäre eine interdisziplinäre Fragestellung für zukünftige Projekte.

---

235 *Zweig*, Welt von Gestern, S. 246 ff., 255–257.
236 *Clark*, Die Schlafwandler, 2015.
237 *Zweig*, Welt von Gestern, S. 135–136.
238 *Zweig*, Welt von Gestern, S. 226.
239 *Zweig*, Welt von Gestern, S. 236–237.
240 *Karsten*, Untergang, S. 11.
241 *Bezemek/Somek*, Der Staat 57 (2018), 135.
242 Zum Begriff der „Prägung" siehe oben Teil 2 vor A.

Teil 2: Erklärungsversuche über geschichtlich entstandene Prägungen

Man muss sich freilich die allgemeine geschichtliche Entwicklung Mitteleuropas zu Beginn des 19. Jahrhunderts in Erinnerung rufen.[243] Die Französische Revolution von 1789 lag zu Beginn des 19. Jahrhunderts nur elf Jahre zurück. Nur zum Vergleich: der Fall der Berliner Mauer im Jahre 1989 ist heute (im Jahr 2020) schon 31 Jahre her. Im Jahr 1803/6 löst sich das Heilige Römische Reich Deutscher Nation auf. Die Entstehung eines Deutschen Reiches im Jahre 1871 liegt noch sehr fern. Dazwischen liegen der Deutsche Bund (1815–1866) und die Gründung des Deutschen Zollvereins (1834) als Vorstufen des Reiches.

Über diesen Entwicklungen lag ständig die Frage, wie es nach dem Ende des Heiligen Römischen Reiches (also 1803/1806) weitergehen sollte: Mit oder ohne die später österreichischen Teile. Das nannte man auch: die Auseinandersetzung um eine „großdeutsche" oder eine „kleindeutsche" Lösung. Entscheiden wurde dies erst 1871 mit der Gründung des Deutschen Reiches im Jahre 1871, das ebenfalls einen „Platz an der Sonne"[244] haben und noch größer werden wollte.

Von konservativer Seite bis hin zu rechtsradikalen Strömungen wird heute die Sprechweise vom „1000jährigen" Deutschen Reich geltend gemacht. Die historisch irreführende Bezeichnung der Herrschaft der Nationalsozialisten (1933–1945) als „Drittes Reich" führt definitiv in die Irre, weil man dann für das „Erste Reich" die Zeit bis 1806 ansetzen müsste und für das „Zweite" die Zeit ab 1871. Bis wann ein solches „Reich" gedauert haben soll (bis 1918? Bis 1933?) bliebe völlig unklar. Für das „Erste" bleib nur die Zeit 1806 übrig, in der das „Heilige Römische Reich deutscher Nation" bestand. Von 1806 bis 1871 gab es aber definitiv kein „deutsches Reich". Und von 1273 bis 1806 waren die „deutschen" Könige und Kaiser aus dem Hause Habsburg und damit – wenn man so will – aus „Österreich".

Der Beginn des 19. Jahrhunderts stand zudem noch im Zeichen der Vorherrschaft Napoleons in Europa. Diese wurde erst durch die Neuordnungen des Wiener Kongresses (1815) aufgelöst. Sowohl die heute deutschen wie die heute österreichischen Territorien waren zudem ab der Mitte des 19. Jahrhunderts nicht nur wirtschaftlich gekennzeichnet von der zunehmenden Industrialisierung, sondern auch innenpolitisch von der eingangs erwähnten Restaurationsphase.

Die österreichische Sicht auf die Welt im 19. Jahrhundert unter der Regentschaft von Franz Joseph (1848–1916) kann man vielleicht folgender-

---

243 Dazu *Zechlin*, Deutsche Einheitsbewegung, 1967.
244 Viele Nachweise unter diesem Stichwort unter: www.google.scholar.

maßen charakterisieren: „Der starke Staat war streng, aber hat nach Möglichkeit für die Leute gesorgt".[245] Mit dieser alltagsorientierten und keineswegs wissenschaftlich geprägten Charakterisierung von *Willi Resetarits*[246] kann man viel von dem verstehen, was man aus der Geschichte auch heute noch im österreichischen Alltag spürt. Mit dem „starken Staat" ist damit der Staat der letzten 200 Jahre gemeint.

II. Wien als politisches Zentrum von „Weltösterreich" im 19. Jahrhundert

Im 19. Jahrhundert war das Habsburger Reich, war Österreich, war die österreichisch-ungarische Doppelmonarchie politisch und kulturell sehr bedeutsam. Das zeigt sich schon an der Sprachenvielfalt: In Österreich-Ungarn wurden insgesamt 9 verschiedene Sprachen gesprochen.[247] Allerdings wurde in Österreich-Ungarn die Verwaltung vielsprachig betrieben, aber die „Kulturen" (Schule, Theater, etc.) warn sprachlich/landmannschaftlich streng getrennt.[248] Vielleicht sollten Sie, liebe Leserin und lieber Leser, nochmal einen Blick auf die eingangs abgedruckte Karte von 1917[249] werfen. Dort zeichnet sich die Rivalität und Wechselbeziehung des schrumpfenden Österreich mit dem aufstrebenden Deutschland ab.

Man muss sich bewusst machen: Die österreichische und die deutsche Rechtswissenschaft standen im 19. Jahrhundert in einem regen Austausch. Dies zeigt sich an folgender Auflistung von Professoren, die von einem ins anderen „Land" (aus heutiger Sicht) wechselten. Im 19. Jahrhundert gab es nämlich einen regen Trend bei Rechtswissenschaftlern, die aus dem Deutschen Reich von 1871 bzw. dem diesem später zugehörigen Territorium stammen, an eine österreichische Universität zu wechseln und umgekehrt. Zu nennen sind folgende Beispiele[250]:

---

245 *Resetarits*, Wozu Beamte?, in: Martin (Hrsg.), Wollen, S. 149.
246 Zur Person vgl. https://de.wikipedia.org/wiki/Willi_Resetarits (abgefragt am: 12.08.2020).
247 *Karsten*, Untergang, S. 40.
248 *Blom*, Kontinent, S. 66
249 Siehe Einleitung A.
250 Quelle für diese äußeren Lebensdaten jeweils die Deutsche Biographie (www.deutsche-biographie.de) bzw. hilfsweise Wikipedia unter dem betreffenden Eigennamen (abgefragt am: 14.08.2020).

Teil 2: Erklärungsversuche über geschichtlich entstandene Prägungen

- *Hans Kelsen*: Wien (1917–1930), Köln (1930–1933).
- *Franz Exner* (1881–1947): Strafrechtler und Kriminologe, Wien (Priv.-Doz. 1910), dann Czernowitz (1912), Prag (1916), Tübingen (1919), Leipzig (1921), München (1933).
- *Franz von Liszt* (1851–1919): von Graz (1875–1879) über Gießen (1879), Marburg (1882), Halle (1889) nach Berlin (1899–1916).[251]
- *Rudolf von Ihering* (1818–1892): 1868 von Gießen nach Wien, wo er den Vortrag „Kampf ums Recht" gehalten hat.
- *Lorenz von Stein*, geboren in Norddeutschland: in Wien als Prof. für Politische Ökonomie (1855–1885).
- *Friedrich Maaßen*, geboren in Wismar, gestorben in Innsbruck, wo er seit 1860 Prof. für Römisches Recht war.

Ergänzend sei auf andere transnationale Bewegungen von Rechtswissenschaftlern hingewiesen:

- *Carl Stooß*, der als Schweizer ab 1896 in Wien war und 1934 in Graz gestorben ist.
- *Adolf Menzel*, 1857 geboren in Böhmen, 1938 gestorben in Wien.
- *Karl Grünhut*, 1844 bei Preßburg geboren; 1874-1915 o. Prof. für Handels- und Zivilrecht in Wien.
- *Wenzeslaus Graf von Gleispach* (1876 Graz – 1944 Wien): 1902–1906 Professor (Strafrecht und Strafprozessrecht) in Freiburg (Schweiz), dann in Prag an der deutschen Universität und 1915–1933 an der Universität Wien.

Das damalige Selbstbewusstsein nicht nur der österreichischen Rechtswissenschaft, sondern vor allem des gesamten Kulturlebens wird einem bewusst, wenn man sich die gesamte Kultur der damaligen Zeit in Erinnerung ruft. Sie wird plastisch von *Egon Friedell* festgehalten in seinem Werk „Kulturgeschichte der Neuzeit"[252]. Doch soll diese hier nicht vertieft werden, sondern nur als Illustration des Alltags dienen.

Das oben[253] bereits angeführte Beispiel aus dem frühen 19. Jahrhundert, dass man eine politische oder administrative Karriere nicht in Berlin, sondern in Wien suchen muss, sei in Erinnerung gerufen. Aus heutiger Sicht mag das erstaunlich sein, liegt doch sogar die deutsche Wiedervereinigung im Jahr 1990 schon so lange zurück. Aber viele Besonderheiten gerade des Strafrechts im Verhältnis zu Österreich werden erst verständlich, wenn man die Entwicklung im 19. Jahrhundert näher betrachtet.

Mit anderen Worten: Der oben beschriebene starke Staat ist ohne sein Zentrum, ist ohne Wien und seine Vorrangstellung nicht denkbar. Man

---

251 Zu *Franz von Liszt* siehe *Kubiciel*, JZ 2015, 64–70.
252 *Friedell*, Kulturgeschichte der Neuzeit, 2007.
253 Siehe oben A I 2.

C. Die prägende Bedeutung von Wien und „Weltösterreich" im 19. Jahrhundert

kann die Fortwirkung dieses Selbstverständnisses aber auch heute noch wahrnehmen. Jüngst wurde beispielsweise die Einstellung der gegenwärtigen österreichischen Verfassungslehre und Ihre Fixierung auf die Ansätze von *Kelsen*[254] damit kritisiert, sie gehe immer noch von einem Selbstverständnis des „*Weltösterreich*" aus.[255] Damit wird ein Bild aufgegriffen, das in *Robert Musils* ab 1930 erschienenem Roman „Der Mann ohne Eigenschaften"[256] geprägt worden ist. Dieser Begriff fasst in geradezu zynischer, aber sehr treffender Weise ein Spezifikum auf: Man geht auch heute, im Jahr 2020, immer noch davon aus, Österreich sei von der Bedeutung her immer noch wenigstens funktional als Weltmacht zu betrachten.

Blickt man aus heutiger Sicht zum Beispiel auf die österreichische Strafrechtswissenschaft, so fällt der Wandel vom 19. Jahrhundert zur heutigen Zeit besonders auf. Vom Glanz des 19. Jahrhunderts merkt man nicht mehr allzu viel. Das ist auch nicht verwunderlich, weil sehr viele der Universitäten der damaligen Doppelmonarchie heute in anderen Staaten sind. Krakau liegt heute in Polen oder Prag in Tschechien.

Deshalb ist die österreichische Strafrechtswissenschaft heute schon rein zahlenmäßig relativ klein und überschaubar. Das gilt freilich auch für die schweizerische oder die niederländische Strafrechtswissenschaft. Aus meiner Sicht kommt hinzu, dass die österreichische *Rechts*wissenschaft – also nicht nur die *Straf*rechtswissenschaft – zentral geprägt ist von *Kelsen* und der von ihm geprägten Separierung von Recht und Politik.[257] Bisweilen ist mir, wenn es um eine politische Stellungnahme zu (straf-)rechtlichen Fragen ging, kollegial entweder ausdrücklich oder durch Gesten entgegnet worden: Man sei „Universitätsprofessor" und nicht „Politiker".

Es kann auch sein, dass man bei dieser Betrachtung unterscheiden muss zwischen dem Schmelztiegel Wien und dem Rest Österreichs. Die Zweiteilung des heutigen Österreichs in „Wien" und „die Bundesländer" ist heute auch im Alltag gängig. Jedenfalls sitzen auch heute in Wien die Regierung und die Ministerien. Dort ist die Hofburg mit dem Bundespräsidenten. Dort haben die Firmen und Verbände ihren Sitz. Hier spielt das „Höfische"[258] eine zentrale Rolle. Kurz: Ohne Wien „geht" im politischen und

---

254 Dazu unten Teil 2 F.
255 *Bezemek/Somek*, Der Staat 57 (2018), 135–147.
256 Zum Roman von *Musil* vgl. meinen sehr geschätzten Salzburger Germanisten-Kollegen mit ausgesprochenem interdisziplinärem Interesse: *Wolf*, Kakanien, 2011. Ebenfalls interdisziplinär *Ziolkowski*, Kafka, in: Molk (Hrsg.), Literatur und Recht, S. 325.
257 Dazu näher unten Teil 2 F.
258 Siehe oben Teil 2 A II.

Teil 2: Erklärungsversuche über geschichtlich entstandene Prägungen

wirtschaftlichen Österreich gar nichts. Das drückt sich auch in der Größenstruktur der Städte aus.[259]

Ganz anders dagegen die heutigen „Bundesländer" und ihre Einwohner: Vorarlberger dürften den Schwaben oder den Badenern näher stehen als „den Wienern"; Tiroler und Salzburger haben vielleicht eher eine Nähe zu Bayern, Kärntner eher zu Slowenen[260]. Diese Überlegung gilt natürlich ebenso für das Habsburger Reich und seinen Vielvölkerstaat. Allerdings ist er gerade dort nicht so bedeutend, weil der damalige Unterschied zwischen Wien und den Kronländern nicht so ins Auge sticht wie der heutige zwischen „Wien" und „den Bundesländern".

Insgesamt kann man aber sagen: Die politische, soziale und kulturelle Stellung Wiens war auch prägend für das heutige Österreich des 21. Jahrhunderts. Es handelt sich hierbei um einen „Prägeraum" im oben[261] erläuterten Sinne.

Um sich die Bedeutung Wiens und Österreichs für Europa im 19. Jahrhundert vor Augen zu halten, wird oft das Wort vom „Vielvölkerstaat" bemüht. Dessen Kulturen (Plural!) darf man sich aber nicht als alltäglich wahrnehmbares Kulturgemisch vorstellen. Die Sprachkulturen waren säuberlich getrennt. „[E]inem tschechisch sprechenden Bildungsbürger [wäre es] genauso wenig eingefallen, ein ungarisches Theaterstück anzusehen, wie einem deutschsprachigen Österreicher, einen Roman auf Serbokroatisch oder Slowenisch zu lesen."[262] Ironisch zugespitzt bringt es der österreichische Schriftsteller *Peter Turrini* auf den Punkt, indem er einen instruktiven Kurzbeitrag mit dem Titel: „Es gibt keine Österreicher! – Über die Promenadenmischung"[263] verfasst hat.

Dies wird unterstrichen durch die Konstante habsburgischer Herrschaft in dieser Zeit. Von 1806 bis 1916 waren es nur drei Kaiser:

1806–1835:	Franz II. legt die deutsche Kaiserkrone nieder und regiert als österreichischer Kaiser Franz. I. von 1806–1835 weiter.
1835–1848:	Kaiser Ferdinand I.
1848–1916:	Kaiser Franz Joseph I.

---

259 Dazu unten Teil 1 L.
260 Für diese Hinweise danke ich *Hannes Winner* ganz besonders. Er hat mich auch auf ein Bonmot aufmerksam gemacht, das ich oft so empfunden habe: „In Österreich ist nur verboten, was wirklich verboten ist".
261 Siehe oben Teil 2 vor A.
262 *Blom*, Kontinent, S. 66
263 *Turrini*, Österreicher, in: Martin (Hrsg.), Wollen, S. 186. Vgl. zum Umgang mit anderen Völkern im Vielvölkerstaat auch *Hamann*, Hitlers Edeljude, S. 133–135.

C. Die prägende Bedeutung von Wien und „Weltösterreich" im 19. Jahrhundert

Die habsburgische Vergangenheit beherrscht weiterhin auch das literarische Bewusstsein Österreichs.[264] Es bildet sich ein „Habsburger Mythos" in der österreichischen Literatur heraus.[265]

Dieser wird repräsentiert durch Werke wie der „Radetzkymarsch" von *Joseph Roth*. Dort beschreibt er den „Helden von Solferino", der dem Kaiser das Leben rettet in der Schlacht von Solferino.[266] „Der Kaiser" wird eingängig beschrieben, wobei diese Darstellung als Gleichnis für die dahinsterbende Doppelmonarchie erscheint.[267] Sehr eindrücklich ist dort auch die Darstellung des Ehrbegriffs:

> „Damals hätte einen österreichischen Bezirkshauptmann die Kunde vom plötzlichen Tod seines einzigen Kindes weniger erschüttert als die von einer auch nur scheinbaren Unehrenhaftigkeit dieses einzigen Kindes."[268]

Auch Züge der höfischen Gesellschaft werden dargeboten: Der Vater der Hauptfigur des Romans (*von Trotta*) bettelt beispielsweise den Kaiser an und durchbricht damit das Tabu, dass man nicht innerhalb von zwei Tagen eine Privataudienz beim Kaiser erlangt[269] Diese Szene schildert den jahrhundertalten Umgang mit der „Hoheit", mit der „Herrschaft". Jeder Untertan im Habsburger Reich hatte (1902) „etwas von einem Ödipus, der von der überwältigenden Vaterfigur des Kaisers unterdrückt wurde. [...] Jeder Beamte, der mit seiner Bartmode seinem Kaiser nacheiferte, war ein lebendes Beispiel für sublimierte Gefühle [...]"[270].

Und die Bürokratie seiner Zeit beschriebt *Stefan Zweig* treffend mit seiner „Erbitterung gegen jedes Amtslokal", seiner „Bürophobie", die ihm „unüberwindlichen Ekel" einflöße.[271]

Mit diesen Bemerkungen ist der Rahmen beschrieben, in dem sich die Rechtswissenschaft im 19. Jahrhundert bewegte.

---

264 Vgl. dazu *Löffler*, Erbe, in: Pieper/Saltzwedel (Hrsg.), Welt der Habsburger, S. 263 ff.
265 Vgl. *Löffler*, Erbe, in: Pieper/Saltzwedel (Hrsg.), Welt der Habsburger, S. 264: der Literatursoziologe *Claudio Magris* habe 1963 seine Doktorarbeit über den (so die Übersetzung im Jahre 1966) „habsburgische[n] Mythos in der modernen österreichischen Literatur" geschrieben.
266 *Roth*, Radetzkymarsch, Teil 1 Kap. V.
267 *Roth*, Radetzkymarsch, Teil 2 Kap. XV.
268 *Roth*, Radetzkymarsch, Teil 3 Kap. XVIII.
269 *Roth*, Radetzkymarsch, Teil 3 Kap. XVIII .
270 *Blom*, Kontinent, S. 95.
271 *Zweig*, Bürophobie, in: Renolder (Hrsg.), Stefan Zweig, S. 407 f. Man riecht dort den Amtsschimmel förmlich aus den Zeilen heraus.

III. Die starke österreichische Strafrechtswissenschaft des 19. Jahrhunderts

Im 19. Jahrhundert war die österreichische Rechtswissenschaft und speziell die Strafrechtswissenschaft von zentraler Bedeutung in Mitteleuropa. Das ist nicht verwunderlich, weil sich ja das Habsburger Reich damals über fast das gesamte Mitteleuropa erstreckte. Wie oben hervorgehoben, geriet das Habsburger Reich in Kollision mit der Gründung und Vorbereitung des Deutschen Reiches. Gemeint ist damit der Zeitraum zwischen 1803–1806 und 1871. Für diese Zeit kann man jedenfalls festhalten, dass z.B. die Universität Wien der Schmelztiegel der Jurisprudenz war.

Die nachfolgenden Überlegungen verfolgen deshalb ein gänzlich anderes Ziel als die Analyse meines ebenfalls aus Deutschland stammenden, sehr geschätzten Kollegen *Reinhard Moos*. Er hat die Entwicklung „des Verbrechensbegriffs in Österreich" dargestellt.[272] Dabei konnte er zurückgreifen auf eine enorm starke österreichische Strafrechtswissenschaft. Diese Darstellung betrifft allerdings strafrechts*interne* Fragen innerhalb ein und derselben Rechtsordnung. Darum geht es im Folgenden aber gar nicht. Hier stehen die allgemeine geschichtliche Entwicklung der österreichischen Gesellschaft und deren Bedeutung für das Strafrecht im Mittelpunkt. Dies ist ein ganz *anderer* Zugang zur Rechtsvergleichung als er in der Untersuchung von *Moos* zugrunde gelegt worden ist.

Es besteht nämlich ein großer Unterschied zwischen einer *strafrechtsinternen* dogmatischen Diskussion und der *allgemeinen* Diskussion innerhalb der Gesellschaft, in der diese beiden Auseinandersetzungen stattfinden. Das kann man auch heute noch beobachten. Um ein Beispiel zu nennen: Man kann den strafrechtsdogmatisch für sehr bedeutungsvoll gehaltenen Streit um „den" Finalismus in den Jahren 1960 ff. diskutieren, ohne den gesamtgesellschaftlichen Zusammenhang mit der Geschichte in Nachkriegsdeutschland auch nur erwähnen zu müssen. Hier geht es aber um genau einen solchen historischen Zusammenhang.

Kommen wir deshalb zurück auf das 19. Jahrhundert. Die Rolle und Funktion von Rechtsprofessoren im heutigen Österreich ist eine gänzlich andere als in der Zeit des 19. Jahrhunderts. Ähnlich ist es in Deutschland, aber eben nur „ähnlich", denn wir Rechtsprofessoren agieren im jeweiligen historisch gewachsenen und damit verschiedenen Kontext.

Doch betrachten wir die damalige österreichische „Szene" näher. Ich wähle zwei österreichische strafrechtliche Vertreter aus, die mich sehr beeindruckt haben, weil sie frappierend aktuell sind.

---

272 *Moos*, Verbrechensbegriff, 1968.

C. Die prägende Bedeutung von Wien und „Weltösterreich" im 19. Jahrhundert

1. Beispiel 1: Wilhelm Emil Wahlberg

Ein gutes Beispiel für einen arrivierten und selbstbewussten Ordinarius des 19. Jahrhunderts an der Universität Wien ist *Wilhelm Wahlberg*.[273] Er war der akademische Lehrer der sehr bedeutenden Strafrechtler *Franz von Liszt* und *Heinrich Lammasch*. Beide zeichneten sich ebenso wie ihr akademischer Lehrer durch nachhaltig fachübergreifendes interdisziplinäres Wirken aus.

Wahlberg wurde 1824 in Prag geboren und ist 1901 in Wien verstorben. Er war Hofrat und Rektor der Universität Wien, hatte dort studiert, promoviert und wurde 1851 zum Privatdozenten, 1854 zum außerordentlichen Professor und im Jahre 1860 zum Ordinarius für Strafrecht an der Universität Wien ernannt. Er war auch in der Politik sehr engagiert und z.B. Mitglied der Strafgesetzgebungskommission im Justizministerium (1864–1872). Sein nachhaltiges soziales Engagement zeigt sich daran, dass er z.B. Präsident des Wiener Vereins gegen Verarmung und Bettelei war.

Als zentralen Ausgangspunkt seines Wirkens kann man erstens die Ehre und Würde des Menschen sehen.[274] Weder der rechtskräftig verurteilte Straftäter noch der psychisch kranke Mensch könnten ihre Würde bzw. ihr Persönlichkeitsrecht verlieren. Die Persönlichkeit dürfe deshalb durch eine Strafe nicht aberkannt werden. Selbst in dem Verbrecher sei die Bestimmung des Menschen zur individuellen Sittlichkeit zu achten. Weil es dabei nicht auf Gnade, sondern auf eine gesetzliche Regelung ankomme, seien unbestimmte Strafen unvereinbar mit einem rationalen Strafsystem. Aber auch die Einzelheiten des Strafvollzugs seien gesetzlich zu regeln.

Zweitens ist sein Werk von einem konsequenten Gleichheitsverständnis geprägt.[275] Dieses gebiete vor allem, Ungleiches auch ungleich zu behandeln. Abstrakt-generelle Regelungen müssten immer Raum für konkret-in-

---

[273] Werke: Grundlinien der strafrechtlichen Zurechnungslehre, 1857; Die Ehrenfolgen der strafgerichtlichen Verurteilung, 1864; Das Princip der Individualisirung in der Strafrechtspflege, 1869; Criminalistische und nationalökonomische Gesichtspunkte mit Rücksicht auf das deutsche Reichsstrafrecht, 1872; Kritik des Entwurfs einer Strafprozessordnung für das deutsche Reich, 1873; Gesammelte kleinere Schriften und Bruchstücke über Strafrecht, 1875; Gesammelte kleinere Schriften, 3 Bände, 1875–1882; Ein Disziplinarprozess vor dem academischen Senat der Universität Wien, 1889; Über die Freiheitsstrafe im Strafgesetzbuche, 1890. – Herzlichen Dank an meinen sehr geschätzten Kollegen *Michael Hettinger* für den Hinweis auf *Wahlberg*.
[274] *Wahlberg*, Ehrenfolgen, 1864.
[275] *Wahlberg*, Individualisirung, 1869.

dividuelle Besonderheiten (etwa durch relative Strafbestimmungen) lassen. Nur dann ließe sich die „Herrschaft der abstracten gesetzlichen Regel" mit den Forderungen der Gerechtigkeit vereinbaren.

Diese Gedanken der Individualisierung wurden z.B. in Deutschland erst 100 Jahre später vom Bundesverfassungsgericht in dieser Bedeutung formuliert und gefordert.[276] Sie sind auch heute noch von allergrößter Aktualität. *Wahlberg* wendete sie auf allen Ebenen des Strafrechts an – bis hin zur Strafbemessung und zum Strafvollzug. Daraus zog er beispielsweise folgende Konsequenzen:

Die Unterscheidung von Gewohnheits- und Gelegenheitsverbrechern sei ebenso wichtig wie die Lehre von der Charakterschuld. Kein „Druck schlimmer Gesamtzustände" begründe eine „zwingende Veranlassung" zu Verbrechen. Er sah auch nur einen graduellen Unterschied zwischen Mensch und Tier. Deshalb sprach er sich deutlich für das Delikt der Tierquälerei aus. Schließlich war *Wahlberg* ein vehementer Gegner der Todesstrafe und einer lebenslang vollstreckten lebenslangen Freiheitsstrafe. Die Entlassung auf Bewährung müsse immer möglich sein. Er trat sogar für eine maximale Dauer der Freiheitsstrafe von 10 Jahren ein.

In der Zusammenschau mit der Volkswirtschaftslehre kam er zu Schlussfolgerungen, die im 19. Jahrhundert überraschen und als frühe Form von Interdisziplinarität charakterisiert werden können: Der gemeinsame Zweck der Wirtschafts- und der Strafrechtsordnung sei der Schutz des Lebens und der menschlichen Persönlichkeit. Jeder Mensch sei in seiner Art einziges Individuum. Er stellte zugleich eine Gesamtbetrachtung des Strafrechts an: Es müsse eine umfassende Betrachtung des Wertes aller Maßnahmen erfolgen. Hieraus leitete er für das gesamte Strafrecht ein strenges Verhältnismäßigkeitsprinzip ab und fragte nach dem ökonomischen „Gebrauchswerth" der Strafe. Ein Strafgefangener habe dabei auch ein Recht auf Entlohnung. Es dürfe nämlich nicht zu einer wirtschaftlichen Ausbeutung von Strafgefangenen kommen. Zudem schmälere jede allzu lange Freiheitsstrafe den „Capitalswerth" des Gefangenen. Dem Gebrauchswert der Strafe widerspreche hiernach jede entbehrliche Aufopferung des Lebens eines Strafgefangenen.

Aus heutiger Sicht fällt auf, dass sich die österreichische Strafrechtswissenschaft nicht mehr zentral mit solchen grundlegenden Fragen befasst.

---

276 Vgl. dazu nur die sehr differenzierte Rechtsprechung des deutschen BVerfG zum Gleichheitsgrundrecht (Art. 3 GG); nachgewiesen z.B. bei *Jarass/Pieroth*, GG[16] Art. 3. Für Österreich siehe *Berka*, in: Rill-Schäffer-Kommentar BVerfR Art. 7 B-VG Rn. 13 ff.

Mir sind jedenfalls keine entsprechenden Monographien bekannt. Die deutschen Strafrechtler *Günther Jakobs* oder *Michael Köhler* haben in ihren Lehrbüchern etwa ein völlig eigenes, an *Hegel* orientiertes Modell entwickelt und daran das geltende einfache Recht gemessen. Ein solches Buch erscheint mir im gegenwärtigen Österreich undenkbar. Das mag auch an der Vorherrschaft des Denkens von *Kelsen*[277] im österreichischen öffentlichen Recht liegen.

2. Beispiel 2: Julius Vargha[278]

Ähnlich geradezu Bahnbrechendes kann man in der österreichischen Strafprozesslehre vermelden. Als Beispiel sei vorgestellt, was der seinerzeit (1885) in Graz lehrende *Julius Vargha* in seiner Darstellung zum „Strafprocessrecht" schon vor mehr als hundert Jahren ausgeführt hat:

> „Die Formen des Strafprozesses stehen in engster Beziehung zur bürgerlichen Freiheit, sie hängen stets von der rechtlichen Stellung ab, welche dem Einzelbürger gegenüber dem Gemeinwesen zuerkannt wird. Wenn bei einem Volke die Tendenz vorherrscht, das Individuum in den Zwecken der Staatsgemeinschaft aufgehen zu lassen, wird der Einzelne auch im Strafverfahren lediglich als *Mittel*, der Beschuldigte als *Object der Untersuchung* aufgefasst und es werden sich hieraus Formen des Strafprozesses ergeben, die von der Sicherung bürgerlicher Freiheit mehr oder weniger absehen. Wo hingegen letztere als Grundlage des Gemeinwohls gilt, wird das Streben vorwalten, die Verhältnisse der Gesamtheit in Harmonie mit den Rechten der Einzelnen zu ordnen, der Einzelbürger wird, wie überall, auch im Strafprozesse als Selbstzweck anerkannt werden, als berechtigtes *Subject* auftreten."[279]

Diese Formulierungen aus dem Jahre 1885 waren gegen den absolutistischen Polizeistaat gemünzt, der „in einen die bürgerliche Freiheit fördernden constitutionellen Rechtsstaat" umzugestalten sei.[280] Dazu gehöre, dass der Beschuldigte „im ganzen Laufe der Untersuchung *als Subject, als berechtigte Prozesspartei*, nicht mehr als blosses Object und Untersuchungsmittel gelten sollte."[281]

---

277 Dazu unten F.
278 Die nachfolgende Darstellung habe ich im Wesentlichen übernommen aus dem von mir herausgegebenen Sammelband: *Lagodny* (Hrsg.), Strafrechtsfreie Räume, S. 279–285.
279 *Vargha*, Strafprocessrecht, S. 29 (Hervorhebung im Original).
280 *Vargha*, Strafprocessrecht, S. 30.
281 *Vargha*, Strafprocessrecht, S. 30 (Hervorhebung im Original).

Deshalb sei auch die Unschuldsvermutung von zentraler Bedeutung:

> „Da kein Unschuldiger sicher ist, dass er durch das Zusammentreffen verdächtigender Umstände oder durch Verläumdung zu einem Verdächtigen werde, ist die Heilighaltung der *praesumtio boni* eine *conditio sine qua non* der bürgerlichen Rechtssicherheit."[282]

Aus der Unschuldsvermutung leitet *Vargha* auch die Freiheit ab, sich nicht selbst belasten zu müssen:

> „Nicht minder ein Ausfluss der *praesumtio boni* ist die Forderung, dass weder dem Beschuldigten noch den sonst im Prozesse auftretenden Personen zugemuthet werde, mit der Preisgebung ihrer Interessen und wohlmotivirten Gefühle der Realisirung des Prozesszweckes zu dienen."[283]

Wenn man diese Überlegungen aus dem 19. Jahrhundert liest, dann erschreckt man eigentlich, weil die Unschuldsvermutung sogar bei der großen Reform des Strafprozessrechts zu Beginn des 2. Jahrtausends immer noch stiefmütterlichst behandelt worden ist.[284] Das zeigt sich z.B. daran, dass die Überwachung von Verteidigergesprächen erst durch eine Richtlinie der EU und erst im Jahre 2013[285], also 130 Jahre nach diesen Äußerungen abgeschafft worden ist.[286]

Vor dem Hintergrund dieser Ausgangspositionen erstaunt es nicht, in diesem Buch aus dem 19. Jahrhundert bereits detaillierte Ausführungen zum „Princip der Waffengleichheit" zu finden.[287] Dieses stehe „[i]n engster Beziehung zum Principe des beiderseitigen Gehörs".[288] Aus letzterem folgert *Vargha* z.B., dass nach zwingender Verlesung der „Anklageschrift" auch eine „*Vertheidigungsschrift*" zu verlesen sei.[289] Sonst würden Richter, Geschworene und Publikum „nur zu häufig gleich am Beginne der Verhandlung gegen den Angeklagten voreingenommen"[290].

---

282 *Vargha*, Strafprocessrecht, S. 33 (Hervorhebung im Original).
283 *Vargha*, Strafprocessrecht, S. 34 (Hervorhebung im Original).
284 Näher *Lagodny*, JSt 2018, 358–363.
285 RL 2013/48/EU vom 22. Oktober 2013 über das Recht auf Zugang zu einem Rechtsbeistand in Strafverfahren und in Verfahren zur Vollstreckung des Europäischen Haftbefehls sowie über das Recht auf Benachrichtigung eines Dritten bei Freiheitsentzug und das Recht auf Kommunikation mit Dritten und mit Konsularbehörden während des Freiheitsentzugs, ABl. 2013 L 294, 1.
286 Vgl. näher unten Teil 3 Q I.
287 *Vargha*, Strafprocessrecht, S. 37, 120–122.
288 *Vargha*, Strafprocessrecht, S. 37.
289 *Vargha*, Strafprocessrecht, S. 121.
290 *Vargha*, Strafprocessrecht, S. 121.

Den „Verkehr des Vertheidigers mit dem Beschuldigten" erachtet *Vargha* als die „Hauptquelle für die Sammlung von Entlastungsgründen"[291] an.

> „Da die Prozesspartei der Vertheidigung [...] aus *dem Beschuldigten mit seinem Vertheidiger* besteht, stellt jede erzwungene Trennung des Beschuldigten von seinem Vertheidiger eine principiell unzulässige Verstümmelung einer Prozesspartei dar. Hienach soll der Verkehr dieser beiden Parteifactoren im ganzen Laufe des Prozesses ein ununterbrochen völlig *freier* sein und auch der Umstand, dass der Beschuldigte *verhaftet* ist, berechtigt diesbezüglich zu keiner Ausnahme. Ein freier Verkehr zwischen dem Beschuldigten und seinem Vertheidiger ist aber nur dann vorhanden, wenn sie so, oft miteinander direct verkehren dürfen, als es ihnen notwendig erscheint und wenn sie sich ihre gegenseitigen Mittheilungen ohne eine das rückhaltlose Vertrauen hindernde *Überwachung* machen können."[292]

Treffend formuliert *Vargha* zum Akteneinsichtsrecht, dass die Akten der „Voruntersuchung", also des zentralen Teils des Ermittlungsverfahrens im heutigen Sinne, nicht „bloss Waffen der Anklage" seien,

> „mit welchen etwa, wie im Inquisitionsprozesse, plötzlich aus ihrer Heimlichkeit hervorbrechend, den Beschuldigten meuchlings überfallen darf; dieselben stehen vielmehr unter Leitung und Mitwirkung des unparteiischen Richters[293] zustande gebrachtes Prozessmaterial das und sind somit *Informationsmittel für beide Parteien*, aus denen auch der Beschuldigte bezw. sein Vertheidiger einerseits die vorliegenden Belastungsmomente erfahren muss, um ehestens vollständige Gelegenheit zu deren Beseitigung und zu wirksamer Rechtfertigung zu erlangen [...], andererseits aber auch die Entlastungsmomente, um sie ihrem ganzen Umfange nach ausnützen zu können."[294]

Nun war *Vargha* offensichtlich kein Außenseiter der österreichischen Rechtswissenschaft. Er galt im großen Ganzen als ein „Anhänger jener Grundsätze, welche dem österreichischen Strafverfahren in seiner gegenwärtigen Gestalt zugrunde liegen"[295].

In Darstellungen zum deutschen Strafprozessrecht aus jener Zeit sind solche Ausführungen kaum zu finden. *Glaser* führt etwa in seinem mehr-

---

291 *Vargha*, Strafprocessrecht, S. 113.
292 *Vargha*, Strafprocessrecht, S. 113 f. (Hervorhebung im Original).
293 Gemeint hier: der (2008 abgeschaffte) Untersuchungsrichter.
294 *Vargha*, Strafprocessrecht, S. 111 f.
295 So die zeitgenössische Besprechung der 2. Auflage von *Varghas* Compendium „Das Strafprozessrecht" durch *Lohsing*, Archiv für Kriminal-Anthropologie und Kriminalistik 1907, 393.

Teil 2: Erklärungsversuche über geschichtlich entstandene Prägungen

bändigen Standardwerk erst im zweiten Band (1885)[296] überhaupt etwas zum Beschuldigten und seinem Verteidiger aus. Unter der Überschrift „[a]m Strafprozess theilnehmende Privatpersonen und deren Beistände" findet man auf zehn Seiten[297] im Wesentlichen Ausführungen zur Frage, wer und unter welchen Voraussetzungen Verteidiger sein kann bzw dass der Beschuldigte „persönlicher Gegenstand (oder wenn man so will passives Subject der Strafklage)" sei.[298] Im Handbuch *von Holtzendorffs* taucht der „Beschuldigte" erst in Kapitel 8 auf wenigen Seiten auf und zwar nur deshalb, weil es um die „Vorführung und Vernehmung des Beschuldigten" geht.[299] Ausführlicher ist immerhin die Erörterung von Fragen der „Vertheidigung"[300]. Daraus ist berichtenswert: Das Prinzip der Waffengleichheit sei in der neuen Reichsstrafprozessordnung von 1877 nicht „in so augenscheinlicher Weise verletzt, wie in manchen älteren, nach dem Jahr 1848 ergangenen Strafprozessgesetzgebungen, immerhin aber auch gegenwärtig [*1879*, O.L.] noch nicht vollkommen verwirklicht." Er betont immerhin auch die gesetzliche Regelung, wonach sich der Beschuldigte „in jeder Lage des Verfahrens" eines Wahlverteidigers bedienen könne.[301]

Wenn man diese beiden Beispiele, *Wahlberg* und *Vargha*, Revue passieren lässt, dann bemerkt man, dass die heutige österreichische akademische Rechtswelt kaum mehr solche mit einem ausdrücklichen Programm und damit großräumig Stellung beziehenden Protagonisten kennt.

D. Konfliktscheuheit und Unschuldsbedürfnis am Beispiel des Umgangs mit der eigenen Beteiligung am Nationalsozialismus

Mit dem 1. Weltkrieg endet im Jahre 1918 auch das österreichische Kaiserreich. Die darauffolgenden 20 Jahre bis zum Jahre 1938 waren in Österreich gekennzeichnet durch eine Zeit des Umbruchs. Man kann in diesen 20 Jahren rückblickend eine Zeit des Systemwechsels sehen: Vom europäischen Großreich zum neu gebildeten und verkleinerten Österreich geworden, musste sich dieser Staat und seine Gesellschaft neu orientieren.

---

296 *Glaser*, Handbuch des Strafprozesses, Zweiter Band, 1885. Der erste Band erschien zwei Jahre zuvor, 1883.
297 *Glaser*, Strafprozess, Zweiter Band, S. 194–204.
298 *Glaser*, Strafprozess, Zweiter Band, S. 194.
299 *von Holtzendorff*, Strafprozeßrecht, Erster Band, S. 377–384.
300 *von Holtzendorff*, Strafprozeßrecht, Erster Band, S. 385–422.
301 *von Holtzendorff*, Strafprozeßrecht, Erster Band, S. 392.

D. Konfliktscheuheit und Unschuldsbedürfnis

Eine wirkliche Zäsur war dann das Jahr 1938. Man drückt auch heute noch symbolisch durch die Schreibweise aus, ob man die nationalsozialistische Herrschaft auf österreichischem Gebiet ab dem 11. März 1938 als

- Anschluss
  oder als
- „Anschluss"

bezeichnen soll. Wenn man die Anführungszeichen weglässt, betont man die vermeintliche Passivität Österreichs, das Opfer der Deutschen unter *Hitler* wird. Setzt man sie, so verneint man die Passivität als etwas Unzutreffendes und betont inzidenter, dass Österreich sehr aktiv daran beteiligt war, dass Österreich auch offiziell nationalsozialistisch geworden ist.[302] Unabhängig von dieser Frage ist festzuhalten: Jedenfalls wurde nach dem 1938 ein großes antisemitisches Aggressionspotenzial frei, das zuvor offensichtlich noch verborgen gehalten worden war.[303]

Dieser scheinbar nur oberflächliche Unterschied beleuchtet die Grundeinstellung in Österreich: Nach dem 2. Weltkrieg herrschte die Auffassung, wonach Österreich das „erste Opfer" des Nationalsozialismus gewesen und als nur passives Opfer „angeschlossen" worden sei.[304]

Der seinerzeitige und gegenwärtige Umgang mit dem Nationalsozialismus ist für mich deshalb ein weiterer Prägeraum des heutigen Österreich. Die Historikerin *Brigitte Hamann* beschreibt das folgendermaßen:

> „Die Staatsräson lud immer noch – in Berufung auf die ‚Moskauer Deklaration'[305] die Schuld an allen Nazi-Verbrechen allein den Deutschen auf. Denn, so wurde gelehrt: Wir Österreicher waren immer gegen die Nazis und gegen Hitler. Die Deutschen haben uns 1938 brutal überfallen und sind an allem Elend schuld."[306]

---

302 Viele Nachweise zu den Anführungsstrichen: *Lienbacher*, Verfassungsdienst, 433 Fn. 28.
303 Vgl. die Darstellung bei *Leidinger/Moritz*, Umstritten. Verspielt. Gefeiert, S. 124–126.
304 Mein Sohn *Julius* hat dies im Gymnasium unmittelbar erfahren: Die ältere Lehrerin war der Meinung, dass Österreich das Opfer war; die andere und jüngere Lehrerin wies auf den österreichischen Enthusiasmus für Hitler hin.
305 Moskauer Erklärung vom 30. Oktober 1943, in der es hieß, dass Österreich das „erste freie Land [war], das der typischen Angriffspolitik Hitlers zum Opfer fallen sollte […]".
306 *Hamann*, Österreich, S. 170.

Teil 2: Erklärungsversuche über geschichtlich entstandene Prägungen

Dieser Prägeraum illustriert nämlich gleichzeitig das ausgeprägte Unschuldsbedürfnis, das mir in Alltagssituationen so oft begegnet ist:

„Ich bin an [irgendetwas] nicht schuld."
„Da ist aber [XY] daran schuld."

Ich habe es so oft bemerkt: Nur nicht auffallen, nur nicht abweichen vom Üblichen. Solche sozialpsychologischen Mechanismen gibt es sicherlich überall auf der Welt. Aber in Österreich sind sie mir besonders ins Auge gestochen. Ich erkenne hierin Muster der höfischen Rationalität[307].

Die Zeit des Nationalsozialismus wurde in Österreich lange Zeit totgeschwiegen. Auf der Homepage des Obersten Gerichtshofs heißt es auch heute nur kryptisch: „Im Jahr 1939 brach über den Obersten Gerichtshof eine dunkle Epoche herein; er musste seine Tätigkeit einstellen."[308] Wenn man dies liest, dann entsteht die Vorstellung, dass der OGH nur das unschuldige „Opfer" einer bösen Macht war. Dasselbe Bild vom Opfer begegnet uns in den unten[309] noch zu besprechenden „Jungbürgerbüchern". So war es nach dem 2. Weltkrieg völlig vorherrschende Meinung in Österreich, dass dieser Staat das „erste Opfer" von Hitler war.

Heute wird es nicht mehr ernsthaft bestritten: Die österreichische Gesellschaft wusste nach 1945 nicht damit umzugehen, dass es auch andere nationalsozialistische Österreicher (und Österreicherinnen) als *Adolf Hitler, Ernst Kaltenbrunner* oder *Arthur Seyß-Inquart* gab. Ein Bekenntnis dazu war lange Zeit undenkbar. Mit deutscher Brille betrachtet, waren die Bekenntnisse aus jüngster Zeit jedoch oft halbherzig oder immer noch relativierend.

Es geht hier also nicht mehr darum, *ob* es in der österreichischen Nachkriegszeit an einer selbstkritischen Auseinandersetzung mit der Nazizeit gefehlt hat oder nicht. Das steht fest. Es geht allein um die Frage, *warum* diese so spät eingesetzt hat, nämlich im Grunde erst ab dem Zeitpunkt, ab dem zunehmend Zeitzeugen gestorben waren. Ein Umdenken beginnt etwa in den 90er Jahren des vergangenen Jahrhunderts, nämlich mit der sog. „Waldheim-Affäre". Selbstverständlich gab es auch schon zuvor kritische Darstellungen.[310]

---

307 Siehe oben Teil 2 A II.
308 www.ogh.gv.at/der-oberste-gerichtshof/geschichte-des-ogh (abgefragt am: 16.08.2020).
309 Teil 2 D I.
310 Siehe z.B. *Pichler*, Vergangenheit, in: Pichler (Hrsg.), Nachträge², S. 191–206.

D. Konfliktscheuheit und Unschuldsbedürfnis

Beredtes Beispiel hierfür ist die Geschichte der Restitution jüdischen Eigentums an Kunstgegenständen im Nachkriegsösterreich.[311] Es dauerte nämlich bis etwa 1995 bis von den Nationalsozialisten in Österreich de jure oder de facto enteignete Kunst entweder den legitimen jüdischen Eigentümern zurückgegeben worden ist oder dafür von österreichischen Stellen Entschädigung geleistet worden ist. Von 1945 bis 1995 sind es 50 Jahre, mehr als die 30 Jahre, mit denen man gewöhnlich den Zeitraum von „einer Generation" veranschlagt. In den Jahren seit 1997 haben Bundeskanzler und Vizekanzler zusammen mit den Präsidenten des Nationalrates und des Bundesrates die „Historikerkommission" eingesetzt. Diese sollte vor allem den Vermögensentzug auf dem Gebiet der Republik Österreich während der NS-Zeit erforschen. Es handelte sich um ein weisungsfreies Organ der Republik Österreich.[312]

Mit der Restitution wurde schlussendlich das Bekenntnis zu österreichischer Beteiligung und Mitwirkung an nationalsozialistischem Unrecht gewissermaßen „salonfähig". Das heißt: Man musste nicht mehr mit (oder jedenfalls: nicht mehr mit so starker) gesellschaftlicher Ignoranz rechnen, wie etwa zu Zeiten des „*Murer*"-Prozesses[313] in den 60er Jahren. Dabei ging es um einen österreichischen Prozess gegen *Franz Murer*, der von Tötungen und Misshandlungen von ihm unterstellten Häftlingen letztlich von den Geschworenen freigesprochen wurde. Dieser Prozess hat aber in der österreichischen Öffentlichkeit wohl bei weitem nicht den Stellenwert erlangt, welche die Auschwitz-Prozesse in Deutschland erlangt haben. Dies verwundert nicht.

Meine Vermutung besteht darin, dass am Beispiel dieser Problematik ein ganz besonderes Spezifikum der österreichischen Gesellschaft hervortritt: Eine grundsätzliche Konfliktscheuheit und ein Unschuldsbedürfnis für die Außendarstellung: Warum sollte man sich mit etwas auseinandersetzen, woran man nicht „beteiligt" war, an das man – ohne dass man etwas „dafür" könnte – nur „angeschlossen" worden war. Man scheut ein klares Wort.

---

311 Vgl. dazu *Rathkolb*, Verhandlungen, in: Marinelli (Hrsg.), Freuds verschwundene Nachbarn, S. 75–87. Ich danke meinem lieben Salzburger Kollegen *Georg Graf*, der selbst Mitglied der Kommission war, für viele Hinweise zur Restitution.
312 *Jabloner et al*, Schlussbericht, S. 18 f.
313 Siehe z.B. *Lackner*, Der Fall Murer, profil vom 15.03.2018, zum Erscheinen des Films: „Murer – Anatomie eines Prozesses"; siehe auch *Sachslehner*, Rosen für den Mörder, 2017. Ich danke meinem lieben Salzburger Kollegen *Jakab András* für den Hinweis auf den Fall *Murer*.

Teil 2: Erklärungsversuche über geschichtlich entstandene Prägungen

Mir wurde das in zahlreichen Konflikten bewusst, die in Deutschland regelmäßig offener und zugleich verbissener ausgetragen werden, in Österreich hingegen sehr verdeckt und gedämpft. Aber jeder versteht, was gemeint ist. Für mich sind schlagende Belege hierfür beispielsweise zwei Formulierungen. Sie belegen den äußerlich gänzlich verschiedenen Umgang mit einem Konflikt, der freilich intern sehr wohl als solcher erkannt wird.

Die oben (Teil 1 A) erwähnte Formulierung am Ende eines Briefes, „Ich ersuche Sie deshalb höflichst, [dies oder das] zu tun." Das klingt für deutsche Empfänger durchaus höflich; bestimmt zwar, aber doch mit dem nötigen Respekt. Für österreichische Empfänger ist das offensichtlich übelster Kasernenhof-Ton. Auch die eingangs erwähnte[314] Bitte „Es wird höflichst ersucht, die Türe zu schließen" kommt im deutschen Erklärungszusammenhang der durchaus praktizierten Aufforderung nahe: „Türe schließen!!"

Doch sind dies nur zwei eher harmlose Beispiele aus dem Alltag. Ich habe öfters die Situation erlebt, dass sich mein Gegenüber so verhielt, als hätte ich eine Grenze überschritten und war mir dessen nicht sofort, sondern erst bei längerem Nachdenken bewusst.

Konfliktscheuheit und Unschuldsbedürfnis könnten sich sozialpsychologisch aus der lange wirkenden „höfischen Gesellschaft" entwickelt haben. Wie oben[315] dargestellt, war es am Hof überlebenswichtig, dass man nicht „in Verdacht" geriet und eine „weiße Weste" behielt. Doch handelt es sich hier nur um eine Vermutung, die empirischer Bestätigung bedürfte. Diese gibt es bislang noch nicht.

Konfliktscheuheit und Unschuldsbedürfnis sind mir jedenfalls in vielerlei Alltagssituationen begegnet. Diese reichen vom ganz normalen internen Streit bis hin zur Relativierung eines Konflikts, an dem mein Gegenüber selbst beteiligt ist. Dies möchte ich hier aus verständlichen Gründen nicht konkretisieren.

Der Umgang mit der eigenen Beteiligung am Nationalsozialismus ist auch ein Beispiel dafür, wie man in Österreich ein Problem oder einen Konflikt vermeidet. Die Opferthese kann dabei als historische Umdeutung eines Problems angesehen werden. Auf diese Weise ersparte man sich in Österreich auch, Verantwortung übernehmen zu müssen.

Zur Verdeutlichung dieser Überlegungen seien die „Jungbürgerbücher" aus den 70er und 80er Jahren des 20. Jahrhunderts vorgestellt (unten I). Die Brücke zur Gegenwart schlagen auch die in Österreich fehlenden Stu-

---

314 Siehe oben Teil 1 B.
315 Siehe oben Teil 2 A II.

D. Konfliktscheuheit und Unschuldsbedürfnis

dentenproteste. Diese waren in Deutschland maßgeblich bestimmt von einer aktiven Auseinandersetzung mit der eigenen Nazivergangenheit (unten II).

I. Jungbürgerbücher aus den Jahren 1970/1980 und Schulbücher

Ein „Jungbürgerbuch" wurde in den Jahren 1949–1992 jeweils vom Landeshauptmann eines österreichischen Bundeslandes an diejenigen österreichischen Bewohnerinnen und Bewohner verschenkt, die in diesem Jahr volljährig geworden sind. Jedes Bundesland hatte sein eigenes Jungbürgerbuch. Ohne dass es ausdrücklich erwähnt würde, ist dies so zu verstehen, dass nur österreichische Staatsbürgerinnen und Staatsbürger als „Jungbürger" verstanden wurden, nicht jedoch volljährige Ausländerinnen und Ausländer.

Diese Veröffentlichungen werden hier als offizielle Beschreibung des Bundeslandes und Österreichs herangezogen. Denn die dort enthaltene Darstellung war vom Landeshauptmann gleichsam genehmigt und „abgesegnet". Diese Jungbürgerbücher sind empirisch gesehen viel besser als Umfragen, soweit es um die offizielle Darstellung geht.

Ein Jungbürgerbuch enthielt eine ganze Fülle von Sachinformationen zu verschiedensten Bereichen. Nur beispielhaft seien erwähnt: österreichische Bundeshymne, die Geschichte des Bundeslandes, die politischen Institutionen (Landtag, Landeshauptmannschaft, Gemeinderat, etc.), Brauchtum, Bildungseinrichtungen, Landesverteidigung, Einrichtungen der Verwaltung, etc. Mein besonderes Augenmerk richte ich aber auf die Darstellung der Zeit des Nationalsozialismus.

In dem Jungbürgerbuch der Landesregierung Oberösterreich aus dem Jahr 1980 über die Zeit von 1938 und 1945 sagt beispielsweise ein „alter Mann" in einem fiktiven Gespräch zu einem „jungen Besucher" des Landtages nur:

> „Nicht vergessen sollten wir übrigens, daß es zwischen 1938 und 1945 keinen Landtag gab und daß wenige Tage vor Ende des Zweiten Weltkrieges der frühere Landtagsageordnete Kotzmann hingerichtet wurde – übrigens der einzige in der Geschichte des Landtages."[316]

---

316 Landesregierung Oberösterreich (Hrsg.), Unterwegs in die Zukunft, S. 98.

Teil 2: Erklärungsversuche über geschichtlich entstandene Prägungen

Hieran sieht man förmlich: Der gute Landtag wurde von bösen (ausländischen?) Mächten im Fall *Kotzmann* übel behandelt. Keine Erwähnung finden die Hintergründe des Falles.

Man erfährt im Jungbürgerbuch von 1980 aber nichts darüber, von wem und warum *Kotzmann* hingerichtet worden ist. Der Darstellung auf der Homepage des Landes Oberösterreich[317] kann man heute entnehmen, dass er Bezirksführer der „Vaterländischen Front" war, einer Monopolorganisation, die es in den Jahren 1933 bis 1938 gab;[318] sie wurde von den Nationalsozialisten aufgelöst. *Kotzmann* wurde 1944 verhaftet und 1945 zum Tode verurteilt und erschossen. Maßgeblich daran beteiligt war die Gestapo.[319]

Diesen Fall hätte man im Jungbürgerbuch also sicherlich auch anders darstellen können. Möglich erscheint mir auch, dass bereits die bloße Erwähnung des Falles *Kotzmann* in dem Jungbürgerbuch eine gewisse politische Brisanz hatte. Doch ist das Spekulation.

Im Jungbürgerbuch Oberösterreich von 1980 erfolgt die Darstellung der Zeit in den 1930ern und die Rolle der Nationalsozialisten[320] also so, dass man den Eindruck hat: Die Nationalsozialisten waren eine böse ausländische Macht, mit der die „braven" Oberösterreicher nichts zu tun hatten, sondern von ihr geradezu überrollt und missbraucht worden sind. Man erfährt nichts davon, in welchem Maße die oberösterreichische Bevölkerung und ihre Elite mitgemacht haben. Dass es „Rüstungswerke im Raum Linz St. Valentin", „die Hermann-Göring- und die Nibelungen-Werke" gab, erfährt man auf S. 164 nur so als Faktum und nebenbei.

Im Jungbürgerbuch Oberösterreich 1980 verfasst auch *Gertrud Fussenegger* einen Beitrag.[321] Diese Darstellung hört sich zum Teil so an, als ob die 1912 geborene Schriftstellerin, Mitherausgeberin der literarischen Zeitschrift „Die Rampe" (so die Kurzdarstellung im Anhang des Buches), einem um sie herum versammelten und hingebungsvoll lauschenden Kreis

---

317 https://e-gov.ooe.gv.at/biografien/Start.jsp?param=ooe&personId=567 (abgefragt am: 12.08.2020).
318 Vgl. dazu das Stichwort „Vaterländische Front" in: *Panagl/Gerlich* (Hrsg.), Wörterbuch.
319 Dazu auch: *Slapnicka*, Oberösterreich, S. 115; siehe auch: https://www.ooegeschichte.at/epochen/nationalsozialismus/widerstand/widerstandsgruppen/freistaedter-gruppe-neues-freies-oesterreich (abgefragt am: 12.08.2020).
320 *Slapnicka*, Oberösterreich, in: Landesregierung Oberösterreich (Hrsg.), Unterwegs in die Zukunft, S. 160–165.
321 *Fussenegger*, Austria, in: Landesregierung Oberösterreich (Hrsg.), Unterwegs in die Zukunft, S. 220–226.

D. Konfliktscheuheit und Unschuldsbedürfnis

von Jugendlichen berichtet, was dem armen Österreich von anderen bösen fremden Herrschern widerfahren ist. Zur Zeit nach dem 1. Weltkrieg schreibt sie:

> „Die junge Republik war krank. Voll Bitterkeit nannte man sie einen Bettlerstaat. Ein Blick ins Ausland zeigte nicht viel Besseres. In Europa installierten sich totalitäre Regime: Im Osten hatte die Revolution zu Stalins Diktatur geführt, in Italien herrschte der Faschismus, in Deutschland kam Hitler an die Macht. So versuchte man es auch in Österreich mit totalitären Methoden: das Parlament wurde heimgeschickt, die Parteien wurden verboten. Ein Aufstand der Sozialdemokraten wurde 1934 blutig niedergeschlagen, Putschversuche der Nationalsozialisten endeten vor Volksgerichten und unter dem Galgen. Aber gegen den wachsenden Druck von außen, gegen die immer großsprecherischen Phrasen Hitlers, auch gegen die unzweifelhaften Erfolge seiner zentralistischen Mobilisation und angesichts Arbeitslosigkeit und Massenverelendung im eigenen Land konnte Österreich seinen Widerstand nicht mehr aufrechterhalten. Der Kanzler Schuschnigg mußte zu Hitler wallfahren, er hoffte auf Schonung und erntete dafür – den Einmarsch.
> Viele Österreicher begrüßten diese Wendung. Man erwartete von ihr Rettung aus der Not. Aber leider waren Hitler und sein gewissenloser Klüngel von krankhaftem Ehrgeiz ergriffen und maßloser Machtgier verfallen. Sie dachten nicht daran, einer vernünftigen Entwicklung Raum zu geben. Kaum hatten sie Österreich besetzt, sannen sie auf weiteren Gebietsgewinn. [...] Am 1. September 1939 erfolgte der Überfall auf Polen"[322].

Von daher verwundert jedenfalls nicht, was in *Wikipedia* unter *Gertrud Fussenegger* über sie zu lesen ist:[323] Dass sie bereits im Mai 1933 der österreichischen NSDAP beigetreten sei. Ihr Gedicht „Stimme der Ostmark", in dem sie Hitler verherrlicht habe, sei 1938 im „Völkischen Beobachter" abgedruckt worden. Sie habe in den Jahren zwischen 1937 bis 1943 nationalsozialistisch geprägte Texte veröffentlicht.[324]

Es ließen sich noch sehr viele offizielle Belege für die Verschweigung oder Falschdarstellung der Rolle Österreichs im Nationalsozialismus finden. Die hier erwähnten mögen als Beispiele genügen.

---

322 *Fussenegger*, Austria, in: Landesregierung Oberösterreich (Hrsg.), Unterwegs in die Zukunft, S. 221/222.
323 Siehe auch im biografischen Archiv https://www.munzinger.de.
324 https://de.wikipedia.org/wiki/Gertrud_Fussenegger (abgefragt am: 12.08.2020).

113

Teil 2: Erklärungsversuche über geschichtlich entstandene Prägungen

II. Fehlende Studentenproteste in den Jahren ab 1967

In den 60er Jahren des 20. Jahrhunderts gab es in Österreich so gut wie keine Studentenproteste, auch nicht in den Jahren 1967/68, die Europa von den USA ausgehend aufgewühlt haben.[325] Eine APO, also eine „Außerparlamentarische Opposition", wie in Deutschland, gab es in Österreich nicht. So erwähnt auch der deutsche Journalist *Klaus Mehnert* über Österreich nur, dass bis auf ein studentisches Kunsthappening in Wien nichts los war. „Im übrigen verhielten sich die österreichischen Studenten auch in den folgenden Jahren ruhig."[326] Vor allem die diese Entwicklung prägende antiautoritäre Bewegung fand gar keinen politischen Ausdruck.[327] Das ist ein ganz zentraler Unterschied zum damaligen Westdeutschland.[328] In der damaligen DDR gab es übrigens ebenfalls keine Studentenproteste; das steht aber auf einem anderen Blatt.[329] Diese Tatsache ist auch nicht verwunderlich angesichts der gewachsenen zugleich paternalistischen und auf Konsens ausgelegten politischen Kultur in Österreich. Es verwundert deshalb nicht, dass es in Österreich keine Studentenproteste gab. Hier fehlte es an einer Entwicklung, die in Westdeutschland ganz im Zentrum stand: Die Auseinandersetzung mit dem Nazideutschland der Elterngeneration und – generell – mit der Mitverantwortung Österreichs. Man muss sich allerdings vor diesem Hintergrund wirklich fragen, wie Toleranz und Fremdenfeindlichkeit zusammenpassen.[330]

---

325 Zur Rolle der österreichischen Studentenbewegung, die lediglich als „schwacher Aufguß" der deutschen Studierenden betrachtet wird, in den Jahren von 1967 an: *Leidinger/Moritz*, Umstritten. Verspielt. Gefeiert, S. 257–276, insb S. 259.
326 *Mehnert*, Jugend im Zeitbruch, S. 219/220.
327 Vgl. dazu *Mappes-Niediek*, Österreich, S. 155.
328 Zur Entwicklung in Deutschland: Vgl. dazu ausführlich: *Löhnig/Preisner/Schlemmer* (Hrsg.), Ordnung und Protest, 2015; vgl. auch *Langguth*, Protestbewegung, 1976 (dort wird allerdings mehr auf den Links-rechts-Gegensatz abgestellt, nicht auf die historische Entwicklung als Reaktion auf das Schweigen der Elterngeneration. Dazu hatte das Buch wohl zu geringen historischen Abstand).
329 Mit einer gehörigen Portion Zynismus ließen sich durchaus weitere Parallelen zwischen der von der *Stasi* geprägten DDR und dem vom *metternich*schen Spitzelstaat determinierten Österreich des 19. Jahrhunderts feststellen. Dies wäre aber ein eigenes Thema zur Rolle der Geheimdienste und ihrer gesellschaftlichen Prägewirkung.
330 Vgl. die Darstellung bei *Leidinger/Moritz*, Umstritten. Verspielt. Gefeiert, S. 126 f.

D. Konfliktscheuheit und Unschuldsbedürfnis

Es besteht auch ein direkter Konnex zwischen der deutschen Strafrechtsdiskussion über die Bedeutung des Rechtsguts für den Gesetzgeber und der Auseinandersetzung mit dem Nationalsozialismus – speziell in Form der Studentenproteste in den Jahren ab 1968. Diese hatten aus meiner Sicht dieselbe Wurzel. Im Strafrecht diskutierte man dann nämlich, ob der Gesetzgeber denn die Verletzung aller Rechtsgüter unter Strafe stellen darf oder nur ausgewählte Rechtsgüter.[331] Zentral war insoweit das Anliegen der Rechtsgutslehre, den Gesetzgeber in Schranken zu weisen. Dies prägte die deutsche Rechtsgutsdiskussion von Anfang an. Nachdem das deutsche Recht in der nationalsozialistischen Zeit deformiert worden war, entwickelte die deutsche Strafrechtslehre vor allem in den 60iger und 70iger Jahren des 20. Jahrhunderts die Rechtsgutslehre. Damit sollte vor allem verhindert werden, dass über das Strafrecht bloße Moralwidrigkeiten sanktioniert werden. Eine wichtige Grundlage war z.B. auch die personale Unrechtslehre von *Hassemer*[332]. Dies führte zu teilweise heftigen Diskussionen über die Legitimität von strafrechtlich geschützten abstrakten Gefährdungsverboten.[333]

Die junge Bundesrepublik Deutschland musste sich in dieser Zeit erst finden. In der politischen Auseinandersetzung spielten gesetzgebungskritische Konzepte eine herausragende Rolle. Gleichzeitig avancierte das deutsche Bundesverfassungsgericht in Karlsruhe zu einem allseits geachteten und respektierten Schiedsrichter: Es gab kaum einen großen politischen Konflikt, bei dem dieses Gericht nicht das letzte Wort sprach. In Sachen Schwangerschaftsabbruch brauchte es sogar zwei Entscheidungen[334], bis die auch heute noch geltende Beratungslösung gefunden werden konnte. Ein Höhepunkt der Rechtsgutsdiskussion war sicherlich die europäische Diskussion um die Neuregelung des Umweltstrafrechts in den 80er Jahren des 20. Jahrhunderts: ein Hauptstreitpunkt war, ob die Umwelt als solche strafrechtlich geschützt werden darf oder ob nicht jede strafrechtliche Regelung auf „den Menschen" rückbezogen werden muss.[335]

Rückblickend kann man die deutsche Rechtsgutsdiskussion als spezielle strafrechtliche Ausprägung der Auseinandersetzung mit dem Nationalso-

---

331 Näheres zu dieser strafrechtlichen Diskussion in Deutschland unten Teil 3 C. Vgl. auch *Lagodny*, ZIS 2016, 674.
332 *Hassemer*, Theorie und Soziologie des Verbrechens, S. 192 ff.
333 Vgl. dazu die Darstellung bei *Lagodny*, Strafrecht vor den Schranken, S. 21–30.
334 BVerfGE 39, 1; 88, 203.
335 Vgl. dazu die Nachweise bei *Kudlich*, ZStW 127 (2015), 635 ff., und bei *Engländer*, ZStW 127 (2015), 616 ff. sowie bei *Lagodny*, Strafrecht vor den Schranken, S. 21 ff.

zialismus und seinem geistigen Umfeld verstehen.[336] Eine vergleichbare Konfrontation mit der eigenen Vergangenheit hat es in Österreich zur damaligen Zeit überhaupt nicht gegeben.

Vielleicht ist es aber auch ein Misstrauen in den 50er und 60er Jahren gegenüber der tatsächlichen Kontrollmacht der Verfassung und ihres Gerichtes, welche dazu geführt hat, dass man im deutschen Strafrecht die Zügel selbst in die Hand nehmen wollte. Vielleicht hatte man sich auch noch nicht hinreichend mit dem Verfassungsrecht befasst und es als externe Kontrolle verstanden, die mit den Feinheiten und dem Tiefsinn des Strafrechts ohnehin nicht viel „anzufangen" wusste.

E. Das „österreichische Labyrinth" in der Gegenwart

„Österreich ist ein Labyrinth, in dem sich jeder auskennt". Das hat der „Herr Karl" gesagt. Herr Karl war eine von *Helmut Qualtinger* erfundene Figur, die vor allem die „unschuldige" Rolle der österreichischen Bevölkerung zur Zeit des Nationalsozialismus verkörpern soll. Das Bild des „Labyrinths" gilt aber auch heute noch.

Damit möchte ich eine ganze Reihe von jüngsten „Prägungen" umschreiben, die erst die Nachkriegszeit betreffen oder in ihr virulent geworden sind. Die Spezifika des gegenwärtigen Österreich lassen sich mangels zeitlichen Abstands nur gleichsam als „Splitter" darstellen.

(1) Neutralität: Seit dem Jahr 1955 hat sich Österreich im Neutralitätsgesetz 1955 wohl auf Drängen der damaligen Sowjetunion „immerwährende Neutralität" beigelegt. Dies ist bestimmend für die gesamte Politik Österreichs.

(2) Dörfliche Struktur: Die bereits erwähnte[337] und prägende dörfliche Struktur mit heimatlicher Verbundenheit. Der dörfliche Charakter des heutigen Österreich kann bestätigt werden: 44 Prozent aller Österreicherinnen und Österreicher wollen am liebsten in einem kleinen Dorf leben; weitere 21 Prozent „in Orten bis zu 5000 Einwohnern". Nach diesen statistischen Angaben ist ein Dorf mit „über 5000 Einwohnern" bereits kein „kleines" Dorf mehr.[338] Dies kontrastiert jedenfalls zu meiner eigenen Erfahrung, weil ich in einem Dorf mit rund 4000 Einwohnern aufgewachsen

---

336 Siehe auch *Vogel,* ZStW 115 (2003), 638–670.
337 Siehe oben Teil 1 L.
338 *Ecker/Martin,* Republik Kugelmugel, in: Martin (Hrsg.), Wollen, S. 39.

bin und immer gemerkt habe, dass es sich bei diesem Dorf definitiv um ein „Dorf" und keine „kleine Stadt" handelt.

(3) Die „Sozialpartnerschaft" zwischen Arbeitgebern und Arbeitnehmern: Sie ist ein nach dem 2. Weltkrieg entstandenes[339] und oben schon erwähntes[340] allgemeine gesellschaftliches Konstrukt. Es besteht aus der Zusammenarbeit der großen wirtschaftlichen Interessenverbände der Arbeitgeber- und Arbeitnehmerseite untereinander und mit der Regierung. *Peter Huemer* erklärt das Prinzip sehr plastisch:

> „Wenn ich einem eine herunterhauen will, dann brauche ich Platz zum Ausholen, damit es gleich drauf ordentlich klescht [*kracht, O.L.*]. Das ist das Grundprinzip einer festen Watsche. Wenn ich aber beim Raufen mit dem anderen ganz eng umschlungen bin, so dass keiner von uns richtig ausholen kann, dann kann ich ihm auch nicht wirklich wehtun und er mir ebenfalls nicht. Das ist das Grundprinzip der österreichischen Sozialpartnerschaft."[341]

Bestätigt wird dies durch die „offizielle" Erklärung dieses typisch österreichischen Sozialphänomens in den Lernunterlagen zum Erwerb der österreichischen Staatsbürgerschaft:

> „Aus dem Scheitern der ‚Ersten Republik' haben die Politiker jener Zeit etwas gelernt. Die ‚Zweite Republik' wurde nach 1945 besser aufgebaut als die ‚Erste Republik'. *An die Stelle des politischen Konflikts trat mehr Zusammenarbeit.* Die politischen Parteien sahen sich nicht mehr als Feinde. Stattdessen regierten die Österreichische Volkspartei (ÖVP) und die Sozialistische/Sozialdemokratische Partei (SPÖ) gemeinsam in einer großen Koalition." […] „Eine wichtige Form der Zusammenarbeit von Arbeitgebervertretern, Arbeitnehmervertretern und Bauernvertretern ist die *Sozialpartnerschaft*. Sie entstand in den späten 1940er Jahren. […] Dabei geht es um die Festsetzung von Löhnen (Lohnverhandlungen). In der Nachkriegszeit ging es auch um die Festsetzung von Höchstpreisen. Bis heute werden die Sozialpartner bei wirtschaftlich oder sozial bedeutsamen Vorhaben gefragt. Insbesondere bei Gesetzesvorschlägen haben ihre Stellungnahmen große Bedeutung."[342]

Der Publizist *Paul Lendvai*[343] hat die Sozialpartnerschaft als „stille Größe" der Zweiten Republik bezeichnet, die aus der Geschichte gelernt hat. Der

---

339 Zum Proporzstaat nach dem 2. Weltkrieg und zur Rolle des ORF hierbei, vgl. *Leidinger/Moritz*, Umstritten. Verspielt. Gefeiert, S. 185–192.
340 Teil 2 E.
341 *Huemer*, Raufen, in: Martin (Hrsg.), Wollen, S. 189.
342 Bundesministerium für Inneres (Hrsg.), Mein Österreich, S. 34 (= www.staatsbuergerschaft.gv.at/index.php?id=38 [abgefragt am: 12.08.2020]).
343 *Lendvai*, Österreich, S. 70 f.

Teil 2: Erklärungsversuche über geschichtlich entstandene Prägungen

„Klassenkampf" finde nämlich am Verhandlungstisch statt. Hintergrund dieses Denkens ist der Kompromiss als Grundlage der Sozialpartnerschaft. Der Kompromiss sei nach *Georg Simmel* eine der größten Erfindungen der Menschheit, denn er bilde die Grundlage der Menschheit; andere fänden das „fad".[344]

Vor dem Hintergrund der Sozialpartnerschaft ist vielleicht auch die Rolle des „Cartellverbandes" zu sehen. Dieser ist ein Verband der farbentragenden katholischen Hochschulverbindungen, die im Gegensatz stehen zu den schlagenden Verbindungen[345]. Der Cartellverband steht in engem Zusammenhang mit der ÖVP als einer der maßgebenden politischen Kräfte im Nachkriegsösterreich.

(4) Große Koalition: die lange Zeit bestehende große Koalition von SPÖ und ÖVP und deren Absicherung über die verfassungsrechtliche Figur des „Verfassungsgesetzes".

(5) Der Appell zur Abstinenz von gewalttätigen Auseinandersetzungen: Ein jährlich wiederkehrendes Ereignis in Österreich ist der sogenannte „Akademikerball" in Wien. Er wird von schlagenden Verbindungen organisiert und führt oft zu gewalttätigen Auseinandersetzungen zwischen linken und rechten Gruppierungen. Vor einigen Jahren kam es zu einem Steinwurf gegen Polizeibeamte. Dem Angeklagten, einem deutschen 23-jährigen Mann, wurde Landfriedensbruch vorgeworfen. Ihm war nicht nachzuweisen, dass er einen Stein geworfen hatte. Nach deutschem Recht erscheint die Verurteilung nicht rechtmäßig, nach österreichischem schon.[346]

Dies liegt aber an der ganz unterschiedlichen Formulierung des Straftatbestands des Landfriedensbruchs. Der deutsche § 125 dStGB lautet:

(1) Wer sich *an*
1. *Gewalttätigkeiten gegen Menschen* oder Sachen oder
2. Bedrohungen von Menschen mit einer Gewalttätigkeit,
die aus einer Menschenmenge in einer die öffentliche Sicherheit gefährdenden Weise mit vereinten Kräften begangen werden, *als Täter oder Teilnehmer beteiligt* oder wer auf die Menschenmenge einwirkt, um ihre Be-

---

344 *Lendvai*, Österreich, S. 61 ff., der hinsichtlich des Kompromisses auf *Simmel*, Soziologie, Gesammelte Werke Band 2⁴, S. 250, verweist.
345 Näher *Lendvai*, Österreich, S. 112: Rolle des CV als Verband der farbentragenden katholischen Verbindungen. Im Jahre 2007 gab es 2142 Aktive, 5800 „Alte Herren" und 35 CV-Verbindungen. CV steht im Gegensatz zu den „schlagenden" Verbindungen = nationale Burschenschaften.
346 Vgl. dazu den Bericht von *Mappes-Niediek*, Werden sie ihn hängen?, Badische Zeitung vom 17.07.2014, S. 3.

reitschaft zu solchen Handlungen zu fördern, wird mit Freiheitsstrafe bis zu drei Jahren oder mit Geldstrafe bestraft.

Das österreichische Pendant des § 274 öStGB lautete in seinem Absatz 1 im Jahre 2014 wie heute:

> (1) Wer wissentlich *an einer Zusammenkunft vieler Menschen*[347] *teilnimmt*, die darauf abzielt, dass durch ihre vereinten Kräfte ein Mord (§ 75), ein Totschlag (§ 76), eine Körperverletzung (§§ 84 bis 87) oder eine schwere Sachbeschädigung nach § 126 Abs. 1 Z. 5 oder Abs. 2 begangen werde, ist, wenn es zu einer solchen Gewalttat gekommen ist, mit Freiheitsstrafe bis zu zwei Jahren zu bestrafen.

Der zentrale und hier allein interessierende Unterschied zwischen der deutschen und der österreichischen Version besteht darin, dass man sich nach der deutschen Vorschrift an „Gewalttätigkeiten gegen Menschen [...] als Täter oder Teilnehmer beteiligen muss. Nach der österreichischen Vorschrift genügt hingegen die schlichte Teilnahme, ohne dass man sich an den aus dieser Zusammenkunft vieler Menschen heraus begangenen Gewalttaten beteiligen muss.

Die Botschaft des österreichischen Delikts ist völlig klar: *Halte Dich von solchen Zusammenkünften fern*. Das deutsche Delikt sagt: *Bei solchen Menschenmengen darfst Du dabei sein, aber keine Gewalttätigkeiten begehen*.

Wenn man sich diese Inhalte anschaut, dann wird einem sofort bewusst: In Österreich entsteht schnell ein Strafbarkeits-Risiko[348], wenn man sich in einer solchen Menschenmenge befindet und es zu Gewalttätigkeiten aus dieser Menschenmenge heraus kommt. Wenn man sich dann nicht schnell genug entfernt und distanziert, ist man nur dann nicht strafbar, wenn der Vorsatz fehlt. Beim deutschen Delikt ist dieses Risiko deutlich geringer, weil zusätzlich noch der Nachweis erbracht werden muss, dass der Verdächtige sich als „Täter oder Teilnehmer" an den „Gewalttätigkeiten gegen Menschen beteiligt" hat.

Es braucht nicht viel Vorstellungskraft, dass die österreichische Lösung eher von der Teilnahme an Demonstrationen abhält als die deutsche. Schärfere Regelungen als die existierende deutsche können durchaus als

---

347 In der Fassung von 2014 hieß diese Zusammenkunft vieler Menschen: „Zusammenrottung".
348 Damit meine ich das Risiko, wegen eines Delikts tatsächlich schuldig gesprochen zu werden, weil alle Beweise vorliegen.

Teil 2: Erklärungsversuche über geschichtlich entstandene Prägungen

„Relikt obrigkeitsstaatlichen Denkens"[349] charakterisiert werden, je mehr sie nur den Appell „Bleib weg!" betonen.

(6) Zusatzfrage im Geschworenenprozess: Es war für mich aus strafrechtlicher und strafprozessualer Sicht immer etwas irritierend, wenn § 313 öStPO für den Geschworenenprozess in Österreich normiert:

> Sind in der Hauptverhandlung Tatsachen vorgebracht worden, die – wenn sie als erwiesen angenommen werden – die Strafbarkeit ausschließen oder aufheben würden, so ist eine entsprechende Frage nach dem Strafausschließungs- oder Strafaufhebungsgrunde (Zusatzfrage) zu stellen.

Nimmt man dies wörtlich und strafrechtsdogmatisch, so ist eine ganz bestimmte Art von Gründen gemeint, nämlich Gründe, welche *nach* der Schuld zu prüfen sind und damit Tatbestandsmäßigkeit, Rechtswidrigkeit und Schuld voraussetzen.[350] Die Praxis des österreichischen OGH zeigt uns jedoch, dass § 313 öStPO keineswegs so zu verstehen ist. Vielmehr fallen alle Gründe, welche trotz Bejahung der Tatbestandsmäßigkeit zur Verneinung der Strafbarkeit führen unter die „Strafausschließungs- oder Strafaufhebungsgründe" im Sinne von § 313 öStPO.[351]

§ 313 öStPO ist also im Prinzip wie US-amerikanische „Defences" zu verstehen. Diesen Begriff kann man als „Verteidigungseinreden" übersetzen.[352] Diese fassen aus kontinentaleuropäischer Sicht die Stufen 2–4 (Rechtfertigung, Entschuldigung und die „4. Stufe") zusammen, sind also *nach* der Tatbestandsmäßigkeit zu prüfen. Im angloamerikanischen Rechtsbereich versteht man unter „Tatbestandsmäßigkeit" im Wesentlichen das „Offence". Von daher kommt sprachlich die Sammelbezeichnung „Defence": Dies ergibt das Begriffspaar „Offence" und "Defence".

Man mag jetzt sicher Gründe finden, warum diese Norm in diesem Sinne zu verstehen ist. Sie können den Widerspruch zwischen dem Normwortlaut und der rechtswissenschaftlichen Systembildung aber nicht beseitigen.

Der juristische Laie will zudem eine klare, ja sogar eine „glasklare" Aussage. Ganz markant insoweit die Erwartungshaltung von Ärzten. Sie er-

---

349 So *Sternberg-Lieben/Schittenhelm*, in: Schönke/Schröder StGB³⁰ § 125 Rn. 1, zur alten Fassung von § 125.
350 Siehe näher unten Teil 3 D und H.
351 OGH RIS-Justiz RS0100415 (z.B. 13 Os 146/93); *Lässig*, in: WK-StPO § 313 Rn. 4 m.w.N.
352 Siehe *Mansdörfer*, Unrecht und Schuld, in: Mansdörfer (Hrsg.), Straftatlehre, S. 89–135. Die „offence" wäre dann in diesem sprachlichen Bild zu übersetzen mit „Angriff".

warten von Juristen ganz klare und einfache Regeln, wann sie z.B. „die Apparaturen abschalten" dürfen. Am besten ist das noch in einem „Manual" festgehalten, das – wie ein „Bußgeldkatalog" festhält: „Wenn ich dies oder das mache, dann bekomme ich diese oder jene Sanktion."

Nur nebenbei angemerkt: Dies bringt mich zu einer ganz anderen Frage, die anderweitig vertieft werden sollte: Wie kann man juristischen Laien überhaupt juristische Begriffe und Argumente, kurzum: juristische Begründungen nahebringen?[353] Oder sind diese so abgehoben und speziell, dass sie nicht mehr vermittelbar sind? Das wäre sehr bedenklich.

(7) *Entscheidungserheblichkeit*: In manchen Diskussionen mit Kolleginnen/Kollegen oder mit Nichtjuristinnen/Nichtjuristen aus Österreich ist mir aufgefallen, dass die Frage: „Ist das jetzt entscheidungserheblich?" eine eher unbeliebte oder unwillkommene Frage war. Aus Deutschland ist man diese juristische Ur-Frage spätestens seit der Zivilstation im Rahmen des Referendariats gewohnt. Der österreichische Ansatz scheint mir eher zu sein, dass man „das Problem" von allen Seiten und mit allen Facetten angeht.

Vielleicht ist auch diese Betonung der „Entscheidungserheblichkeit" eine preußische Denkgewohnheit, die an die Grenzen eines eher ganzheitlichen österreichischen Denkens stößt.

F. Die Bedeutung von Hans Kelsen aus meiner Sicht

Ich möchte gleich zu Beginn dieses Kapitels hervorheben: Nachfolgend geht es mir ausdrücklich *nicht* um eine wissenschaftliche Diskussion der Theorien von *Kelsen*.[354] Ich möchte nur darstellen, welche Bedeutung *Kelsen* für die österreichische Sicht auf die Rechtswissenschaften und damit auch für meine Wahrnehmung und mein Selbstverständnis hat. Viele dogmatischen Unterschiede sind primär mit der Reinen Rechtslehre von Kelsen zu erklären.[355] Das gilt nicht nur für das österreichische öffentliche

---

353 Das war die im Hintergrund stehende Frage der von mir betreuten Diplomarbeit von *Herzog*, Rausch, 2019: Wie kann man Nichtjuristen/Nichtjuristinnen erläutern, welche Rolle der „Rausch" im Strafrecht spielt?
354 *Kelsen*, Reine Rechtslehre[1], 1934. Dazu: *Jestaedt*, Reine Rechtslehre, in: Jestaedt (Hrsg.), Reine Rechtslehre, S. XI–LXVI. Vgl. dazu jüngst etwa die Beiträge *Dreier*, Kelsen im Kontext, 2019, oder die Beiträge in: *Jabloner/Olechowski/Zeleny* (Hrsg.), Kelsen in seiner Zeit, 2019. Einen Überblick zur Lehre von *Kelsen* geben *Kley/Tophinke*, JA 2001, 169–174.
355 *Jakab*, Der Staat 46 (2007), 268.

Recht, sondern genauso für das Kriminalstrafrecht und das Verwaltungsstrafrecht. Mit einer solchen salvatorischen Vorrede möchte ich den – vielleicht vergeblichen – Versuch einer Klarstellung unternehmen.

Die immense Bedeutung seiner Theorien wurde mir nämlich erst im Laufe meiner Zeit in Österreich seit 1999 und jetzt beim Verfassen dieses Buches bewusst. Mein eigener deutscher rechtswissenschaftlicher Ansatz ist ganz dezidiert ein auch rechtspolitischer. Das verträgt sich überhaupt nicht mit dem Ansatz von *Kelsen*, der Rechtspolitik als Gegenstand der Rechtswissenschaften strikt ablehnt.

Es geht mir auch nicht um eine Diskussion von *Kelsen* in seiner Bedeutung für das nationale und österreichische öffentliche Recht. Ich möchte vielmehr aufzeigen, welche eigenen Erkenntnisse ich durch die Auseinandersetzung mit *Kelsen* und seiner immer noch großen Bedeutung in Österreich für mein eigenes Verständnis der Rechtswissenschaften gewonnen habe.

Bevor wir uns deshalb im nächsten Kapitel die rechtsvergleichenden Einzelprobleme anschauen, müssen wir uns unbedingt mit *Hans Kelsen* (1881–1973) und seiner „Reinen Rechtslehre" befassen. Er galt in seinen 10 Jahren an der Wiener Fakultät von 1919 bis 1929 als der beherrschende Vertreter der Wissenschaft vom österreichischen Öffentlichen Recht. Er wechselte dann nach Köln und wurde am 7. März 1933 von seiner Position von den Nationalsozialisten – wie wir noch sehen werden – „beurlaubt".

Seine Rechtslehre ist zusammenfassend deshalb „rein", weil sie „das Recht" als solches betrachten will und von jedem fremdem Einfluss freihalten (eben „reinhalten") möchte. Vor allem müssen Recht und Politik streng voneinander geschieden werden. Er wendet sich aber auch ausdrücklich gegen den Einfluss von Nachbarwissenschaften wie den Politikwissenschaften oder der Soziologie (unten I). Vor diesem Hintergrund kann ich meine eigene Auffassung erläutern, die ich durch die Auseinandersetzung mit Kelsen gewonnen habe (unten II).

I. Die Konzeption von Kelsen und seine Bedeutung in Österreich

Die Rechtslehre müsse sich nach *Kelsen* „ausschließlich und allein" mit ihrem „Gegenstand"[356], dem *Recht*, befassen. Die Rechtslehre versuche die

---

356 *Kelsen*, Reine Rechtslehre, S. 15.

F. Die Bedeutung von Hans Kelsen aus meiner Sicht

Frage zu beantworten, „was und wie das Recht *ist*, nicht aber die Frage, wie es sein oder gemacht werden *soll*".[357]

Das ist eine ausdrückliche Absage an jede Form der Rechtspolitik als Gegenstand der Rechtswissenschaft.[358] Er geht sogar noch weiter: Die Rechtswissenschaft darf beispielsweise auch nur aufzeigen, wie man die Antwort auf eine Rechtsfrage begründen kann, darf aber keine der möglichen Antworten bevorzugen. *Kelsen* schreibt dazu:

> „Die Frage, welche der im Rahmen einer Norm gegebenen Möglichkeiten die ‚richtige' ist, ist – voraussetzungsgemäß – keine Frage der auf das positive Recht gerichteten Erkenntnis, ist kein rechtstheoretisches, sondern ein rechtspolitisches Problem"[359].

Das zentrale rechtswissenschaftliche Anliegen von *Kelsen* war, die „Wissenschaftlichkeit" der Rechtswissenschaften dadurch zu gewährleisten, dass ihre Methoden den Kriterien empirischen Arbeitens genügen. Voraussetzung hierfür ist eine

> „reine, das heißt: von aller politischen Ideologie und allen naturwissenschaftlichen Elementen gereinigte, ihrer Eigenart weil der Eigengesetzlichkeit ihres Gegenstandes bewußte Rechtslehre zu entwickeln."[360]

Es sei darum gegangen,

> „ihre nicht auf Gestaltung, sondern ausschließlich auf Erkenntnis des Rechts gerichteten Tendenzen zu entfalten und deren Ergebnisse dem Ideal aller Wissenschaft, Objektivität und Exaktheit soweit als irgend möglich anzunähern."[361]

Es geht also um „Erkenntnis" des Rechts mit objektiven und exakten Mitteln. Dies ist nach *Kelsen* nur möglich, wenn man die Erkenntnis von der „Gestaltung" also von offener oder versteckter Rechtspolitik sondert. Man muss die Erkenntnis des Rechts auch „reinigen" von aller politischen Ideologie.

Der Wissenschaftler habe sich deshalb sogar einer Antwort auf das Rechtsproblem zu enthalten und nur die verschiedenen Argumentationswege aufzuzeigen. Die konkrete Antwort auf das Rechtsproblem habe nur

---

357 *Kelsen*, Reine Rechtslehre, S. 15 (Hervorhebung von mir, O.L.).
358 Siehe zusammenfassend *Pfersmann*, Hans Kelsen, in: Walter/Ogris/Olechowski (Hrsg.), Hans Kelsen, S. 368
359 *Kelsen*, Reine Rechtslehre, S. 107 f.
360 *Kelsen*, Reine Rechtslehre, Vorwort zur 1. Auflage S. III.
361 *Kelsen*, Reine Rechtslehre, Vorwort zur 1. Auflage, S. III.

Teil 2: Erklärungsversuche über geschichtlich entstandene Prägungen

das von der Rechtsordnung dazu berufene Organ[362] zu geben. Diese Auffassung prägt (oder prägte zumindest) aus vielen Gründen die Denkweise in der österreichischen Rechtswissenschaft – jedenfalls soweit es sich um Gegenstände des öffentlichen Rechts handelt.

Zentral mit dem solchermaßen verstandenen Reinheitsgebot zusammen hängt auch seine weitere Forderung, dass sich die Rechtswissenschaft auf sich selbst beschränken solle und nicht auf benachbarte Disziplinen zurückgreifen. Er schreibt 1934:

> „Ein Blick auf die traditionelle Rechtswissenschaft, so wie sie sich im Laufe des 19. und 20. Jahrhunderts entwickelt hat, zeigt deutlich, wie weit diese davon entfernt ist, der Forderung der Reinheit zu entsprechen. In völlig kritikloser Weise hat sich die Jurisprudenz mit Psychologie und Biologie, mit Ethik und Theologie vermengt. Es gibt heute keine Spezialwissenschaft mehr, in deren Gehege einzudringen der Rechtsgelehrte sich für unzuständig hielte."[363]

Mit einem solchen Verständnis von „Reinheit" aus dem Jahre 1934 solle die Rechtswissenschaft – so der Kelsen-Kenner *Jestaedt* – *„von sachfremden, d.h. politischen Übergriffen* ebenso freigehalten werden wie von disziplinfremden, etwa soziologischen oder ethischen Einflüssen."[364] *Kelsens* Hauptanliegen ist es deshalb nach *Jestaedt*, „eine modernen Wissenschaftsansprüchen genügende, d.h. insonderheit antimetaphysische, ideologiekritische und skeptisch-rationale Jurisprudenz zu formulieren"[365].

Man kann die wesentlichen Grundaussagen von Kelsen auch folgendermaßen zusammenfassen:[366]

1. Es gibt kein einziges moralisches Referenzsystem, an dem sich das Recht orientieren kann. Wenn aber diverse moralische Systeme existierten, würden diese sich gegenseitig relativieren und sich daher auch nicht als verbindliche Referenzsysteme für das Recht eignen.
2. Rechtswissenschaft habe „ihren Gegenstand weder zur billigen noch zu missbilligen, sondern nur zu erkennen und zu beschreiben".
3. Überdies habe die Rechtswissenschaft das Recht nicht zu legitimieren.

Kelsens „Reine Rechtslehre" hat zwar weniger das Strafrecht geprägt;[367] auch das österreichische Zivilrecht befasst sich sehr wenig mit ihm. Dafür

---

362 *Kelsen*, Reine Rechtslehre, S. 353.
363 *Kelsen*, Reine Rechtslehre, S. 15 f.
364 *Jestaedt*, Einführung, S. XXXIV (Hervorhebung von mir, O.L.).
365 *Jestaedt*, Einführung, S. XXXIV.
366 *Gschwend/Weder*, ZStrR 136 (2018), 3.
367 Es gibt im Wesentlichen nur eine Monografie dazu: *Lippold*, Reine Rechtslehre und Strafrechtsdoktrin, 1989.

ist er im österreichischen Öffentlichen Recht umso bedeutsamer. Die gegenwärtige Lehre im österreichischen Öffentlichen Recht beharrt freilich sehr auf ihrer Eigenständigkeit und „ihrem" *Kelsen*. Dies wurde von *Bezemek* und *Somek* jüngst treffend charakterisiert als die Einstellung, man sei „Weltösterreich"[368].

Hans Kelsen und seine Auffassung von Recht und Rechtstheorie spielen heute also jedenfalls noch – wie *Otto Pfersmann* im Jahre 2009 ausführte[369] – eine „vielfältige Rolle"[370]. Allein die Tatsache, dass die Republik Österreich ihm im Jahr 1971 ein Institut gewidmet hat[371] und dieses im Jahr 2009 eine drei Tage dauernde wissenschaftliche Veranstaltung zum Thema „Hans Kelsen – Leben-Werk-Wirksamkeit" durchgeführt hat,[372] zeigt mir, dass ich ihn jedenfalls nicht ignorieren kann. Zudem wirkt er gleichsam „unter der Oberfläche" der ausdrücklichen akademischen Auseinandersetzung noch sehr stark in den Köpfen von akademischen Lehrern und Schülern. Anders formuliert: Wie soll man selbst etwas anderes lehren, wenn man bereits im und durch das Studium der Rechtwissenschaften erfahren hat, dass die Sicht von *Kelsen* die einzig richtige ist. Man darf sie allenfalls etwas modifizieren, aber nicht an ihren Grundüberzeugungen rütteln.

1. Wissenschaftstheoretischer Hintergrund dieses Ansatzes

Wissenschaftstheoretischer Hintergrund dieses Ansatzes ist vor allem der „Wiener Kreis"[373] um *Moritz Schlick*. Dieser hat in den Jahren bis zur Auswanderung der meisten seiner Mitglieder im Jahre 1938 aus Österreich die wissenschaftlichen Methoden und die Anforderungen an diese Methoden

---

368 *Bezemek/Somek*, Der Staat 57 (2018), 135.
369 *Pfersmann*, Kelsens Rolle, in: Walter/Ogris/Olechowski (Hrsg.), Hans Kelsen, S. 367–387.
370 *Pfersmann*, Kelsens Rolle, in: Walter/Ogris/Olechowski (Hrsg.), Hans Kelsen, S. 368.
371 Bundesstiftung Hans Kelsen-Institut, www.kelseninstitut.at (abgefragt am: 12.08.2020).
372 *Walter/Ogris/Olechowski* (Hrsg.), Hans Kelsen, 2009.
373 Davon ist eine staatsrechtliche „Neue Wiener Schule" zu unterscheiden, die sich erst in den Sechziger Jahren des 20. Jahrhunderts herausgebildet hat, vgl. dazu *Wiederin*, Wiener Schule, in: Jestaedt (Hrsg.), Hans Kelsen, S. 85, 88.

Teil 2: Erklärungsversuche über geschichtlich entstandene Prägungen

zu einem zentralen Thema gemacht[374]. Vor allem hat er die Empirie über alle metaphysischen Erklärungsversuche gestellt.

Das Konzept von „Reinheit" der Rechtswissenschaft geht letztlich zurück auf *Kelsens* Versuch, die Wissenschaftlichkeit des Rechts damit zu belegen, dass man zumindest ähnlich, wenn nicht identisch vorgeht wie in den empirischen Wissenschaften: Dort begründet man eine wissenschaftliche Theorie zur Erklärung eines bestimmten Phänomens mit empirischen Versuchen. Dem liegt auch heute ein Dreier-Schritt zugrunde:

Schritt 1: Man geht von einem Problem aus und formuliert eine Theorie zur Erklärung dieses Problems.

Schritt 2: Man führt Experimente durch, um diese Theorie zu bestätigen (oder nach *Popper* genauer: zu falsifizieren).

Schritt 3: Man diskutiert die Konsequenzen aus Schritt 2 für Schritt 1.

Die Experimente aus Schritt 2 lassen sich überall auf der Welt wiederholen, weil sie nicht abhängig sind von sonstigen Gegebenheiten.

Kelsen hat nun versucht, die „Reinheit" empirischen Vorgehens (bei Schritt 2) auf die Rechtswissenschaft zu übertragen. Allerdings hat er nicht auf die gerade in empirischen Wissenschaften wichtige „Forschungsfrage" abgehoben. Da diese in den Normwissenschaften per se nicht auf eine wie auch immer geartete „Erkenntnis" gerichtet sein kann, überzeugt *Kelsens* Ansatz mich nicht. Die Forschungsfrage ist vielmehr auf eine (bessere) Begründung für eine Rechtsfrage ausgerichtet. Nicht mehr und nicht weniger. Recht ist mithin eine Argumentationswissenschaft.[375]

Mit der Empirie hat der *Wiener Kreis* jedoch eine Methodik in den Mittelpunkt gestellt, die überhaupt nicht auf die Rechtswissenschaften passt. Die Frage der Normsetzung ist nicht empirisch zu verifizieren oder zu falsifizieren. Diese Erkenntnis hatte bereits *Kelsen*, aber er hat daraus nicht die notwendigen Schlussfolgerungen gezogen. Die Rechtswissenschaften sind heute vielmehr als „Argumentationswissenschaft" anzusehen. Dieses völlig andere Verständnis der Rechtswissenschaften gewinnt immer mehr an Bedeutung.

---

374 Vgl. dazu allgemeinverständlich: *Geier*, Der Wiener Kreis, 1992.
375 Siehe *Lagodny/Lagodny*, ZIS 2019, 360/361 und vertiefend: *Lagodny/Lagodny*, in: Kremnitzer-FS (in Druck) sowie *Möllers*, Juristische Methodenlehre², Vorwort und § 1 Rn. 1 unter Berufung auf die deutsche Richterin am EGMR, *Angelika Nußberger*. Ich selbst verdanke den Hinweis auf die „Argumentationswissenschaft" meinem lieben Salzburger Kollegen *Kurt Schmoller*.

F. Die Bedeutung von Hans Kelsen aus meiner Sicht

Die Denkweise von *Kelsen* dürfte auch damit zusammenhängen, dass Kelsen sich scharf abgrenzen wollte von jemandem wie *Carl Schmitt* und dessen Funktion als rechtswissenschaftlicher Steigbügelhalter für Nationalsozialisten. Man darf nämlich bei der *Kelsen*-Rezeption nicht unberücksichtigt lassen, dass er ein Jahr vor Erscheinen der 1. Auflage der „Reinen Rechtslehre" (1934), also im Jahr 1933, von den Nationalsozialisten auf der Grundlage des „Gesetzes zur Wiederherstellung des Berufsbeamtentums" vom 7. April 1933 als Jude von seinem Amt als Hochschullehrer an der Universität Köln – wie es so scheinbar korrekt heißt – „beurlaubt" worden ist, 1936 in die Tschechoslowakei und schließlich 1940 in die USA emigriert ist.[376] Vor diesem Hintergrund wird deutlich, dass er nicht nur – um es neudeutsch auszudrücken – „frustriert" gewesen sein muss, sondern von einer ideologischen Vereinnahmung existentiell betroffen war.

Wenn ich mir heute vorstelle, dass ich wegen meiner Veröffentlichungen und wegen meiner Religion ein Berufsverbot erhalten würde, dann wäre auch ich – in welcher Form auch immer – betroffen und dadurch zu einer reinigenden Rechtslehre motiviert. Damit will ich – das sei zur Vermeidung von Missverständnissen gesagt – nicht die ganze Lehre von *Kelsen* erklären, sondern allein seine Politik-Abstinenz.

2. Kritik: Entscheidende Bedeutung des wissenschaftlichen Erkenntnisziels

Die Arbeiten des Wiener Kreises haben jedoch etwas ganz Wichtiges gezeigt: Ganz vorne bei einer wissenschaftlichen Arbeit steht als Schritt 1 die Frage nach dem oder den wissenschaftlichen Erkenntniszielen und den Methoden ihrer Erreichung.[377] Erst dann folgen die Schritte 2 und 3, weil sie von Schritt 1 abhängig sind. So muss in Schritt 2 geklärt werden, mit welcher (empirischen) Methode das Erkenntnisziel erreicht werden kann. Dabei geht es vor allem um folgende Fragen: Wendet man eine qualitative oder eine quantitative empirische Methode an? Werden die dabei zu ver-

---

376 *Jestaedt*, Einführung, S. LXV.
377 Siehe oben 1. Vgl. *Lagodny/Lagodny*, in: Kremnitzer-FS (in Druck). Zur Frage, wie man die Forschungsfrage (*Popper*) präzisiert: *King/Keohane/Verba*, Designing Social Inquiry, S. 14–19.

Teil 2: Erklärungsversuche über geschichtlich entstandene Prägungen

wendenden Daten selbst erhoben oder greift man auf vorhandene Daten zurück?[378]

Diese allgemein anerkannte wissenschaftliche Vorgehensweise wurde in den empirisch arbeitenden Wissenschaften, also vor allem den Naturwissenschaften und den empirischen Sozialwissenschaften entwickelt. In den Rechtswissenschaften ist die vorrangige Frage nach dem Erkenntnisziel jedoch eine bislang völlig unterentwickelte Vorgehensweise. Erst wenn man beispielsweise Drittmittel beantragt, wird man mit der Frage konfrontiert, was denn die Forschungsfrage(n) sei(en).

Doch möchte ich das dahingestellt sein lassen: Bereits die zentrale Forderung von *Kelsen*, dass die Rechtswissenschaft sich jeder Rechtspolitik enthalten müsse, ist der zentrale Gegensatz zu deutschen Denkweisen – zumindest im Strafrecht: Man nehme nur das Verständnis von *Schünemann*, der nichts unversucht lässt, um die Bindung des Gesetzgebers an einen von der Strafrechtswissenschaft zu formulierenden Rechtsgutsbegriff zu fordern.[379] Ein weiteres Beispiel ist der Ansatz von *Köhler*. Er entwirft eine Konzeption von Strafrecht, die sehr an der Rechtsphilosophie von *Hegel* orientiert ist. Er fragt dann: Entspricht das geltende Recht diesem Modell? Solche und vergleichbare Entwürfe sucht man im heutigen Österreich vergeblich.[380] In Deutschland hingegen quillt rechtspolitisches Denken jeder Art auch aus solchen Ritzen, die man meint, gut mit Formulierungen versiegelt zu haben.

Dieses Problem stellt *Lindner* jetzt in den Mittelpunkt und nennt es treffend „Münchhausen"-Problem.[381] Dieses stellt sich in Deutschland und in Österreich also ganz verschieden dar: In Österreich muss man es wegen des Positivismus eigentlich gar nicht oder kaum lösen. In Deutschland ist es allgegenwärtig. Das ist eine unmittelbare und sehr wichtige Erkenntnis aus *Lindners* Überlegungen. Der Gegensatz zwischen deutschen und österreichischen strafrechtlichen Denkweisen ist letztlich gewaltig.

---

378 Vgl. zu diesen Fragen insgesamt: *Lagodny/Lagodny*, in: Kremnitzer-FS (in Druck).
379 *Schünemann*, ZIS 2016, 654.
380 Vgl. näher *Lagodny*, GA 2019, 417.
381 Er nennt dies das im Titel seines Buches bereits angesprochene „Metaphysik"-Problem.

III. Mein eigenes Verständnis der Rechtswissenschaften

Die österreichische Auffassung auf der Grundlage von *Kelsen* steht also in völligem Gegensatz zur deutschen. In Deutschland drückt (fast) jeder Rechtswissenschaftler und jede Rechtswissenschaftlerin bei jedem Rechtsproblem die „eigene Meinung" aus und versucht diese (in freilich je verschiedener Deutlichkeit) durchzusetzen.[382]

Auch ich selbst habe so gedacht und denke so. Im Bereich des deutschen Auslieferungsrechts habe ich hier gravierende Untiefen im Grundrechtsschutz festgestellt. Deshalb habe ich zusammen mit *Wolfgang Schomburg* in unseren Kommentierungen immer „auch" rechtspolitisch argumentiert. Dazu haben wir das Konzept eines „international-arbeitsteiligen Strafverfahrens"[383] entwickelt. Partiell wurde dies übernommen.

1. Trennung von Recht und Politik

Die Trennung von Recht und Politik leuchtet mir überhaupt nicht ein.[384] Die Rechtswissenschaften „rein" und „ideologiefrei" zu halten ist nicht nur schwer, sondern letztlich unmöglich und auch gar nicht sinnvoll. Dies folgt schon daraus, dass es jedem Menschen genauso unmöglich ist, „nicht politisch" zu agieren, wie es ihm unmöglich ist, nicht zu kommunizieren („Man kann nicht nicht kommunizieren"[385]). Der zentrale wissenschaftstheoretische Grund für die heute fehlende Überzeugungskraft der Theorie von *Kelsen* in diesem wichtigen Punkt hierfür liegt gerade darin, dass die Rechtswissenschaften keine empirische Wissenschaft sind. Ihr Erkenntnisziel kann nur das jeweils am meisten überzeugende Argument sein.[386]

Und eine „Reinheit" im Sinne der Trennung von Nachbarwissenschaften kann heute ebenfalls nicht überzeugen. Es geht nicht nur darum, das Bestehende zu erklären und zu analysieren. Es geht auch darum, Ideen und Konzepte zu entwickeln, wie das Recht in Zukunft besser ausgestaltet sein kann. Das ist eine ureigene Aufgabe von Rechtswissenschaft. Sie muss

---

382 Siehe *Lindner*, Rechtswissenschaft, S. 145 ff.
383 Siehe Einleitung, in: Schomburg/Lagodny Internationale Rechtshilfe⁶, S. 1 ff.
384 Vgl. hierzu auch meinen im Druck befindlichen Beitrag: Das Politische an der Rechtswissenschaft, in: Andrianne/Gabriel/Gmainer-Pranzl (Hrsg.), Wissenschaft, 2020.
385 *Watzlawick/Beavin/Jackson*, Menschliche Kommunikation, S. 53.
386 Vgl. näher *Lagodny/Lagodny*, ZIS 2019, 360 f.; vgl. dazu auch *Bäcker*, Begründungen, in: Kirste (Hrsg.), Interdisziplinarität, S. 231–251.

freilich jede Form von Vorverständnis und genauso die Begründung offenlegen.[387]

Meine Sicht zu *Kelsen* ist freilich zentral vom deutschen Recht her geprägt. Das *Kelsen*sche Denken ist für mich befremdlich und künstlich. Wissenschaftstheoretisch kann es mich nicht überzeugen, weil die Rechtswissenschaften keine empirischen Wissenschaften, sondern eine Argumentationswissenschaft sind. Eine wichtige Konsequenz aus der Beschäftigung mit *Kelsen* kann ich aber ziehen: Man muss offenlegen, was man wie begründet. Man darf Rechtsschöpfungen nicht hinter scheinbar unverfänglichen Auslegungsschritten verbergen. *Ewald Wiederin* weist insofern zutreffend auf die vom deutschen Bundesverfassungsgericht bekannten Begründung „in Verbindung mit"-Begründungen abstellen. Diese seien „gefährlich", weil die vom Gericht gewonnen Ableitungen umso weniger tragen, auf je mehr „in Verbindung mit" zitierte Grundgesetzartikel Bezug genommen werde. Wenn jede bezogene Verfassungsbestimmung für sich allein etwas nicht gebiete, dann seien sie auch in Verbindung miteinander dazu nicht in der Lage. Der Argumentationstopos laufe darauf hinaus, „freie Rechtsschöpfungen als textgebundene Ableitungen zu verbrämen".[388] Damit ist allerdings noch nichts dazu gesagt, unter welchen Voraussetzungen Rechtsschöpfungen als Form der Kriminalpolitik doch notwendig sind.[389] Aber dies kann hier nicht erörtert werden.

Durchaus ironisch und unösterreichisch direkt überlegt: Vielleicht „passt" die Theorie von *Kelsen* nur zu gut nach Österreich, weil man sich in der Rechtswissenschaft darauf berufen kann, man mache schließlich Wissenschaft und keine Politik. Man sei also politisch enthaltsam und neutral.

2. Kelsen ist „höflich", weil politisch enthaltsam

Nach dem oben[390] zur „höfischen Gesellschaft" Gesagten drängt sich mir eine weitere Erklärung für den Erfolg von *Kelsen* in Österreich auf. Wenn es eine Verhaltensmaxime „bei Hofe" war, sich politischer Stellungnahme entweder tunlichst zu enthalten oder sie nur zustimmend gegenüber „dem Herrscher" zu tätigen, dann passt *Kelsens* Theorie geradezu perfekt, ob-

---

387 Vgl. dazu hervorragend *Lindner*, Rechtswissenschaft, S. 145 ff.
388 *Wiederin*, öAnwBl 2013, 562.
389 Vgl. dazu aus deutscher Sicht auch: *Norouzi*, HRRS 2016, 285–292.
390 S. o Teil 2 A II.

wohl sich *Kelsen* vielleicht gegenüber dieser Beobachtung aufs Heftigste verwahren würde. Man hätte aber sogar eine wissenschaftliche Rechtfertigung, warum „die Wissenschaft" sich nicht „in die Politik" einmischen dürfe. Man macht eben dann als WissenschaftlerIn nichts als die reine oder die „reine" Lehre.

3. Gleichstellung von Gerichtsurteil und Verwaltungsakt nach Kelsen

Die Gleichstellung von Gerichtsurteil und Verwaltungsakt irritiert mich noch mehr. Nach *Kelsen* soll es nur zwei Grundfunktionen der Rechtsordnung geben: Gesetzgebung und Vollziehung dieser Gesetze (durch Verwaltung und Rechtsprechung).[391] Innerhalb der Vollziehung stünden Verwaltung und Judikative voneinander getrennt, aber auf gleicher Stufe. Daher stünden Verwaltungsakte und Gerichtsurteile als „gleichberechtigte Vollzugsbereiche" nebeneinander.[392]

Mir ist es nahezu unbegreiflich, wie man einen Verwaltungsakt (wie z.B. eine Bauerlaubnis oder einen Abgabenbescheid) und ein Gerichtsurteil (wie z.B. ein Strafurteil oder die Verurteilung einer Privatperson zu Schadensersatz) als auf rechtlich gleicher Stufe stehend ansehen kann. Natürlich kann ich das aus rechtstheoretisch-analytischer Sicht nachvollziehen. Aber nur das. Ich bin aber in einer juristischen Denkweise sozialisiert worden, in der die Kontrolle durch ein Gericht gleichsam über allem steht. Das ist die zentrale Botschaft des deutschen Grundgesetzes mit seiner Rechtsschutzgarantie nach Art. 19 Abs. 4 Satz 1 GG. Dieser lautet klar und eindeutig:

> „Wird jemand durch die öffentliche Gewalt in seinen Rechten verletzt, so steht ihm der Rechtsweg offen."

Danach hat ein *Gericht* immer *das letzte rechtliche Wort*, auch und gerade bei Akten „durch die öffentliche Gewalt", also auch und gerade bei „Verwaltungsakten" als einer bestimmten Form von Akten „öffentlicher Gewalt". Deshalb können Gerichtsurteil und Verwaltungsakt niemals auf derselben Stufe stehen.

Aber in Österreich sieht man das anders. Vielleicht ist ein Urteil des OGH aus dem Jahre 1888 immer noch prägend. Danach ist die Aussage

---

391 *Jakab*, Der Staat 46 (2007), 276/277.
392 *Wiederin*, Verfassungsinterpretation, in: Lienbacher (Hrsg.), Verfassungsinterpretation, S. 93.

Teil 2: Erklärungsversuche über geschichtlich entstandene Prägungen

einer Privatperson gegenüber einem Beamten: „Sie kennen Ihre Instruction nicht" als Beleidigung nach dem seinerzeitigen § 312 öStG anzusehen.[393] Das hat unmittelbare Bedeutung für das Einlegen von Rechtsmitteln. Denn jedes Rechtsmittel kann im Sinne dieser OGH-Entscheidung im Grunde als Beleidigung angesehen werden. Es ist nur die Fürsorglichkeit der Exekutive, diese Sichtweise nicht zu verallgemeinern.

Unklar ist für mich, inwieweit sich an dieser Gleichstellung von Gericht und Beamtenschaft im österreichischen öffentlichen Recht etwas geändert hat durch die Einführung der Verwaltungsgerichtsbarkeit im Jahre 2014.

Eine Gleichsetzung von Verwaltungsakt und Gerichtsurteil kann man erstes nur formal begründen, weil beides Formen der verbindlichen Subsumtion eines Lebenssachverhalts unter rechtliche Normen sind. Und zweitens lässt sich dies nur bewerkstelligen, wenn man alle Politik außen vor lässt und den Verwaltungsbeamten und den Richter auf dieselbe Stufe stellt.

Aber vielleicht war der Verwaltungsbeamte im 19. Jahrhundert und auch nach der Vorstellung von *Kelsen* eher der Beschützer bürgerlicher Freiheiten als der doch primär dem Monarchen verbundene Richter.[394] Dies steht in völligem Gegensatz zur Rolle der Verwaltungsgerichtsbarkeit nach Art. 19 Abs. 4 GG. Danach hat immer ein Gericht das rechtlich letzte Wort. Auf Besonderheiten für das Verwaltungshandeln[395] wird z.B. über die Ermessensfehlerlehre und die damit verbundene eingeschränkte gerichtliche Kontrolle von Verwaltungsermessen Rücksicht genommen. Die Grenze dieser Grenze besteht im deutschen Verfassungsrecht wiederum im Verhältnismäßigkeitsprinzip. Eine so *„vertiefte, materielle und ausdifferenzierte"* Ausprägung und Kontrolle des Verhältnismäßigkeitsprinzips wie in der deutschen Praxis findet sich auch nach der Einschätzung des deutschen Verfassungsrechtlers *Rainer Wahl* allerdings in keiner anderen Rechtsordnung.[396]

Völlig verwirrt ist man als in Deutschland sozialisierte/r (Strafrechts-)JuristIn schließlich, wenn es „individuelle Normen" geben soll. Auch diese Vorstellung beruht auf der Stufenbaulehre von *Kelsen*. *Jakab* hat völlig recht, wenn er deshalb ausführt: „Dieser Ausdruck klingt für deutsche Oh-

---

393 OGH vom 9.11.1888, Z. 10089, in: Walter/Pfaff/Schey (Hrsg.), Sammlung von Civilrechtlichen Entscheidungen des k.k. obersten Gerichtshofes, Band 26, Wien 1892, S. 5.
394 Vgl. *Wiederin*, Beiheft zu Der Staat Bd. 22 (2014), 304/305.
395 Vgl. allgemein zu den Unterschieden der deutschen und der österreichischen Verwaltungsrechtsdogmatik: *Jakab*, Der Staat 46 (2007), 268 ff.
396 *Wahl*, JZ 2013, 369, 372 mit Fn. 25.

ren wie ein Oxymoron", eine rhetorische Figur, bei der eine Formulierung aus zwei sich gegenseitig ausschließenden Begriffen gebildet wird („reiche Armut"). Aber selbst die deutsche Strafrechtsdogmatik scheint von einem solchen Denken nicht fern. In der Diskussion über „Normen" im Strafrecht" wird oft verwirrend in der Kategorie von „individuellen Normen" gedacht und argumentiert.[397] Im deutschen Verwaltungsrecht gehört es zu den Grundbegriffen, dass eine Norm jedenfalls nicht vorliegen kann, wenn es sich um einen *individuellen* Adressaten (nicht um einen generellen Kreis von Adressaten) handelt und es um die Regelung eines *konkreten* Sachverhalts geht, nicht einer abstrakten Vielzahl von Sachverhalten.[398]

4. Strafrecht als Teil des Öffentlichen Rechts

Bei inhaltlicher Betrachtungsweise ist das Strafrecht auch ein Teil des Öffentlichen Rechts. In Österreich kommt die Besonderheit hinzu, dass es das im Strafgesetzbuch geregelte „gerichtliche Strafrecht" (oder auch gleichbedeutend: „Justizstrafrecht")[399] gibt und daneben das „Verwaltungsstrafrecht", das im Verwaltungsstrafgesetz[400] geregelt ist. In Deutschland wird das Verwaltungsstrafrecht „Ordnungswidrigkeitenrecht" genannt und wird als Teil sowohl des Strafrechts wie auch des Verwaltungsrechts angesehen. Hintergrund dieser Unterscheidung ist ein nur formelles, an den tätigen öffentlichen Stellen (Gerichte, Behörden) anknüpfendes österreichisches Gewaltenteilungsprinzip.[401]

Damit deutet sich letztlich ein in der Forschung „wohl bereits überwundenes", in der Lehre aber noch aufrecht erhaltenes „Kästchendenken" (Trennung von Strafrecht und Öffentlichem Recht) an, das bereits von *Schick* in den Blick genommen worden ist.[402] Ein solches Kästchendenken macht heute keinerlei Sinn mehr. An dieser Stelle zeigt sich auch, dass die Aufteilung innerhalb und vor allem auch zwischen den Rechts- und den anderen Wissenschaften zudem ein grundlegender Widerspruch zum heutigen Verständnis von Wissenschaft ist: Ohne interdisziplinäres Vorgehen

---

397 Siehe *Lagodny*, Strafrecht vor den Schranken, S. 79 ff.
398 Vgl. nur *Ipsen*, Allgemeines Verwaltungsrecht[11], § 2 Rn. 84 ff., insb. 89.
399 *Seiler*, AT I[4] Rn. 2.
400 Verwaltungsstrafgesetz 1991 (VStG), öBGBl. 1991/52.
401 Zu dessen wichtigster Konsequenz, dem Trennungsgrundsatz, siehe unten Teil 3 E.
402 *Schick*, ZöR 65 (2010), 573, 575.

Teil 2: Erklärungsversuche über geschichtlich entstandene Prägungen

oder jedenfalls die Bereitschaft dazu ist in der Rechtswissenschaft kaum mehr Innovatives zu erwarten.[403]

Weil aber jeder österreichische Strafrechtler und jede österreichische Strafrechtlerin im Rahmen der rechtswissenschaftlichen Bildung genau dieses von *Kelsen* geprägte öffentliche Recht studiert, wird daran nicht gezweifelt. Das ist ähnlich fest verankert wie *Kant* oder *Hegel* in der deutschen Denkweise. Wenn man hingegen in Deutschland juristisch sozialisiert worden ist, dann begegnet man dem von *Kelsen* geprägten österreichischen Herangehen mit Verwunderung und Staunen. Mir ist das zum ersten Mal so geschehen, als ich die oben[404] erwähnte Fortbildung für RichteramtsanwärterInnen durchgeführt habe und über deren Rückfragen zur verfassungskonformen Auslegung im Strafrecht erstaunt war. Das zweite Mal war es, als ich die ebenfalls oben[405] erwähnte Erfahrung mit der Betreuung einer Dissertation zur internationalen Rechtshilfe bei Verkehrsordnungswidrigkeiten gemacht habe.

Mit diesen historischen Betrachtungen ist jetzt eine hinreichende Grundlage vorhanden, um die eigentlichen strafrechtlichen Fragen im nun folgenden Teil 3 zu behandeln. Doch auch hierbei werde ich darauf achten, dass vor allem Nichtjuristinnen und Nichtjuristen von der Sprache und von der Komplexität her nicht überfordert werden.

---

403 Vgl. nur den eindringlichen und wichtigen Appell von *Hörnle*, Stärken und Schwächen, in: Dreier (Hrsg.), Rechtswissenschaft, S. 183. Dieser steht keineswegs isoliert da, sondern ist Ausdruck einer insgesamt kritischen Entwicklung, die offener gegenüber zu „deutschgläubigen" Beobachtungen ist. Vgl. allgemein nur *Kirste*, Voraussetzungen, in: Kirste (Hrsg.), Interdisziplinarität, S. 35.
404 Teil 1 M VI.
405 Siehe oben Teil 1 M VII.

Teil 3: Rechtsvergleichende Einzelanalysen zum Straf- und Strafprozessrecht

Nachfolgend werden beispielhafte und signifikante Unterschiede beider Rechtsordnungen zueinander vorgestellt. Diese werden dann anhand der im vorausgegangenen historischen Teil gemachten Erkenntnisse aus meiner Sicht erklärt und begründet. Ich möchte keinesfalls alle Unterschiede ansprechen. Mit einem solchen Anspruch wäre ich unredlich. So ist beispielsweise die Frage, warum in Österreich eine schlichte körperliche Misshandlung (z.B. eine Ohrfeige) nur dann strafbar ist, wenn sie Folgen nach sich zieht (z.B. eine fahrlässige [andere] Körperverletzung oder Gesundheitsschädigung, wie z.B. ein Hämatom), während die Ohrfeige in Deutschland bereits ohne diese Folgen strafbar ist.[406]

Dabei wird es sich allerdings nur um Begründungsversuche handeln. Diese werden nicht eindeutig und logisch deduzierbare Ergebnisse und Erklärungen darstellen. Wenn dies der Fall wäre, dann läge der Einwand nahe, es würde sich um „konstruierte", „überzogene" oder „weit her geleitete Argumentationen" handeln. Schon deshalb sei hier die Lückenhaftigkeit und Unvollständigkeit im Sinne einer salvatorischen Vorbemerkung eingeräumt.

Solche Einwände habe ich jedenfalls in nicht wenigen Diskussionen feststellen müssen. Dabei handelt es sich aber fast immer um Reaktionen von Österreicherinnen und Österreichern, also um die Reaktionen von Einheimischen. Wie ich jedoch aber schon eingangs betont habe, ist meine Perspektive diejenige des „Fremden, der heute kommt und morgen bleibt". Die Perspektiven des Fremden und des Einheimischen sind voraussetzungsgemäß nicht deckungsgleich. Es wäre deshalb geradezu verwunderlich, teilten Einheimische meine Erklärungen ohne weiteres.

Meine Hoffnung ist aber, dass die hier verfolgte kultursoziologische und kulturhistorische Methode plausible Erklärungsansätze anbieten kann, die dann weiter erforscht werden können und sogar müssen. Diese Ansätze sind also weder linear noch durchdeklinierbar, sondern eher punktuell oder topisch. Es wird daneben sicher noch eine ganze Reihe von weiteren

---

406 Dazu *Hochmayr*, ZStW 130 (2018), 55.

Teil 3: Rechtsvergleichende Einzelanalysen zum Straf- und Strafprozessrecht

Begründungen im Detail geben. Ich hoffe aber, die wesentlichen Punkte erfasst zu haben.

Wem dies zu unwissenschaftlich erscheint, der möge es zeigen, wie es besser oder anders geht. Dies gilt vor allem für strafrechtsinterne dogmatische oder strafrechtlich-philosophische Erklärungen. Um die geht es mir eigentlich allenfalls am Rande. Im Mittelpunkt steht die „wirkliche" Welt in ihrer Geschichtlichkeit. Diese lehrt uns, dass sich vor allem philosophische Konzepte nur auf der Grundlage dieser „wirklichen" Welt entwickelt haben.

A. Amtssprache/Gerichtssprache (OGH)

Dies beginnt mit der für unsere heutigen Wahrnehmungsgewohnheiten seltsamen Sprache des OGH. Sie ist geprägt vom 19. Jahrhundert und wird zumindest im Straf- und Strafprozessrecht und noch heute praktiziert. Macht man sich aber bewusst, dass der OGH bereits im Jahre 1848 geschaffen wurde und damit geprägt ist von der oben skizzierten Rolle Wiens im 19. Jahrhundert, dann wundert einen dieser Sprachduktus nicht. Man könnte oberflächlich den Schluss ziehen, der OGH wolle Wissenschaftlichkeit durch eine schwierige Sprache belegen. Freilich liegen heute Erkenntnisse vor, dass man von einem komplizierten Satzbau zu einer schlechten Meinung über die Intelligenz des Autors verleitet wird.[407] Deshalb bemüht man sich auch in der Wissenschaft zu Recht um Verständlichkeit. Bei Lichte betrachtet kann man sich die geschraubt wirkende Sprache des OGH nur aus ihrer langen historischen Gewachsenheit erklären. Sie wurde offensichtlich von Gerichtspräsident zu Gerichtspräsident und von Senatspräsident zu Senatspräsident tradiert. Sachliche Gründe gibt es nicht. Das gilt auch für die sehr detailliert vorgeschriebene Kleiderordnung.[408] Diese erinnert mich sehr an das 19. Jahrhundert und fordert jedem Beteiligten entweder Respekt, Ehrfurcht oder auch bloß Furcht ab.

---

407 Vgl. dazu den Bericht einer Forschergruppe der Universität Princeton (Journal of Applied Cognitive Psychology, doi 10.1002/acp. 1178, zitiert nach einer Meldung in: Forschung und Lehre 2005, 672): Unnötig lange Wörter und ein komplizierter Schriftsatz verleiten den Leser zu einer schlechten Meinung über die Intelligenz des Autors.

408 Vgl. die Verordnung des Bundesministeriums für Justiz vom 9. Mai 1962 über die Beschaffenheit, das Tragen und die Tragdauer des Amtskleides der Richter, öBGBl. 1962/133.

Die Kritik von *Stuefer* ist deshalb sehr berechtigt, wenn sie von einem „Sprachgefälle" zwischen Rechtsprechung und Individuum ausgeht, das sich bei den Nichtigkeitsgründen zu einem „mathematisch austarierten, hermetisch abgeschlossenen System mit eigener Diktion und Begriffskategorien" entwickelt habe. „Ein Satz mit über 160 Wörtern kann selbst bei wohlwollender Betrachtung nicht als sinnvoll angesehen werden"[409]. Nicht selten hat man den Eindruck, der Adressat der Entscheidung soll am ausgestreckten Arm auf die dem Untertan gemäße Distanz gehalten werden. Der auch heute noch verwendete Hermelinersatz auf den Talaren von Richterinnen und Richtern stärkt diesen Eindruck.

B. Ausdehnung der Strafgewalt

Das deutsche Recht der Strafgewalt nach den §§ 3–7 und § 9 dStGB ist so uferlos weit, dass es fast keinen Auslandssachverhalt gibt, der nicht vom deutschen Strafrecht erfasst würde. Völlig zur Recht stellen *Kudlich* und *Hoven* bereits im Titel ihres Beitrags die Frage: Muss am deutschen Strafrechtswesen denn unbedingt die Welt genesen?[410]

Besonders die Norm des § 9 dStGB führt de facto dazu, dass viele Sachverhalte, die sich ausschließlich im Ausland abspielen, rechtlich sogar als Inlandstat im Sinne von § 3 dStGB völlig ohne Rücksicht auf die Tatortstrafbarkeit erfasst werden. § 7 dStGB ist ebenfalls so weit formuliert, dass man Schwierigkeiten hat, einen nicht erfassten Fall zu finden. Selbst der Diebstahl eines Kaugummis, also der Diebstahl einer geringwertigen Sache nach §§ 242, 248a dStGB, durch einen Ausländer gegenüber einem Ausländer im Ausland wäre nicht von vornherein auszuschließen.

Das entsprechende österreichische Recht der Strafgewalt in den §§ 62–67 öStGB ist hingegen erfreulich zurückhaltend. Die Strafgewalt für Auslandstaten ist die Ausnahme, auch wenn § 9 des dStGB sachlich weitgehend dem § 67 Abs. 2 öStGB entspricht. Immerhin hat der OGH jüngst klargestellt, dass § 67 Abs. 2 öStGB nicht für abstrakte Gefährdungsdelikte anwendbar ist.[411]

---

409 *Stuefer*, JSt 2018, 297, 300, mit dem Beispiel OGH 15 Os 55/17b.
410 *Kudlich/Hoven*, ZIS 2016, 345–351.
411 OGH 13 Os 105/18t = JSt 2019, 154 m. Anm. *Schwaighofer* (S. 157): Bei abstrakten Gefährdungsdelikten gibt es keinen Erfolgsort. In Deutschland ist sogar dies umstritten; vgl. die Nachweise bei *Eser/Weißer*, in: Schönke/Schröder StGB[30] § 9 Rn. 7a.

Die §§ 64 und 65 öStGB sind weit davon entfernt, sich der Grenze der völkerrechtlich zulässigen Ausdehnung der Strafgewalt auch nur anzunähern. So gibt es z.B. keine Norm wie den § 7 Abs. 1 des dStGB, der die deutsche Strafgewalt für Auslandstaten über das passive Personalitätsprinzip im weitest möglichen Umfang begründet. In § 64 öStGB kehren nur einzelnen Elemente dieses Prinzips wieder, so etwa, wenn es um weltweit zu kriminalisierende Delikte wie die Genitalverstümmelung geht. Diese sind nur anwendbar, z.B. wenn das Opfer Österreicher ist (§ 64 Z. 4a öStGB). Hier wird der Personalitätsgedanke zur Einschränkung eines Universalitätsprinzips herangezogen, also gerade nicht zur Ausweitung, sondern zur Einschränkung der nationalen Strafgewalt. In Deutschland ist die nur prozessual über § 153f dStPO bei Straftaten nach dem Völkerstrafgesetzbuch möglich.

Ich erkläre mir die sehr deutliche Zurückhaltung des österreichischen Strafrechts mit mehreren Aspekten: Zum einen ist es die allgemeine Neutralität Österreichs, dann aber sicherlich auch eine gewisse Konfliktscheuheit oder, wenn man es positiv ausdrücken möchte, die Grundhaltung: „Leben und leben lassen". Es wäre eine umfangreiche Untersuchung wert, diese Frage(n) näher zu beleuchten.

C. Rechtsgutslehre

Fragen um „das Rechtsgut" sind die heikelsten Themen der gegenwärtigen deutschsprachigen Strafrechtswissenschaft. Dabei sind sich deutsche und österreichische Vertreter sehr einig, soweit es um die Bedeutung des „Rechtsguts" für die Auslegung von Normen geht. Hier hat das Rechtsgut die Aufgabe, die Auslegung zu systematisieren.[412]

Was freilich ein „Rechtsgut" überhaupt ist, darüber scheiden sich wahrlich schon die Geister. Mir selbst hat schon immer die Gleichsetzung von „Rechtsgut" und „Zweck" einer Norm eingeleuchtet, wie sie schon 1919 von *Richard M. Honig* vorgeschlagen worden ist.[413] Gemeint sind dabei Individualrechtsgüter wie z.B. Leben, Gesundheit oder Vermögen, und Allgemeinrechtsgüter wie Schutz des Staates/der Rechtsordnung, Rechtspflege oder Sicherheit des Rechtsverkehrs. Doch soll die Frage von Rechtsgutsdefinitionen und deren Implikationen hier nicht diskutiert, sondern nur für Nichtjuristen illustriert werden.

---

412 Siehe auch unten Teil 3 J.
413 Vgl. *Honig*, Einwilligung, S. 94, zur strafrechtlichen Rechtsgutslehre.

C. Rechtsgutslehre

Völlig kontrovers sehen österreichische und deutsche Strafrechtslehre nämlich die Frage, inwieweit der *Gesetzgeber* (also nicht die Rechtsprechung oder die Verwaltung) daran gebunden ist, was (vor allem) die Lehre als legitimes Rechtsgut für den Schutz gerade durch das Strafrecht ansieht. Damit ist z.B. gemeint, ob das Rechtsgut „Tierschutz" gerade auch durch strafrechtliche Regelungen geschützt werden darf, oder ob sich der Gesetzgeber nicht darauf beschränken muss, Tiere nur durch das Ordnungswidrigkeitenrecht, das Zivilrecht oder das Verwaltungsrecht zu schützen. Das deutsche Bundesverfassungsgericht lehnt dies völlig ab: Eine Bindung des (deutschen) Strafgesetzgebers an vorgegebene Rechtsgüter ist der (deutschen) Verfassung fremd.[414] Das hat das Gericht schon vor über zwanzig Jahren deutlich gemacht.[415]

Eine solche Sichtweise der deutschen Literatur steht in völligem Gegensatz zu einem nur wenigen inhaltlichen Bindungen unterliegenden österreichischen Gesetzgeber. Das sieht nicht nur die österreichische Praxis, sondern vor allem die österreichische Lehre so. Alles andere wäre unter dem Einfluss des Denkens von *Kelsen*[416] erstaunlich.

Die Selbstüberschätzung der deutschen Strafrechtswissenschaft wird also bei keinem Problem so deutlich, wie bei der Frage, ob die Strafrechtswissenschaft Vorgaben entwickeln kann, die nicht nur intern die Strafrechtswissenschaft überzeugen, sondern darüber hinaus auch den Strafrechts-Gesetzgeber des Grundgesetzes binden.[417] Man muss sich dies praktisch vor Augen führen: Wäre diese Auffassung zutreffend, müsste z.B. in einer (fiktiven) deutschen Gesetzesbegründung, also etwa in einer Bundestags-Drucksache, stehen:

> „Es ist verfassungsrechtlich unzulässig, dass man [die Tätigkeit X] unter Strafe stellt. Hierfür führen der Strafrechtler A und die Strafrechtlerin B und ihnen folgend die nahezu einhellige Meinung in der deutschen Strafrechtswissenschaft folgende überzeugenden Gründe an: [...]."

Dieses fiktive Beispiel macht deutlich, dass man strafrechtsdogmatische Begründungen nicht auf die Ebene des Verfassungsrechts hieven kann, so wünschenswert das auch sein mag. Mehr sei an dieser Stelle nicht ausge-

---

414   BVerfG, 2 BvR 392/07 vom 26.02.2008 = BVerfGE 120, 224, Rn. 39; *Lagodny*, ZIS 2016, 1207.
415   BVerfGE 86, 28, 35 f., 42 ff. Sachverständiger und zuletzt BVerfG, 2 BvR 392/07 vom 26.02.2008 = BVerfGE 120, 224, Rn. 39.
416   Kapitel 2 F.
417   Vgl. dazu ausführlich – auch zur österreichischen Sicht – *Lagodny*, ZIS 2016, 674–680.

führt. Wer sich für diese deutsche Diskussion interessiert, möge das gern vertiefen.[418]

Die Rechtsgutslehre hat ohne Frage in beiden Rechtskulturen dieselbe große Bedeutung für die teleologische Auslegung von Rechtsnormen. Soweit es die Einwirkung auf den Gesetzgeber in Frage steht, gehen beide Kulturen jedoch völlig verschiedene Wege. In Österreich ist die Strafrechtslehre im Wesentlichen beschränkt auf unverbindliche Hinweise in geschriebenen Veröffentlichungen. Allerdings gibt es mit dem so genannten „Begutachtungsverfahren" einen in der Praxis entwickelten Weg, direkt im Gesetzgebungsverfahren Stellung zu nehmen. So etwas sehr Bedenkenswertes gibt es in Deutschland nicht.

Demgegenüber meint ein immer noch beachtlicher Teil der deutschen Strafrechtslehre, eine „Lösung" innerhalb der Strafrechtslehre sie für den Strafgesetzgeber verbindlich. Ganz abgesehen davon, wie eine solche „Lösung" zustande kommen sollte: Verfassungsrechtlich kann man das in Deutschland nicht begründen.

Für mich ist sehr beeindruckend, dass der österreichische Strafgesetzgeber „trotzdem" (müsste dieser Teil der deutschen Strafrechtslehre eigentlich formulieren) ein materielles Strafrecht geschaffen hat, von dem gerade dieser Teil der Strafrechtslehre eigentlich nur träumen kann. Die Gründe hierfür sind vielfältig. Überlegt man den ursprünglichen Hintergrund für die deutsche Auffassung, wonach der Gesetzgeber gebunden sei, so sticht ins Auge, dass sich diese in den 60er und 70er-Jahren des letzten Jahrhunderts entwickelt hat, und zwar parallel zu den studentischen Protesten in den 1968er Jahren. Das war auch die Zeit, in der sich dann die so genannte „Frankfurter Schule" herausbildete, die ausdrücklich versuchte, den Gesetzgeber über die Strafrechtsdogmatik in die Grenzen zu weisen.[419] Es ist deshalb eine Ironie der Geschichte, dass es die Studentenbewegung in Österreich gar nicht gab. Von daher fehlte schon ein wesentlicher Motor in Österreich.

Das wäre aber zu kurz gedacht: Dass es diese Proteste der jungen Generation nicht gab, lag daran, dass die österreichische Beteiligung an nationalsozialistischem Unrecht bis in die Mitte der Neunziger Jahre gar nicht

---

418 Siehe dazu jüngst *Engländer*, ZStW 127 (2015), 616–634; *Kudlich*, ZStW 127 (2015), 635–653 sowie dazu den Diskussionsbericht von *Brodowski*, ZStW 127 (2015), 691–736, 709–716. Rechtsvergleichend: *Ambos*, Rechtsgutsprinzip, in: Jürgen Wolter-FS, S. 1285–1310.
419 Vgl. dazu die Darstellung bei *Lagodny*, Strafrecht vor den Schranken, S. 21–39.

geführt worden ist. Auch deshalb konnte in Österreich keine solche Diskussion entstehen.

Sieht man von diesen historischen Hauptgründen ab, so fällt mir doch ein gewisser Grundkonsens auf, den man mit „Hausverstand" überschreiben könnte.

Wenn man dann noch bedenkt, dass das österreichische Denken wirklich fern davon ist, auf Prinzipien zu bestehen und zu beharren,[420] dann kommt man einer rechtsvergleichenden Erklärung um einiges näher.

D. Einschränkungen der Versuchsstrafbarkeit

In beiden Rechtsordnungen wird das Problem behandelt, wie man z.B. den Fall beurteilt, dass jemand mit völlig untauglichen Mitteln eine Straftat begehen möchte. Man stelle ich den Fall vor, dass jemand versucht, den Tresor eine Bank mit einer Zange zu öffnen.[421] Das nennt man einen „absolut" untauglichen Versuch. Diesen grenzt man ab vom nur „relativ" untauglichen Versuch, wie etwa der schlichte „Schuss daneben", also ein Schuss, der „nur" sein Ziel verfehlt.

Ein absolut untauglicher Versuch ist nach österreichischem Strafrecht schon gar nicht strafbar. Ein solcher Fall wird also gar nicht angeklagt; falls doch, wird der Angeklagte freigesprochen. Die einschlägige Norm des § 15 Abs. 3 öStGB lautet:

> Der Versuch und die Beteiligung daran sind *nicht strafbar*, wenn die Vollendung der Tat mangels persönlicher Eigenschaften oder Verhältnisse, die das Gesetz beim Handelnden voraussetzt, oder nach der Art der Handlung oder des Gegenstands, an dem die Tat begangen wurde, unter keinen Umständen möglich war.

In Deutschland ist dies anders. Das oben genannte Beispiel würde nur zum „Absehen von Strafe" führen oder auch nur zur Milderung der Strafe. Das deutsche Pendant in § 23 Abs. 3 dStGB formuliert das Sachproblem des absolut oder grob untauglichen Versuchs nämlich so:

> Hat der Täter aus grobem Unverstand verkannt, daß der Versuch nach der Art des Gegenstandes, an dem, oder des Mittels, mit dem die Tat begangen werden sollte, überhaupt nicht zur Vollendung führen konnte, so *kann das Gericht von Strafe absehen oder die Strafe nach seinem Ermessen mildern* (§ 49 Abs. 2).

---

420 Siehe näher unten F und G.
421 *Seiler*, PK-StGB § 15 Rn. 33 und Fn. 68 mVa OGH 9 Os 106/71 = EvBl 1972/195.

Festzuhalten ist: In Österreich gibt es einen viel bereiteren Bereich des straflosen untauglichen Versuchs als in Deutschland.

Das kann man zwar strafrechtsdogmatisch erklären,[422] würde damit aber letztlich in eine endlose Schleife theoretischer Konzepte gelangen, die sich unaufgelöst gegenüber stehen: Stellt man nur auf den „bösen Willen" des Täters ab, so ist es nur konsequent, auch den absolut untauglichen Versuch als strafbar anzusehen und damit das „OB" der Strafbarkeit zu bejahen. Dann bleiben nur Abmilderungen beim „WIE" der Strafe. Macht man hingegen Ernst mit dem Gedanken, dass Strafrecht nur vor Schädigungen (z.B. von Rechtsgütern) schützen soll, aber nicht allein den bösen Willen als Anknüpfungspunkt wählen darf, dann muss man – wie das österreichische Strafrecht – bereits das „OB" der Strafbarkeit verneinen.

Diese vereinfachende Überlegung zu den Gründen mag an dieser Stelle genügen. Sie bringt mich freilich zu der Frage, wo die tiefere Wurzel für diese Unterschiede zwischen deutschem und österreichischem Strafrechtsdenken liegt. Kann man die Wurzel tatsächlich in strafrechtsdogmatischem Denken finden und beispielsweise fragen: Ist es die Ablehnung eines subjektiven Unrechtsbestandteils als traditionelles Spezifikum österreichischen Rechtsdenkens?[423] Oder ist dieses Denken nicht nachträglich herangezogen worden, um bereits bestehende Unterschiede zu legitimieren? Bei Lichte betrachtet führt diese Frage zur Sinnfrage für die gesamte Rechtswissenschaft.

Zusammengefasst sieht das österreichische Strafrecht einen Strafbarkeitsausschluss vor, wenn es sich um einen absolut untauglichen Versuch handelt. Einfach formuliert: Bereits das „OB" der Strafbarkeit wird verneint. Man kann dies als „notwendige Bedingung" der Strafbarkeit ansehen. Demgegenüber lässt das deutsche Strafrecht das „OB" bestehen und ändert nur die hinreichende Bedingung, nämlich das „WIE" der Strafbarkeit.

Ähnliches kann man bei der strafrechtlichen Bewertung der „tätigen Reue" beobachten.[424] Auch hierbei wird es auf ähnliche Überlegungen an-

---

422 *Sautner*, JBl 2013, 753, 757 f. m.w.N.
423 Siehe *Fuchs/Zerbes*, AT I[10] Kap. 19 Rn. 1 ff.; *Kienapfel/Höpfel/Kert*, AT[15] Z 13 Rn. 23 ff.; *Lewisch*, in: WK-StGB[2] § 3 Rn. 146 ff; gegen ein subjektives Rechtfertigungselement aber die Rechtsprechung (siehe OGH 14 Os 69/90 = JBl 1991, 196) und *Seiler*, AT I[4] Rn. 385. Vgl. dazu auch *Jescheck*, ZStW 73 (1961), 179, 197–200.
424 Siehe dazu Teil 3 G. Ebenfalls unter diesem Aspekt ist zu denken an die Straflosigkeit der bloßen körperlichen Misshandlung in Österreich, die in Deutschland von § 223 dStGB erfasst ist. Vgl. dazu *Hochmayr*, ZStW 130 (2018), 55–81.

kommen. Allerdings wird schon hier sichtbar: Das deutsche Denkmodell hat viel mit einem Denken in Prinzipien und deren Aufrechterhaltung zu tun. Das österreichische ist weniger „prinzipiell" und daher aus deutscher Sicht „ungenauer", aber vielleicht gerechter.

Beim Umgang mit der Strafbarkeit bzw. Straflosigkeit des untauglichen Versuchs zeigt sich ganz besonders das konsequente deutsche Prinzipiendenken einerseits und die traditionelle paternalistisch geprägte Milde und Nachsicht österreichischer Prägung. Deutlich wird dies nicht nur beim untauglichen Versuch, sondern gerade auch bei der tätigen Reue. Sie ist in Österreich wirklich schon lange eine Strafaufhebungsgrund. Das hat gute und sinnvolle Tradition.

E. Tätigkeitsdelikte

Im Jahr 2015 hat *Rauter*[425] analysiert, wie viele reine Tätigkeitsdelikte es im österreichischen Kern- und Nebenstrafrecht gibt. Ein reines Tätigkeitsdelikt stellt nur eine Tätigkeit als solche unter Strafe nach dem Muster: „Wer einem anderen Rauschgift überlässt/übergibt, wird bestraft". Ein Beispiel ist in § 29 Abs. 1 Satz 1 Nr. 1 dBetäubungsmittelgesetz (BtMG) bzw. § 27 Abs. 1 Z. 1 öSuchtmittelgesetz (SMG) zu finden.

Hiervon muss man ein „Erfolgsdelikt" unterscheiden, das neben einer Tätigkeit (oder allgemein: einem menschlichen Verhalten) kausal und objektiv zurechenbar zu einer sinnlich wahrnehmbaren Änderung der Außenwelt führt, also z.B. zum Tod eines Menschen. Wenn der Verkauf des Rauschgifts also kausal und objektiv zurechenbar zum Tod eines anderen Menschen führt, dann liegt insoweit das Erfolgsdelikt der vorsätzlichen Tötung (§ 212 dStGB, § 75 öStGB) vor.

Der Unterschied zwischen einem Tätigkeits- und einem Erfolgsdelikt im hier gewählten Beispiel ist enorm. Die Strafdrohung ist schon sehr unterschiedlich: Bis zu 5 Jahren nach § 29 Abs. 1 BtMG; „nicht unter fünf Jahren" nach § 212 dStGB

Für das Erfolgsdelikt des § 212 dStGB muss im Strafverfahren wesentlich mehr nachgewiesen werden, nämlich insbesondere die Kausalität. Das bedeutet prozessual, dass man auch ein bestimmtes Opfer nachweisen muss. Die bloße „Abgabe" des Schusses reicht nicht. Zudem muss sich dann der Vorsatz auf genau dieses Opfer beziehen. Auch das muss nachgewiesen

---

425 *Rauter*, Bedeutung, in: Lagodny (Hrsg.), Strafrechtsfreie Räume, S. 85 ff.

werden. In der Praxis bedeutet dies, dass der Täter das Opfer wahrgenommen oder sich vorgestellt haben muss.

Beim Tätigkeitsdelikt ist dies alles nicht notwendig, um zu einer Verurteilung des Täters zu gelangen. Es gibt strafrechtsdogmatisch noch sehr viel mehr zu der Unterscheidung von Erfolgs- und Tätigkeitsdelikt zu sagen. Es dürfte jedoch schon jetzt deutlich geworden sein, dass ein Tätigkeitsdelikt nicht nur zu einer Erweiterung der Strafbarkeit führt, sondern vor allem die strafprozessualen Anforderungen an eine Verurteilung senkt. Deshalb drückt der Anteil bloßer Tätigkeitsdelikte sehr viel darüber aus, wie wichtig es einer Rechtsordnung ist, (untechnisch gesprochen) die „Menge" an Strafbarkeit eher klein zu halten.

Rauter hat sich in ihrer Untersuchung deshalb beschränkt auf reine Tätigkeitsdelikte, wie in Deutschland z.B. die „Trunkenheit im Verkehr" (§ 316 dStGB), das „unerlaubte Entfernen vom Unfallort" nach § 142 dStGB oder – aus dem Nebenstrafrecht – die meisten Delikte des Betäubungsmittelstrafrechts wie der Erwerb oder der Handel mit Betäubungsmitteln.

Nicht einbezogen wurden bereits solche Delikte, die zusätzlich einen (in österreichischer Terminologie) „erweiterten Vorsatz" verlangen und dem Muster folgen: „wer [die Handlung X] vornimmt, um [den Erfolg Y herbeizuführen] wird bestraft." Dieser Zusatz führt bereits zu einer weiteren Strafbarkeitsvoraussetzung, die ebenfalls bewiesen werden muss für eine Verurteilung.

Ein Beispiel für beide Rechtsordnungen aus dem Waffenrecht wäre etwa: „Wer eine Waffe besitzt, um zu töten, wird Freiheitsstrafe bis zu X Jahren bestraft". Hier würde die Strafbarkeit bereits dann vorliegen, wenn eine Person z.B. einen Revolver besitzt, „um zu töten". Er muss noch gar nicht getötet haben, ja nicht einmal die Waffe in die Hand genommen haben. Es reicht, wenn er die Waffe im Schrank hat (und natürlich keinen Waffenschein besitzt). Aber die Strafverfolgungsbehörden müssten ihm einen Tötungsvorsatz nachweisen. Da ist schwieriger. Sehr viel einfacher ist es, wenn der bloße „Besitz" einer Waffe unter Strafe gestellt wird. Dann genügt auch die Waffe im Schrank. Ganz ähnlich ist es mit anderen Dingen, die man „besitzen" oder z.B. „erwerben" kann.

An diesem einfachen Beispiel nochmals deutlich, welche Rolle die Annäherung an reine Tätigkeitsdelikte spielt. Sie ist ein zentraler Punkt für die Frage der Vorfeldkriminalisierung. Zusammen mit den entsprechenden allgemeinen strafprozessualen Eingriffsbefugnissen führt diese Annäherung zu einer Ausweitung des Strafprozessrechts: Wenn wir im soeben genannten Beispiel mit der Waffe und deren Besitz bleiben, so senkt die

E. Tätigkeitsdelikte

Ausweitung hin zum reinen Tätigkeitsdelikt die strafprozessuale Eingriffsschwelle des „Tatverdachts". Dieser ist immer eine Voraussetzung. Für Untersuchungshaft wird der „dringende" Tatverdacht nach § 112 dStPO vorausgesetzt. Zusätzlich muss ein so genannter „Haftgrund" wie z.b. Verdunkelungsgefahr (z.B. Einschüchterung von Zeugen) bestehen. Setzt das Delikt den bloßen „Besitz" der Waffe voraus, dann kann man den dringenden Tatverdacht schon dann bejahen, wenn man die Waffe im Schrank entdeckt. Wird von dem Delikt aber gefordert, dass man besitzt „um zu töten", liegt dann noch lange kein Tatverdacht vor. Dazu brauchen die Strafverfolgungsbehörden konkrete Anhaltspunkte für einen Tötungsvorsatz.

Erst recht nicht einbezogen wurden von *Rauter* Delikte, bei denen ein zu der Handlung hinzutretender Erfolg tatsächlich eingetreten sein muss oder die eine objektive Bedingung der Strafbarkeit erfordern. Beides führt zu einer Einschränkung der Strafbarkeit.

Sie legte zudem nur solche Normen zugrunde, die in der Gesetzessammlung „Kodex" abgedruckt sind. Das ist eine hinreichend valide Auswahl. Sie ist funktional der Menge an Normen vergleichbar, die aus dem deutschen Nebenstrafrecht in den deutschen Sammlungen „Schönfelder" und „Sartorius" abgedruckt ist.

Sie fasst ihr Ergebnis in einer Tabelle zusammen, die nur 31 (in Worten: einunddreißig) Strafbestimmungen umfasst.[426] Legt man genau dieselben Kriterien[427] beim deutschen Kern- und Nebenstrafrecht an, so führt allein die Analyse des dStGB dazu, dass man auf 24 Straftatbestimmungen kommt. Würde man das deutsche Nebenstrafrecht analysieren, so ist eine dreistellige Ziffer zu erwarten.

Rauter[428] kam zu folgendem Ergebnis für Österreich:

§ 177a Abs. 1 Z. 3, 2. Fall StGB	Herstellung und Verbreitung von Massenvernichtungswaffen
§ 184 öStGB	Kurpfuscherei
§ 207a Abs. 3 StGB	Sexueller Missbrauch von Unmündigen

---

426 *Rauter*, Bedeutung, in: Lagodny (Hrsg.), Strafrechtsfreie Räume, S. 122 f.
427 Z.B. Ausblendung von verwaltungsakzessorischen Delikten, von Eignungsdelikten, von Delikten mit zusätzlichem Erfordernis einer konkreten Gefährdung, von Delikten mit erweitertem Vorsatz, von völkervertragsrechtlich vorgegebenen Sanktionierungen im Bereich etwa der Drogendelikte, etc. Vgl. näher *Rauter*, Bedeutung, in: Lagodny (Hrsg.), Strafrechtsfreie Räume, S. 102–109 und 110 f. und ebendort: *Lagodny*, Rechtsvergleichende Zusammenfassung, S. 272 f.

Teil 3: Rechtsvergleichende Einzelanalysen zum Straf- und Strafprozessrecht

§ 298 Abs. 1 StGB	Vortäuschung einer mit Strafe bedrohten Handlung
§ 255 AktG	Strafbestimmungen
§ 22a Abs. 1 u. 2 Anti-Doping-BG	Gerichtliche Strafbestimmungen
§ 79 Abs. 1 AußWG	Gerichtlich strafbare Handlungen im Verkehr mit Drittstaaten
§ 80 Abs. 1 AußWG	Gerichtlich strafbare Handlungen im Verkehr innerhalb der Europäischen Union
§ 48b Abs. 3 BörseG	Missbrauch einer Insiderinformation
§ 168a Abs. 2 GWG 2011	Missbrauch einer Insider-Information
§ 122 GmbHG	Strafbestimmungen
§ 37 Abs. 1 ImmoInvFG	Strafbestimmungen
§ 7 Abs. 1, 2 KriegsmatG	Gerichtliche Strafbestimmungen
§ 81 Abs. 1, 3 LMSVG	Gerichtliche Strafbestimmungen
§ 1 NotzeichenG	Missbrauch von Notzeichen
§ 43 ORF-G	Strafbestimmungen
§ 64 Abs. 1,2 SE-Gesetz	Strafbestimmungen
§ 43 Abs. 1 Z. 3 SprG	Gerichtlich strafbare Handlungen
§ 108 Abs. 1 Z. 2 TKG	Verletzung von Rechten der Benützer
§ 4 Abs. 1 UWG	Irreführende Geschäftspraktiken
§ 11 Abs. 1 UWG	Verletzung von Geschäfts- oder Betriebsgeheimnissen. Missbrauch anvertrauter Vorlagen
§ 12 Abs. 1 UWG	Verletzung von Geschäfts- oder Betriebsgeheimnissen. Missbrauch anvertrauter Vorlagen
§ 3a Z. 3 u. 4 VerbotsG	Verbot der NSDAP
§ 3b VerbotsG	Verbot der NSDAP
§ 3g VerbotsG	Verbot der NSDAP
§ 3h 1., 2., u. 3. Fall VerbotsG	Verbot der NSDAP
§ 50 Abs. 1 WaffG	Gerichtlich strafbare Handlungen
§ 57 Abs. 1 Z. 1, 2, 5, 6 WeinG	Strafbestimmungen
§ 10 Abs. 1 ZuKG	Eingriff in das Recht auf Zugangskontrolle

---

428 *Rauter*, Bedeutung, in: Lagodny (Hrsg.), Strafrechtsfreie Räume, S. 122 f.

E. Tätigkeitsdelikte

In Deutschland ist bereits die Liste derjenigen reinen Tätigkeitsdelikte, die im Strafgesetzbuch, also im Kernstrafrecht[429] zu finden sind, so groß wie die österreichische Gesamtliste.[430]

I. Maßgebliche Erklärung: Trennungsgrundsatz als formale Ausprägung der Gewaltenteilung

Erklären lässt sich dieser Unterschied mit vielen Faktoren. An vorderster Stelle ist der Trennungsgrundsatz zu nennen, aber auch das für Österreich fehlende „Prinzipiendenken" und die im Strafrecht auffallend geringe Wirkung von *Kant oder Hegel*. Unbeteiligt daran ist vor allem eine Rechtsgutsdiskussion deutscher Provenienz mit einer Bindung des Gesetzgebers. Das ist insofern bedeutsam, als die deutsche Rechtsgutsdiskussion gerade solche Ergebnisse erzielen möchte, wie sie in Österreich bereits geltendes Recht sind. Das führt zu einem deutlichen und mir immer wieder auffallenden „Mehr" an Kriminalstrafrecht in Deutschland.

1. Der Trennungsgrundsatz (Art. 94 Abs. 1 B-VG) aus den Anfängen des 20. Jahrhunderts – Darstellung

Für den österreichischen Gesetzgeber spielt ein in Deutschland wiederum in seiner Form unbekannter Grundsatz eine zentrale Rolle. Der verfassungsrechtlich vorgegebene Trennungsgrundsatz in Art. 94 Abs. 1 B-VG lautet:

Die Justiz ist von der Verwaltung in allen Instanzen getrennt.

Dieser Grundsatz hat es in sich. Er ist zunächst die österreichische *formale* Sicht des Gewaltenteilungsprinzips,[431] das man in Deutschland nur *materiell*, vor allem unabhängig von den konkreten staatlichen Organen versteht.

---

429 Zu diesem Begriff vgl. oben Einleitung E zu Beginn.
430 *Lagodny*, Rechtsvergleichende Zusammenfassung, in: Lagodny (Hrsg.), Strafrechtsfreie Räume, S. 272 f.
431 Siehe schon *Coreth*, ÖVwBl 18 (1930), 1 f; siehe auch z.B. *Berka*, Verfassungsrecht[7], Rn. 388 f.; *Mayer/Kucsko-Stadlmayer/Stöger*, Bundesverfassungsrecht[11], Rn. 162 f. Besonderes instruktiv auch: *Khakzadeh-Leiler*, in: Kneihs/Lienbacher (Hrsg.), Rill-Schäffer-Kommentar, Art. 94 B-VG Rn. 1 ff. Vgl. zu einem nur formalen Verständnis der Gewaltenteilung in Österreich die Alltagsbeispiele bei *Mappes-Niediek*, Österreich, S. 96–99.

Im Einzelnen bedeutet dies: Die Gewaltenteilung wird in Österreich nicht durch die klassische Trias der Gewalten (Legislative, Exekutive und Judikative) bestimmt, sondern durch die „Stufenbaulehre" von *Kelsen*. Nach diesem „Stufenbau der Staatsfunktionen" sind der Gesetzgebung (Legislative), die beiden anderen Gewalten (Exekutive und Judikative) *gleichrangig* untergeordnet. Beide vollziehen das Gesetz. Das ist genau der archimedische Punkt, an dem die deutsche Perspektive komplett anders konstruiert ist. Die Judikative ist der Exekutive ganz klar übergeordnet. Alles andere ist nicht mit der Rechtsweggarantie nach Art. 19 Abs. 4 des deutschen Grundgesetzes zu vereinbaren.[432]

Wenn man den österreichischen Trennungsgrundsatz isoliert und ohne den österreichischen Hintergrund betrachtet, fragt man sich: Warum soll die Verwaltung in Österreich vor den Gerichten geschützt werden?[433] Seit 2014 ist diese Frage *prima vista* hinfällig, weil es seither unabhängige Verwaltungsgerichte gibt. Der bis 2014 geltende Rechtszustand hat aber die Sicht des Verwaltungsrechts und des Verwaltungsstrafrechts geprägt: Ein ordentliches Gericht darf niemals eine Verwaltungsbehörde kontrollieren.[434] Dies hat natürlich unmittelbare Konsequenzen für die Konzeption eines Verwaltungsstrafverfahrens: Auch dieses ist strikt von den ordentlichen Gerichten fernzuhalten. In Österreich ist es völlig undenkbar, dass ein ordentliches Gericht über die Rechtmäßigkeit der Verhängung einer Verwaltungsstrafe befindet.

Vor diesem Hintergrund hat sich in Österreich eine strikte Trennung ergeben: Verwaltungsstrafverfahren finden ausschließlich vor Verwaltungsbehörden statt. Seit 2014 werden diese von Verwaltungsgerichten kontrolliert. Zuvor oblag dies den „Unabhängigen Verwaltungssenaten", die organisatorisch zur Exekutive zählten, aber eine gerichtsähnliche Funktion haben sollten.[435] Kriminalstrafverfahren haben in Österreich so genannte „gerichtlich strafbare" Handlungen bzw. Taten zum Gegenstand. Damit will man ausdrücken, dass es sich *nicht* um Verwaltungsstrafteten handelt. Nur „gerichtlich strafbare" Handlungen werden von der Staatsanwaltschaft angeklagt und von den ordentlichen Gerichten abgeurteilt. Dies

---

432 *Jakab*, Der Staat 46 (2007), 268, 276 f.
433 Siehe oben F I 2 zu meiner Frage an meinen Kollegen *Wiederin*.
434 *Wiederin*, ÖJZ 2011, 352; *Machacek*, in: Machacek (Hrsg.), Verfahren, S. 11; *Grabenwarter/Ohms*, B-VG[13], S. 184.
435 Zur Frage, ob die Unabhängigen Verwaltungssenate als „Gericht" i.S.d. Art. 6 Abs. 1 EMRK anzusehen sind, gibt es viele Entscheidungen, siehe zum Ganzen z.B. *Larcher* (Hrsg.), Handbuch UVS, passim.

führt dazu, dass der österreichische Gesetzgeber sich definitiv für den einen oder für den anderen Weg der Sanktionierung entscheiden muss. Der Gesetzgeber kann diese Entscheidung zwar rückgängig machen. Das kam bislang jedoch kaum vor. Zu erwähnen ist in diesem Zusammenhang die Hochstufung der Marktmanipulation von einer Verwaltungsstraftat zu einer Kriminalstraftat. Sie geht aber nur auf eine EU-Richtlinie zurück, ist also nicht aufgrund originärer österreichischer kriminalpolitischer Überzeugung entstanden.[436]

Die Entscheidung für die eine oder für die andere Sanktionierungsordnung muss auch der deutsche Gesetzgeber treffen. Anders als in Österreich, wo es bis zur Rechts- bzw Bestandskraft ganz strikt und ausschließlich bei der verfahrensmäßigen Trennung bliebt, kann man in Deutschland zwischen dem Ordnungswidrigkeitenverfahren, wie das deutsche Verwaltungsstrafverfahren bezeichnet wird, und dem Kriminalstrafverfahren wechseln. Dies wird aus §§ 21 und 40 dOWiG ersichtlich. Ein solcher Wechsel wäre in Österreich wegen der verfassungsrechtlichen Vorgabe des Trennungsgrundsatzes völlig undenkbar.[437] Weder wird „nur das Strafgesetz" angewendet, wie es § 21 Abs. 1 dOWiG für den Fall einer gleichzeitigen Anwendbarkeit von Straf- und Ordnungswidrigkeitenrecht vorsieht, noch ist das österreichische Verwaltungsstrafverfahren subsidiär, wie es § 21 Abs. 2 dOWiG anordnet. Undenkbar wäre auch die Verfolgung einer Verwaltungsstraftat durch die Staatsanwaltschaft (§ 40 dOWiG).

Diese österreichische Normalität mit deutscher Brille zu verstehen, benötigt lange Zeit.[438] Und es ist umgekehrt für jemanden, der in Österreich juristisch sozialisiert worden ist, geradezu unverständlich, dass man diese österreichische Konzeption des Gewaltenteilungsprinzips nicht versteht.

2. Konsequenzen

Die Konsequenzen hieraus können nicht überschätzt werden. Das Kriminalstrafrecht und das Verwaltungsstrafrecht stehen bis hin zu völlig separaten Verfahrenszügen selbständig nebeneinander. Nur das Verwaltungsgericht erkennt über Verwaltungsstraftaten, nicht das „ordentliche" Gericht

---

436 § 48n BörseG, öBGBl. I 2016/76; vgl. dazu EBRV 1186 BlgNR 25. GP, S. 1, die auf die Richtlinie 2014/57/EU über strafrechtliche Sanktionen bei Marktmanipulation (Marktmissbrauchsrichtlinie), ABl. 2014 L 173, 179, Bezug nimmt.
437 Vgl. zur österreichischen Rechtslage: *Schick*, ZöR 65 (2010), 577 f.
438 Siehe unten IV.1.

der Justiz. Das geht sogar so weit, dass die Betreuung einer Dissertation zur transnationalen Vollstreckung von deutschen Bußgeldbescheiden bzw österreichischen Verwaltungsstrafverfügungen im Straßenverkehrsbereich ein Problem für mich darstellt, weil ich keine Venia im österreichischen Verwaltungsrecht habe. Mit anderen Worten: Der Trennungsgrundsatz ist im österreichischen Strafverfassungsrecht geradezu unverrückbar verankert.

Die Ergebnisse sind aus deutscher Sicht allerdings vorbildlich, weil das einschneidende Kriminalstrafrecht auf das Wesentliche beschränkt und damit aufgewertet wird. Man kann durchaus formulieren:

> Das österreichische Recht hat vor allem auf der Grundlage des Trennungsgrundsatzes eine Rechtslage herbeigeführt, von der die traditionelle deutsche Strafrechtsdoktrin mit dem Rechtsgutsprinzip nur träumen kann.

An diesem Befund führt kein Weg vorbei – trotz Berufung auf die lange deutsche Rechtsgutsdiskussion, auf die tiefschürfende Gründlichkeit oder auf den Grundsatzcharakter. Wir müssen es deshalb akzeptieren, dass es diesseits und jenseits der deutsch-österreichischen Grenze zwei völlig verschiedene Ansätze gibt, um den Strafrechtsgesetzgeber in seine Grenzen zu weisen: Die dafür weitgehend untaugliche Rechtsgutsdiskussion[439] und eben der Trennungsgrundsatz.

„Eine derart strikte verfassungsrechtliche Vorgabe wie den in Österreich geltenden Grundsatz der Trennung zwischen Justiz und Verwaltung (Art. 94 B-VG) scheint es in keinem anderen Mitgliedstaat zu geben"[440]. Es handelt sich allerdings nicht um eine „strikte" Vorgabe, sondern um eine primär – wie *Kudlich*[441] zu Recht betont hat – formale, nicht um eine inhaltliche.

Es ist nämlich die nur *formale* Ausgestaltung des Gewaltenteilungsprinzips und damit ein schlicht *anderes* Verständnis als das deutsche materielle. Es sagt dem österreichischen Gesetzgeber aber deutlich: Entscheide Dich entweder für das Kriminalstrafrecht oder für das Verwaltungsstrafrecht. Diese Entscheidung muss auch der deutsche Strafgesetzgeber in jedem Fall treffen. Der Trennungsgrundsatz bedeutet aber zusätzlich: Es bleibt bei der einmal getroffenen Entscheidung; vor allem gibt es verfahrensrechtlich keinerlei Verbindung oder Übergang. Das ist der ganz entscheidende Unterschied zur deutschen Rechtslage. Deshalb kommt es gar nicht auf die

---

439 Siehe unten Teil 3 C.
440 *Zeder*, NZWiSt 2017, 45.
441 Bei *Brodowski*, ZStW 127 (2015), 709, 712.

fehlende inhaltliche Ausrichtung an: Ist der Gesetzgeber durch die ausgewählte Tür gegangen, gibt es (fast) kein Zurück mehr.

II. Verbandssanktionierung als weiteres Beispiel für die Nutzung des Trennungsgrundsatzes

Viele deutsche Entwürfe zur Sanktionierung von Verbänden[442] berufen sich auf das Beispiel des österreichischen Verbandsverantwortlichkeitsgesetzes. Hierzu hat der österreichische Verfassungsgerichtshofs im Jahre 2016 klargestellt, dass die Bestimmungen des Verbandsverantwortlichkeitsgesetzes nicht am Schuldprinzip zu messen seien.[443] Doch möchte ich diese schwierig juristische Frage nicht vertiefen.[444]

In der deutschen Diskussion sieht man im Verbandsverantwortlichkeitsgesetz sogar ein „Referenzmodell"[445]. Dabei wird jedoch übersehen, dass das österreichische Modell sich kaum unterscheidet von der existierenden deutschen Lösung über das Ordnungswidrigkeitenrecht. Der Hintergrund ist schlicht: In Österreich wollte man eine Lösung, die in der Sache eine – in österreichischer Terminologie – nur verwaltungsstrafrechtliche Lösung darstellt, die aber nicht so genannt werden durfte, um die Rechtsfolgen des Art. 94 B-VG zu vermeiden. Dann hätten nämlich anstelle der ordentlichen Gerichte die im Verwaltungsstrafrecht zuständigen Verwaltungsbehörden und -gerichte entschieden. Man wollte aber ordentliche Gerichte entscheiden lassen.

Für mich offenbart sich bei den Tätigkeitsdelikten, dass das deutsche Rechtsgutskonzept gerade nicht den gewünschten Erfolg bringt. Demgegenüber zeigt das österreichische Kriminalstrafrecht, also das Kernstrafrecht im StGB und das Kriminalstrafrecht in strafrechtlichen Nebengesetzen[446], eine wirklich erstaunliche und erfreuliche Zurückhaltung. In Öster-

---

442 Z.B. eine Geldsanktion gegen eine Aktiengesellschaft oder andere juristische Personen als solche.
443 Österreichischer VfGH G 497/2105 = JBl 2017, 367.
444 Zu meiner eigenen Lösung, die an die überzeugende Untersuchung von *Günther Heine* anknüpft, siehe *Lagodny*, Strafrecht vor den Schranken, S. 412–415: Das Grundrecht des allgemeinen Persönlichkeitsrechts ist hier gar nicht tangiert.
445 Vgl. *Wohlers*, NZWiSt 2018, 413.
446 Für Nichtstrafrechtler und vor allem für Nichtjuristen: Das Nebenstrafrecht ist in Deutschland (und in Österreich) mindestens 321-mal so umfangreich wie das im StGB geregelte Kernstrafrecht. Die Zahl „321" wird hier von mir nur als

Teil 3: Rechtsvergleichende Einzelanalysen zum Straf- und Strafprozessrecht

reich wird noch ernst gemacht mit dem knappen Gut des Kriminalstrafrechts. Man konzentriert sich aufs Wesentliche.

Man könnte es sich jetzt leicht machen und sagen: Der österreichische Trennungsgrundsatz mag eine wichtige Ursache sein, aber es ist erstens nur ein formales Prinzip. Zweitens kann man nicht überschauen, welche Konsequenzen ein formales Gewaltenteilungsprinzip in Deutschland außerhalb des Strafrechts hätte.

Was aber sehr gut daran erkennbar wird: Es gibt selbstverständlich auch ganz andere Wege als den deutschen. Dies mahnt rechtsvergleichend zur Vorsicht und zur Bescheidenheit.

F. Opferorientierung I: Angemessenheit der Notwehr

Ein auffallendes Charakteristikum des materiellen österreichischen Strafrechts ist die schützende Orientierung an einem individuellen Opfer. Dies zeigt sich in mehrfacher Hinsicht: Bereits die ausdrückliche Regelung, dass die Notwehr „angemessen" sein muss, unterstreicht dies. Der Angreifer wird dann nach erfolgter Notwehr nicht „friedlos" gestellt, weil sich der Angegriffene um den Angreifer nach § 94 öStGB kümmern muss.[447] Der Angreifer wird von dieser Vorschrift als „Opfer" geschützt, weil der frühere Angreifer in dieser Vorschrift hilflos liegengelassen wird. Der Angreifer darf nach erfolgter Abwehr des Angriffs also nicht untätig zuschauen, wie der ursprüngliche Angreifer zu verbluten droht.

Auch die tätige Reue als materieller Strafaufhebungsgrund spricht diese Sprache.[448] Schließlich zeigt auch das Strafprozessrecht einen deutlichen Opferschutz.[449]

Schon der bloße Normtext der Regelung zur Notwehr zeigt den gravierenden Unterschied zwischen der österreichischen und der deutschen Konzeption:

§ 32 des deutschen StGB lautet:

(1) Wer eine Tat begeht, die durch Notwehr geboten ist, handelt nicht rechtswidrig.

---

wirklich willkürliche Zahl (auch nicht als Schätzung) in den Raum gestellt, um auszudrücken: Das Nebenstrafrecht ist so (!!) viel umfangreicher als das Kernstrafrecht. Empirisch ist das bislang noch nie überprüft worden.
447 Siehe Teil 3 G.
448 Siehe Teil 3 H.
449 Siehe Teil 3 I.

(2) Notwehr ist die Verteidigung, die erforderlich ist, um einen gegenwärtigen rechtswidrigen Angriff von sich oder einem anderen abzuwenden.

§ 3 des österreichischen StGB formuliert demgegenüber:

(1) Nicht rechtswidrig handelt, wer sich nur der Verteidigung bedient, die notwendig ist, um einen gegenwärtigen oder unmittelbar drohenden rechtswidrigen Angriff auf Leben, Gesundheit, körperliche Unversehrtheit, sexuelle Integrität und Selbstbestimmung, Freiheit oder Vermögen von sich oder einem anderen abzuwehren. *Die Handlung ist jedoch nicht gerechtfertigt, wenn es offensichtlich ist, daß* dem Angegriffenen bloß ein geringer Nachteil droht und *die Verteidigung*, insbesondere wegen der Schwere der zur Abwehr nötigen Beeinträchtigung des Angreifers, *unangemessen* ist. (2) [...].

Der deutsche Wortlaut verzichtet also auf den zweiten Satz des österreichischen Textes mit der Unangemessenheit. Die österreichische Norm sagt einfach und klar: Eine Rechtfertigung durch Notwehr ist ausgeschlossen, wenn „die Verteidigung [...] unangemessen ist". Man fragt deshalb sofort: Ist das im deutschen Recht anders? Darf man sich da auch mit „unangemessenen Mitteln" verteidigen? Darf also der im Rollstuhl sitzende Rentner mit einem Gewehr auf die Kinder schießen und sie verletzten, wenn sie gerade aus dem in einiger Entfernung stehenden Baum genüsslich Kirschen pflücken? In diesem Fall kommt es allein auf die Frage er Unangemessenheit an, weil ein Schuss mit dem Gewehr „erforderlich" im Sinne des Notwehrrechts ist, weil es kein milderes Mittel gibt, das in gleicher Weise zur Abwehr „taugt". Das sagt die Strafrechtsdogmatik einhellig.[450]

Randnotiz für Nichtjuristen und Nichtjuristinnen: An dieser Stelle ist es besonders schwierig, Feinheiten der juristischen Dogmatik alltagstauglich zu erläutern. Und ich kann es nicht verleugnen: Hier entfernt sich Dogmatik endgültig vom nichtjuristischen Alltagsverständnis.

Keine Frage, die Schüsse sind im Ergebnis selbstverständlich auch in Deutschland strafbar, weil sie rechtswidrig und insbesondere nicht durch Notwehr gerechtfertigt sind.[451] Aber man begründet das völlig anders und versucht dabei jede Abwägung zu vermeiden. Denn es geht bei § 3 Abs. 1 Satz 2 des öStGB um die abwägende Bewertung von beeinträchtigtem und zu schützenden Rechtsgut (hier Gesundheit der Kinder gegen Eigentum des Rentners). In diesem Beispiel ist es völlig klar, dass die Gesundheit der

---

450 Für Deutschland vgl. z.B. *Perron/Eisele*, in: Schönke/Schröder StGB[30] § 32 Rn. 34, 36 m.N. und für Österreich vgl. z.B. *Lewisch*, in: WK-StGB[2] § 3 Rn. 91 und 143 ff. m.N.; *Fuchs/Zerbes*, AT I[10] Kap. 17 Rn. 37 f.
451 Vgl. ausführlich *Greco*, GA 2018, 665–683 m.w.N.

Teil 3: Rechtsvergleichende Einzelanalysen zum Straf- und Strafprozessrecht

Kinder hier in dieser Situation Vorrang hat vor dem Eigentum des Rentners.

In Deutschland meidet man aber genau diese Aussage.[452] Das ist aus deutscher Sicht konsequent, weil man betonen möchte, dass jeder Abwägungsgedanke der Notwehr fremd ist, denn es gilt der Grundsatz: „Das Recht braucht dem Unrecht nicht zu weichen." Also hat man Schwierigkeiten, das „Recht" in Form von Eigentum des Rentners unter das „Unrecht"[453] der Kinder zu stellen. Man versucht in der deutschen Strafrechtsdogmatik deshalb, dasselbe Ergebnis, nämlich den Ausschluss des Notwehrrechts des Rentners, über andere Argumentationen zu begründen.[454]

Der Maßstab der „Unangemessenheit" ist aber nichts anderes als eine Abwägungsentscheidung.[455] Also darf man nach deutscher Dogmatik die Notwehrgrenze[456] nicht über eine Unangemessenheit begründen. Das erschiene „inkonsequent", weil ja der Notwehr eine Abwägung voraussetzungsgemäß fremd sein muss. Besonders betont wurde das Schandmal der „Inkonsequenz" in der Diskussion um die Rettungsfolter im Fall *Gäfgen*[457]: Darf der Vater (V) des entführten Kindes (K) den von V entdeckten Entführers (E) foltern, um das Versteck von K zu erfahren?[458] Dort stellt sich die Frage, ob das Notwehrrecht (genauer: das Not*hilfe*recht des helfenden Nichtangegriffenen) durch das absolute völkerrechtliche Verbot der Folter bzw. der unmenschlichen Behandlung nach Art. 3 EMRK eingeschränkt wird. In der Grundrechtsdogmatik ist anerkannt, dass einer solchen Einschränkung auch eine Abwägung zugrunde liegt.

Erstaunlicherweise wurde diese Problematik nur in Deutschland sehr kontrovers diskutiert. In Österreich hat man davon kaum Kenntnis genommen.[459] Ob dies daran liegen mag, dass der Fall *Gäfgen* nicht in Österreich gespielt hat, erscheint mir nicht plausibel. Schon eher könnte eine

---

452 Vgl. jüngst ausführlich: *Greco*, GA 2018, 665–683.
453 Für Nichtjuristen: Die Kinder handeln rechtswidrig (= unerlaubt), aber als Unmündige nicht schuldhaft und sind deshalb nicht strafbar. Notwehr setzt nur „rechtswidriges", nicht aber schuldhaftes Handeln voraus.
454 Siehe dazu die Darstellung bei *Perron/Eisele*, in: Schönke/Schröder StGB[30] § 32 Rn. 50 f. sowie zuvor Rn. 45–47, die selbst jedenfalls eine Abwägung zur Begrenzung (nicht jedoch zur Begründung) des Notwehrrechts befürworten. Sehr rigide und konsequent hingegen: *Erb*, in: MüKo StGB[4] § 32 Rn. 214 ff.
455 Zu Abwägungsentscheidungen siehe oben Einleitung.
456 Vgl. *Perron/Eisele*, in: Schönke/Schröder StGB[30] § 32 Rn. 50 f.
457 EGMR vom 01.06.2010, *Gäfgen gg. Deutschland*, 22.979/05 (Große Kammer).
458 Vgl. die Diskussion aus Anlass des EGMR-Falles *Gäfgen* bei *Perron/Eisele*, in: Schönke/Schröder StGB[30] § 32 Rn. 62a m.w.N.
459 Vgl. *Weberndorfer*, Rettungsfolter als zulässige Verteidigungshandlung?, 2009.

Rolle spielen, dass die Rechtsfrage in Österreich im Wesentlichen bejaht wird: Selbstverständlich schränkt Art. 3 EMRK die Notwehrregelung ein.

Es scheint für eine deutsche Seele aber völlig unakzeptabel zu sein, etwas nicht „konsequent" zu Ende zu führen oder zu denken. Dazu muss man nicht den Holocaust und damit den deutschen, bis ins Letzte konsequenten Untertanengehorsam bemühen. Es reicht ein Blick in den deutschen Alltag.

Mir selbst wurde das deutsche „Konsequenzdenken" auch bei Begegnungen mit anderen Denkkulturen bewusst. Ich trug beispielsweise meine Begründung, warum Besitzdelikte verfassungswidrig sind,[460] im niederländischen Utrecht vor. Mein verehrter niederländischer Kollege *Bert Swart* meinte dazu nur kurz, knapp und pragmatisch: „Das mag alles in sich konsequent sein. Aber wir bestrafen Besitzdelikte in den Niederlanden trotzdem!"

Wenn ich hier das Beispiel der Notwehrregelung aufgreife, so ist das keine Nebensache. Die Regelung der Notwehr ist vielmehr ein Indiz für die Einstellung der Rechtsordnung bzw. „des Staates" zu privater Gewalt und zum Schutz durch und vor privater Gewalt.[461] Hintergrund ist das Gewaltmonopol des Staates. Dies ist die zentrale Errungenschaft der Neuzeit, mithin der Zeit seit etwa dem Jahr 1500.

Der neuzeitliche Staat hat zunehmend den Schutz des Einzelnen insgesamt und vor allem im gesamten Hoheitsgebiet übernommen. Der neuzeitliche Staat ist nämlich der Territorialstaat. Er hat eine flächendeckende Hoheitsgewalt. Diese ist nicht beschränkt auf z.B. das Stadtgebiet, das von einer Stadtmauer umgeben ist. Diese Konstruktion mehrerer städtischer Hoheitsgebiete hatte nämlich grundsätzlich zur Folge, dass zwischen den Städten, auf „freiem Felde", keine unmittelbare Hoheitsgewalt ausgeübt worden ist (oder werden konnte).[462]

Wenn der Staat jedoch ein Monopol hat, die Gewalt auszuüben, dann muss er Ausnahmen von dem Gewaltverbot dort zulassen, wo der Staat nicht präsent ist oder präsent sein kann. Die hierfür typische Situation ist der lebensbedrohliche Angriff eines Menschen (A) auf einen anderen Menschen (O). Hier muss sich O gegen den Angriff des A auch mit physischer Gewalt wehren dürfen. Sonst ließe der Staat den Menschen O schutzlos.

---

460 *Lagodny*, Strafrecht vor den Schranken, S. 318 ff.
461 Vgl. dazu *Kilian*, Dresdner Notwehrstudie, 2011.
462 Vgl. z.B. *Baumbach/Carl* (Hrsg.), Landfrieden, Zeitschrift für historische Forschung, Beiheft 54, 2018.

Teil 3: Rechtsvergleichende Einzelanalysen zum Straf- und Strafprozessrecht

Das kann nicht sein. Deshalb muss es zwingend eine Notwehrregelung geben, die dem O die physische Gewalt erlaubt.[463]

Das österreichische Recht schränkt die Notwehr zudem von vornherein ein auf folgende Rechtsgüter: „Leben, Gesundheit, körperliche Unversehrtheit, sexuelle Integrität und Selbstbestimmung, Freiheit oder Vermögen". Die Ehre gehört nicht dazu.[464] Ob das Hausrecht dazu gehört, ist umstritten.[465] In Deutschland ist Notwehr aber zum Schutz eines jeden individuellen Rechtsguts erlaubt, auch zum Schutz der Ehre.

Wie hat sich gerade die Notwehr im Laufe der Jahrhunderte in Österreich entwickelt? Bereits im aufgeklärten Absolutismus spielte der Toleranz-Gedanke eine entscheidende Rolle. Damit ist vor allem die Regentschaft von *Maria-Theresia* (1740–1780) und *Joseph II.* (1765–1780 als Mitregent neben *Maria Theresias*; danach allein: 1780–1790) gemeint.

Solche Fragen müssten näher untersucht werden. Das kann in diesem Buch nicht geschehen.

G. Opferorientierung II: Schutz des Angreifers (§ 94 öStGB)

Das österreichische Strafrecht kennt in § 94 öStGB das Delikt des „Imstichlassen eines Verletzten". Sein Tatbestand lautet (Hervorhebung v. mir):

> Wer es unterläßt, einem anderen, dessen Verletzung am Körper (§ 83) er, *wenn auch nicht widerrechtlich*, verursacht hat, die erforderliche Hilfe zu leisten, ist mit Freiheitsstrafe bis zu einem Jahr oder mit Geldstrafe bis zu 720 Tagessätzen zu bestrafen.

Die Strafdrohung von „bis zu einem Jahr" ist höher als bei der allgemeinen unterlassenen Hilfeleistung, die dem deutschen § 323c dStGB grundsätzlich vergleichbar ist.[466] Das aus deutscher Sicht sehr bemerkenswerte an

---

463 Vgl. näher *Lagodny*, Strafrecht vor den Schranken, S. 263–267.
464 *Fuchs/Zerbes*, AT I[10] Kap. 17 Rn. 21 f.
465 Vgl. *Fuchs/Zerbes*, AT I[10] Kap. 17 Rn. 27 m.N.
466 Wortlaut § 95 öStGB Unterlassung der Hilfeleistung: (1) Wer es bei einem Unglücksfall oder einer Gemeingefahr (§ 176) unterläßt, die zur Rettung eines Menschen aus der Gefahr des Todes oder einer beträchtlichen Körperverletzung oder Gesundheitsschädigung offensichtlich erforderliche Hilfe zu leisten, ist mit Freiheitsstrafe bis zu sechs Monaten oder mit Geldstrafe bis zu 360 Tagessätzen, wenn die Unterlassung der Hilfeleistung jedoch den Tod eines Menschen zur Folge hat, mit Freiheitsstrafe bis zu einem Jahr oder mit Geldstrafe bis zu 720 Tagessätzen zu bestrafen, es sei denn, daß die Hilfeleistung dem Täter nicht zuzumuten ist.

G. Opferorientierung II: Schutz des Angreifers (§ 94 öStGB)

dieser Norm besteht darin, dass auch die zum Beispiel durch Notwehr gerechtfertigte Köperverletzung die strafbewehrte Hilfeleistungspflicht auslöst. Das ist konsequent. Wer sich in Österreich mithin als Angegriffener rechtmäßig wehrt, indem er den Angreifer so heftig schlägt (und schlagen darf), dass er bewusstlos auf dem Boden liegt, darf also keinesfalls weggehen und den Angreifer liegen lassen. Er wäre nach § 94 öStGB strafbar.

Im deutschen Recht ist dies alles andere als eindeutig. Zunächst gibt es kein dem § 94 öStGB vergleichbares Delikt. Dann ist es beim deutschen Delikt der unterlassenen Hilfeleistung nach § 323c dStGB keineswegs unstreitig, dass ein „Unglücksfall" vorliegt, wenn der Täter in Notwehr gerechtfertigt gehandelt hat.[467] Für eine noch weitergehende strafrechtliche Verantwortung für ein Erfolgsdelikt durch Unterlassen ist es schließlich auch sehr umstritten, ob ein gerechtfertigtes Vorverhalten überhaupt eine Garantenpflicht auslöst.[468]

Es genügt mir, dass diese beiden Fragen umstritten sind. Denn die österreichische Lösung ist erstens eindeutig und zweitens sogar Gesetz. Daran könnte die deutsche Dogmatik zwar rütteln, aber letztlich nichts ändern, wenn der deutsche Gesetzgeber nichts ändert.

Für mich werden an diesem Beispiel die deutsche Unnachgiebigkeit und das deutsche „Konsequenzdenken" deutlich. Überhaupt ist vieles, das im Zusammenhang mit der Notwehr vertreten wird, geradezu ein Spiegelbild für deutsches Rechtsdenken. Das führt mich zu der eher rechtstheoretischen Frage, ob es inkonsequentes Rechtsdenken überhaupt geben darf. Aus Sicht der Sicht der deutschen Strafrechtswissenschaft ist die Antwort eindeutig und klar: Nein! Befriedigend ist dieses „Nein" aber gerade nicht!

Aus österreichischer Sicht kann man bisweilen schon damit leben. Ich erinnere an den Ausspruch vom „Labyrinth". Es gibt in Österreich einiges Formen inkonsequenten dogmatischen Denkens. Aus strafrechtlicher Sicht muss man hier hervorheben, dass z.B. die Frage einer „vierten Stufe" des Straftataufbaus, also des „OB" der Strafbarkeit im Gegensatz zum „WIE" der Strafe zurzeit eigentlich niemanden so richtig interessiert. In den Lehrbüchern oder Lehrbehelfen wird nämlich von einer weiteren, also vierten Aufbaustufe (nach Tatbestandsmäßigkeit, Rechtswidrigkeit und Schuld) gesprochen. Diese bezeichnet man dann als „Strafbarkeit".[469] Weil aber die „Gesamtüberschrift" über dem „Aufbau" der Straftat lautet „Strafbarkeit", ist es ein logischer Fehler, auch eine Unterüberschrift identisch

---

467 Vgl. dazu Nachweise bei *Hecker*, in: Schönke/Schröder StGB[30] § 323c Rn. 7.
468 Vgl. dazu *Bosch*, in: Schönke/Schröder StGB[30] § 13 Rn. 37 m.w.N.
469 Siehe Fn. 476

Teil 3: Rechtsvergleichende Einzelanalysen zum Straf- und Strafprozessrecht

zu bezeichnen („Tatbestandsmäßigkeit, Rechtswidrigkeit, Schuld, Strafbarkeit").

Die österreichische Lösung in § 94 öStGB ist mithin geprägt von Toleranz und Mitverantwortung gegenüber dem „anderen". Es ist eine eindeutige Absage an rigoristisches Vorgehen.

Betrachtet man das Zusammenspiel der Notwehrregelung nach § 3 öStGB und § 94 öStGB, so fällt auf, dass in diesen beiden Normen das umgesetzt ist, das in Bereichen der Grundrechtsdogmatik als „mehrpolares Rechtsverhältnis" bezeichnet wird.[470] Die Funktion eines Abwehrgrundrechts besteht in der Abwehr von Verhalten des Staates, das in die Rechtssphäre des Grundrechtsträgers eingreift. Gleichzeitig hat aber ein *anderer* Träger desselben Grundrechts ein Recht darauf, dass der Staat sich gleichsam schützend vor ihn stellt. Das nennt man in der Grundrechtsdogmatik: die Schutzfunktion der Grundrechte (Beispiel: Schutz des Fußgängers durch Verbote gegenüber Kraftfahrzeugen oder Radfahrern). Beide Grundrechtsfunktionen verhalten sich zueinander wie kommunizierende Röhren:[471] Was man der einen Seite nimmt, kommt der anderen zugute und umgekehrt.

Dieses Zusammenspiel hat man in Österreich offensichtlich schon viel früher bei der Notwehr von ihrer Bedeutung her erfasst als in Deutschland. Wenn man die deutsche Diskussion unter diesem Aspekt betrachtet, wird einem bewusst: Diejenigen, die auf dem Prinzip beharren, dass das Recht dem Unrecht nicht zu „weichen" brauche, argumentieren so, als ob der „Angreifer" nie das Opfer sein könnte. Er wird mehr oder weniger vogelfrei" gestellt. Nur die Gnade nachsichtiger Inkonsequenz kann dem Angreifer helfen. Ein „Recht" hat er nicht. Das überzeugt mich nicht.

H. Opferorientierung III: Tätige Reue als Strafaufhebungsgrund[472]

Wie bereits beim untauglichen Versuch angedeutet,[473] kann man im Strafrecht zwei Gruppen von Voraussetzungen unterscheiden: Die erste Gruppe betrifft das „OB" der Strafbarkeit. Sie wird oft als „Aufbau" der Straftat be-

---

470 Vgl. zur Umsetzung bei der Kontrolle von Strafrechtsnormen: *Lagodny*, Strafrecht vor den Schranken, S. 11–13.
471 *Lagodny*, Strafrecht vor den Schranken, S. 260.
472 Dazu *Bugelnig*, Tätige Reue, in: Lagodny (Hrsg.), Strafrechtsfreie Räume, S. 19 ff.
473 Siehe oben Teil 3 D.

H. Opferorientierung III: Tätige Reue als Strafaufhebungsgrund

zeichnet. Damit meint man die kumulativ erforderlichen Voraussetzungen dafür, dass man eine Person überhaupt bestrafen kann. Man nennt sie:

Frage 1: „Tatbestandsmäßigkeit". Hier fragt man vor allem: Erfüllt das konkrete menschliche Verhalten überhaupt ein strafrechtliches Delikt, wie z.B. den Diebstahl?

Frage 2: „Rechtswidrigkeit": Liegt ausnahmsweise ein Grund vor, der das konkrete Verhalten aus Frage 1 erlaubt, wie etwa die Verletzung des Körpers im Tattoo-studio (Einwilligung) oder die Verletzung eines Angreifers zur Verteidigung in Notwehr?

Frage 3: „Schuld": Hier fragt man, ob der Täter, der tatbestandsmäßig (Frage 1) und rechtswidrig (Frage 2) gehandelt hat, auch rechtmäßig (also „anders") hätte handeln können. Das verneint man z.B. wenn der Täter schuldunfähig, also nicht zurechnungsfähig ist.

Frage 4: „Strafwürdigkeit bzw. -bedürftigkeit": Hier fragt man in Österreich, ob z.B. das Strafbedürfnis entfällt, weil die Tat verjährt ist. § 57 Abs. 2 öStGB sagt eindeutig: „Die Strafbarkeit [...] erlischt durch Verjährung". Die prozessuale Folge ist ein Freispruch. Ein Schuldspruch ist nicht möglich.

Erst wenn alle vier genannten Voraussetzungen vorliegen, ist das „OB" der Strafbarkeit zu bejahen. Prozessual ist erst dann ein Schuldspruch möglich. Ein Freispruch ist dann ausgeschlossen.

§ 313 öStPO bringt diesen Zusammenhang für das schwurgerichtliche Verfahren zum Ausdruck. Die Laienrichter müssen demnach neben der „Hauptfrage" der Berufsrichter nach § 312 öStPO, ob der Angeklagte „schuldig" ist, eine „Zusatzfrage" nach § 313 öStPO verstehen und beantworten.

§ 313 öStPO lautet:

> Sind in der Hauptverhandlung Tatsachen vorgebracht worden, die – wenn sie als erwiesen angenommen werden – die Strafbarkeit ausschließen oder aufheben würden, so ist eine entsprechende Frage nach dem Strafausschließungs- oder Strafaufhebungsgrunde (Zusatzfrage) zu stellen.

Sie, lieber Leser und liebe Leserin, sind vielleicht ebenfalls Laien. Deshalb mute ich Ihnen diesen Zusammenhang auch zu. Die ständige Praxis des österreichischen OGH versteht die in § 313 öStPO genannten „Strafausschließungs- oder Strafaufhebungsgrunde" nämlich insgesamt als Strafbe-

Teil 3: Rechtsvergleichende Einzelanalysen zum Straf- und Strafprozessrecht

freiungsgründe. Damit sind soeben skizzierten Fragen 2–4 gemeint.[474] Liegen sie nicht vor, ist ein Freispruch zwingend.

In der deutschsprachigen Strafrechtswissenschaft ist es sehr umstritten, ob man diese vierte Stufe braucht und wie man sie benennt.[475] Sie als „Strafbarkeit" zu benennen,[476] leuchtet sachlogisch nicht ein, weil bereits die Gesamtfrage hierauf gerichtet ist. Dann kann eine (vierte) Unterfrage nicht denselben Inhalt haben. Aber auch im deutschen Strafrecht ist man ebenfalls sehr unsicher. Es geht jedenfalls um das „OB" der Strafbarkeit.

Ein besonders bedeutsamer Fall dieser „4. Stufe" ist die tätige Reue. Diese gilt nach § 167 öStGB für viele Vermögensdelikte. Sie „hebt" die „Strafbarkeit" auf. Es müsste also ein Freispruch erfolgen bzw. es dürfte gar nicht zur Anklageerhebung kommen.

§ 167 Abs. 1 öStGB lautet (Hervorhebung von mir, O.L.):

(1) *Die Strafbarkeit* wegen Sachbeschädigung, Datenbeschädigung, Störung der Funktionsfähigkeit eines Computersystems, Diebstahls, Entziehung von Energie, Veruntreuung, Unterschlagung, dauernder Sachentziehung, Eingriffs in fremdes Jagd- oder Fischereirecht, Entwendung, Betrugs, betrügerischen Datenverarbeitungsmißbrauchs, Erschleichung einer Leistung, Notbetrugs, Untreue, Geschenkannahme durch Machthaber, Förderungsmißbrauchs, betrügerischen Anmeldens zur Sozialversicherung oder Bauarbeiter- Urlaubs- und Abfertigungskasse, Wuchers, betrügerischer Krida, Schädigung fremder Gläubiger, Begünstigung eines Gläubigers, grob fahrlässiger Beeinträchtigung von Gläubigerinteressen, Vollstreckungsvereitelung und Hehlerei *wird durch tätige Reue aufgehoben.*

§ 167 Abs. 2 bis 4 öStGB erläutern, was tätige Reue ist:

(2) Dem Täter kommt tätige Reue zustatten, wenn er, bevor die Behörde (§ 151 Abs. 3) von seinem Verschulden erfahren hat, wenngleich auf Andringen des Verletzten, so doch ohne hiezu gezwungen zu sein,
(3) Der Täter ist auch nicht zu bestrafen, wenn er den ganzen aus seiner Tat entstandenen Schaden im Zug einer Selbstanzeige, die der Behörde (§ 151 Abs. 3) sein Verschulden offenbart, durch Erlag bei dieser Behörde gutmacht.

---

474 OGH RIS-Justiz RS0100415 (z.B. 13 Os 146/93); *Lässig*, in: WK-StPO § 313 Rn. 4 m.w.N.
475 Für das deutsche Strafrecht dargestellt z.B. bei *Eisele*, in: Schönke/Schröder StGB[30] Vor §§ 13 ff. Rn. 13.
476 *Triffterer*, AT[2] Kap. 6 Rn. 61; *Seiler*, AT I[4] S. 61 bezeichnet es als „Strafe"; *Kienapfel/Höpfel/Kert*, AT[15] S. 363, sprechen von „[z]usätzliche[n] Voraussetzungen der Strafbarkeit, Strafausschließungs- und Strafaufhebungsgründe"; *E. Steiniger*, AT I[3] S. 363, 385, erwähnt nur: „Weitere Voraussetzungen der Strafbarkeit, Strafbefreiungsgründe".

H. Opferorientierung III: Tätige Reue als Strafaufhebungsgrund

(4) Der Täter, der sich um die Schadensgutmachung ernstlich bemüht hat, ist auch dann nicht zu bestrafen, wenn ein Dritter in seinem Namen oder wenn ein anderer an der Tat Mitwirkender den ganzen aus der Tat entstandenen Schaden unter den im Abs. 2 genannten Voraussetzungen gutmacht.

Es ist nicht übertrieben, wenn man diese Norm als ein „ein international herzeigbares Herzstück österreichischer (Straf-)Rechtskultur"[477] charakterisiert.

Aber nicht nur diese allgemeine Norm bringt die österreichische Denkweise zur Geltung. Auch bei speziellen Regelungen der tätigen Reue[478] findet sich dieser Ansatz, der bereits das „OB" der Strafbarkeit verneint und zum Freispruch führt. Im deutschen Strafrecht findet man hierzu hingegen fast ausschließlich Regelungen zur Strafmilderung, also nur zum „WIE" der Strafbarkeit.[479]

Die Parallele zum untauglichen Versuch ist frappierend: Auch hier ist eine Lösung über das OB der Strafbarkeit in Österreich zu vermelden. Das deutsche Strafrecht bleibt bei einer reinen Strafzumessungslösung über das WIE.[480]

Deshalb stellt sich die Frage, warum tätige Reue in Österreich, nicht aber in Deutschland, schon lange als genereller Strafaufhebungsgrund akzeptiert ist, der zum Freispruch führt, weil das „OB" der Strafbarkeit verneint wird. Die Gründe fasst *Patrick Bugelnig* treffend wie folgt zusammen:[481]

> Die Begründung „findet sich in den Interessen des Opfers. § 167 StGB stellt klar das Opfer in den Mittelpunkt und verfolgt das Ziel, diesem zu einer schnellen, unkomplizierten und vor allem tatsächlichen Wiedergutmachung des Schadens zu verhelfen. Die Regelung stellt sich gegen die Ansicht, dass jede Straftat konsequenterweise einer Bestrafung des Täters bedarf. Vielmehr müssen die Interessen des Opfers vordergründig behan-

---

477 *Soyer/Pollak*, SIAK-Journal 2016, 49.
478 Beispiele: § 151 Abs. 2, § 198 Abs. 3, § 208a Abs. 2, § 226, § 277 Abs. 2, § 298 Abs. 2 öStGB.
479 Vgl. die Nachweise bei *Lagodny*, Strafrecht vor den Schranken, S. 360 ff., 457–459, 489 ff.
480 Siehe oben Teil 3 D.
481 Die nachfolgende Darstellung gibt z.T. eine ganz hervorragende Diplomarbeit entweder zusammenfassend oder wörtlich wieder, die ich für das Projekt betreut habe, siehe *Bugelnig*, Tätige Reue, in: Lagodny (Hrsg.), Strafrechtsfreie Räume, S. 19–84.

delt werden. ‚Die Forderung des öffentlichen Rechts: den Thäter zur verdienten Strafe zu ziehen'[482] muss dementsprechend zurücktreten.
Unmissverständlich festzuhalten ist, dass die Begründung der Regelung der tätigen Reue einzig und alleine bei den Opferinteressen zu finden ist. Dem Versuch eines Teils der Lehre, eine täterorientierte Begründung ins Spiel zu bringen, muss entschieden widersprochen werden. Es geht gerade nicht darum, den Delinquenten für ein Nachtatverhalten zu belohnen. Dazu besteht auch gar keine Veranlassung. Ziel ist nur, die Stellung des Opfers zu verbessern. Das ist auch der wesentliche Unterschied zwischen dem Rechtsinstitut der tätigen Reue und des ebenfalls strafaufhebenden Rücktritts vom Versuch.
Im Sinne des Opfers ist eine Privilegierung des Täters somit jedenfalls geboten. Das gilt vor allem auch deswegen, weil die in der Literatur vorgebrachten Kritikpunkte an der Regelung nur bedingt begründet und im Hinblick auf das Ziel der Regelung jedenfalls vernachlässigbar sind.
Damit ist allerdings noch nicht klar, welche konkrete Rechtsfolge an die Schadenswiedergutmachung geknüpft werden soll. Aus der Opfersicht und unter der Prämisse, dass lediglich die Schadenswiedergutmachung und nicht die Vergeltung, im Interesse des Opfers liegt, scheint die in Geltung stehende Strafaufhebungslösung die zielführende Rechtsfolge zu sein. Schließlich bietet diese Privilegierung den größtmöglichen Anreiz für den Täter den Schaden wiedergutzumachen.
Die Einwände gegen diese Rechtsfolge, zum Beispiel die Gleichgültigkeit der Regelung gegenüber Schuld und Schwere der Tat, sind im Wesentlichen nicht begründet. Ihren Ursprung finden die meisten dieser Kritikpunkte in einer täterorientierten Betrachtung des § 167 StGB. Das ist aber falsch, denn es ist nicht von der Hand zu weisen, dass das Opfer – und nicht der Täter – im Fokus der Regelung steht.
Gegenüber der Strafaufhebung sind bei einer Strafmilderungslösung nur scheinbar Vorteile zu finden. Aus einer straftheoretischen Sichtweise mag es geradezu verlockend erscheinen, den Täter zu seiner wohl verdienten Strafe zu führen. Dieses Vorgehen schadet allerdings dem eigentlichen Ziel der Regelung, nämlich dem Opfer zur Schadenswiedergutmachung zu verhelfen. Der Anreiz einer Strafmilderung kann nicht die Qualität eines Anreizes einer Strafaufhebung erreichen. Daher ist eine Strafmilderungslösung als Ersatz abzulehnen.
Aus dem gleichen Grund scheitert auch eine Kombination aus Strafmilderung und Strafaufhebung. Vor allem die Unklarheit für den Täter über die Rechtsfolge schmälert die Anregung zur Wiedergutmachung. Selbst eine Einschränkung des Ermessensspielraums, zum Beispiel durch eine Halbierung des Strafmaßes oder die obligatorische Vorsehung einer bedingten Nachsicht der Strafe, kann den Anreiz nicht auf die Stufe der Motivation durch die Strafaufhebung stellen.

---

482 *Jenull*, Österreichisches Criminal-Recht, S. 343.

H. Opferorientierung III: Tätige Reue als Strafaufhebungsgrund

Auch die übrigen Alternativen zur Strafaufhebung sind letztlich nicht zielführend. So ist eine Ausgestaltung der Vermögensdelikte als Antrags- oder Privatanklagedelikte abzulehnen, da diese dem Ziel der tätigen Reue nur bedingt zuträglich wäre. Die Entscheidung über das Schicksal des Täters würde damit in die Hände des Opfers gelegt, dass nach Belieben entscheiden könnte. An dieser Stelle würde sicher des Öfteren ein Vergeltungsgedanke ins Spiel kommen, der im österreichischen Strafrecht seit Jahren nichts mehr zu suchen hat. Vor allem auch deshalb wird der Anreiz durch diese Form der Privilegierung keinesfalls die Intensität einer Strafaufhebung erreichen.
Der Lösungsvorschlag von *Lammasch*, statt einer Privilegierung eine Sicherstellung des Vermögens des Beschuldigten bei Verfahrensbeginn durchzuführen, scheitert einerseits an der niedrigen Aufklärungsrate von Vermögensdelikten. Andererseits ist davon auszugehen, dass die finanziellen Verhältnisse bei vielen Straftätern eher angespannt sind. Wenn also die Beute nicht mehr existent ist, wird die Sicherstellung wohl in vielen Fällen fruchtlos verlaufen. Dem Opfer wäre in diesen Fällen nicht geholfen."[483]

Besonders bedeutsam ist es, dass die erste solche Regelung bereits im 18. Jahrhundert zu finden ist.[484] Nach der Darstellung von *Bugelnig* wurde die strafaufhebende Wirkung der Schadenswiedergutmachung erstmals im § 156 Satz 3 des Josephinischen StG von 1787 vorgesehen.[485] Die Norm wich von der Vorgängerregelung in der Constitutio Criminalis Theresiana aus dem Jahre 1769 ab und lautete:

> Wenn vor der gerichtlichen Entdeckung des Thäters von diesem eine freiwillige Zurückstellung des entfremdeten Gutes geschehen ist, hört es auf ein Criminal-Verbrechen zu sein.

Das ist kein bloßer Strafmilderungsgrund mehr, sondern auf jeden Fall ein Strafaufhebungsgrund und damit die Grundlage für einen Freispruch.[486] Diese Linie wurde in fast[487] allen weiteren Änderungen des StGB beibehalten. Sehr nahe am heutigen § 167 öStGB ist bereits § 187 des StG 1852.[488] Dieser lautet:

---

483 *Bugelnig*, Tätige Reue, in: Lagodny (Hrsg.), Strafrechtsfreie Räume, S. 81 f.
484 Vgl. hierzu *Bugelnig*, Tätige Reue, in: Lagodny (Hrsg.), Strafrechtsfreie Räume, S. 36 ff., dem auch die nachfolgend zitierten Vorschriften entnommen sind.
485 *Bugelnig*, Tätige Reue, in: Lagodny (Hrsg.), Strafrechtsfreie Räume, S. 37.
486 Zutreffend *Bugelnig*, Tätige Reue, in: Lagodny (Hrsg.), Strafrechtsfreie Räume, S. 37.
487 Zu einem kurzen „Intermezzo" in den Entwürfen von 1909 und 1912 vgl. *Bugelnig*, Tätige Reue, in: Lagodny (Hrsg.), Strafrechtsfreie Räume, S. 39 f.
488 Siehe *Bugelnig*, Tätige Reue, in: Lagodny (Hrsg.), Strafrechtsfreie Räume, S. 38 f.

Teil 3: Rechtsvergleichende Einzelanalysen zum Straf- und Strafprozessrecht

> Jeder Diebstahl und jede Veruntreuung hört auf strafbar zu seyn, wenn der Thäter aus thätiger Reue, obgleich auf Andringen des Beschädigten, nicht aber ein dritter für ihn, eher als das Gericht oder eine andere Obrigkeit sein Verschulden erfährt, den ganzen aus seiner That entspringenden Schaden wieder gut macht.

Sie gibt mithin eine historisch tief verwurzelte Rechtsüberzeugung wieder, die vom Diebstahl auf viele Vermögensdelikte ausgedehnt worden ist.[489]

Demgegenüber formulierte die Theresiana in Art. 94 § 12 noch:

> Mildernde Umstände, welcherwegen die Todesstrafe gemeiniglich nachzusehen, und der Dieb etwas leichter zu strafen ist [...] wenn das gestohlene Gut dem rechten Herren von dem Dieb selbst, oder von ihme durch andere wiedergegeben [...] wird.

Die Gründe für diese eindeutige, seit über 200 Jahren bestehende Rechtslage sind – wie *Bugelnig* ausführlich darlegt – in der Betonung des Opferschutzes zu sehen.[490] Demgegenüber herrscht in der deutschen Strafrechtswissenschaft immer noch vor, dass man nicht mehr als Unrecht (Tatbestand und Rechtswidrigkeit) und Schuld benötigt, um das „OB" der Strafbarkeit begründen zu können.

Auch hier zeigt sich meines Erachtens ein einseitiges deutsches Denken, das die Rechte oder rechtliche geschützte Interessen des Opfers nicht mitdenkt. Letztlich also ein Fall fehlender Berücksichtigung mehrpolarer Rechtsverhältnisse, wie wir sie aus der Grundrechtsdogmatik kennen.[491]

An diesem Punkt scheiden sich also die Geister: Das deutsch-preußische kategorische „Ja" und das josephinisch-österreichische „Nein" stehen sich unversöhnlich gegenüber.

Völlig zutreffend sieht *Bugelnig* schließlich den Zusammenhang zwischen dem Vorverständnis vom „Staat" und den Strafaufhebungsgründen als einem Eingriff in den „Strafanspruch" des Staates:

> „Die Beurteilung der Frage, ob es sich bei den Strafaufhebungsgründen, also zum Beispiel bei der tätigen Reue, um Eingriffe in den Strafanspruch des Staates handelt, hängt davon ab, ob es einen solchen überhaupt gibt. Die Beantwortung scheint schnell gefunden, denn der allgemeine Sprachgebrauch, einschlägige Literatur[492] und sogar der Verfassungsgerichtshof[493] verwenden des Öfteren diese Worte. Dabei verleitet diese Formulie-

---

489 *Bugelnig*, Tätige Reue, in: Lagodny (Hrsg.), Strafrechtsfreie Räume, S. 38, 41.
490 Vgl. dazu eingehend *Bugelnig*, Tätige Reue, in: Lagodny (Hrsg.), Strafrechtsfreie Räume, S. 50–60.
491 Siehe oben Teil 3 F zur Argumentation bei der Notwehr.
492 Vgl. z.B. bezogen auf die tätige Reue *Schroll*, ÖJZ 1985, 358.
493 Vgl. z.B. VfGH 27.06.1990, B 687/90.

rung dazu, den ‚Anspruch' als subjektives Recht des Staates einzustufen. Das setzt allerdings voraus, dass der Staat als eigenständiges Rechtssubjekt angesehen wird, das sich von den Individuen ‚verselbstständigt'[494]. Folgend könnte man tatsächlich von einem Eingriff in den staatlichen Strafanspruch sprechen. Schließlich wird nach dieser Ansicht dem Staat das Recht genommen, einen Täter zu bestrafen.

Völlig anders bewertet *Kelsen* die Sachlage. Er sieht den Staat nicht als Rechtsträger, sondern als Personifikation der Rechtsordnung.[495] Es wäre somit undenkbar, dem Staat subjektive Rechte zuzusprechen. Im Einklang mit dieser Auffassung kann dem Staat kein Anspruch, somit kein subjektives Recht, zugesprochen werden, einen Täter zu bestrafen. ‚Strafen ist kein Recht, es ist Kompetenz, Aufgabe, möglicherweise Pflicht des Staates.'[496] Letztlich ist der Ursprung der Strafberechtigung im Verfassungsrecht zu finden. Er ergibt sich aus der Pflicht des Staates, den Schutz seiner Bürger zu gewährleisten.[497] Von einem ‚Eingriff' in den Strafanspruch des Staates kann daher keine Rede sein. Durch das Vorliegen eines Strafaufhebungsgrundes erlischt lediglich die Kompetenz, die Aufgabe bzw die Pflicht den Täter strafrechtlich zu verfolgen. Verwirklicht ein Delinquent ein strafrechtliches Delikt, erhalten staatliche Organe die Berechtigung[498] den Täter zu bestrafen. Durch das Vorliegen eines Strafaufhebungsgrundes erlischt eben diese Berechtigung; ein Eingriff in die Grundrechte eines Täters ist dem Staat daher untersagt."[499]

I. Opferorientierung IV: Kein Zeugnisverweigerungsrecht für Allgemeinärzte[500]

Der Allgemeinarzt hat im deutschen Strafverfahren ein gesetzlich ausdrücklich erwähntes Zeugnisverweigerungsrecht, im österreichischen nicht. Dort trifft ihn sogar in speziellen Fällen eine Anzeigepflicht. Das habe ich bereits in meinem ersten Salzburger Semester erfahren, als ich im Rahmen einer Anfängervorlesung Beispiele für Zeugnisverweigerungsrechte im Strafverfahren anführte und fahrlässiger Weise einem unzulässigen Rückschluss vom deutschen auf das österreichische Recht erlag.

Der rechtliche Gegensatz ist erstaunlich. Auch zu seiner Erklärung muss man auf die Struktur mehrpolarer Rechtsverhältnisse zurückgreifen. Zuvor seien aber die rechtlichen Grundlagen zitiert. § 157 öStPO lautet:

---

494 *Robbers*, Sicherheit, S. 156.
495 *Kelsen*, Reine Rechtslehre, S. 319.
496 *Robbers*, Sicherheit, S. 157.
497 *Feltes*, Strafanspruch, S. 14; *Lagodny*, Strafrecht vor den Schranken, S. 54.
498 *Lagodny*, Strafrecht vor den Schranken, S. 54.
499 *Bugelnig*, Tätige Reue, in: Lagodny (Hrsg.), Strafrechtsfreie Räume, S. 25 f.
500 Dazu *Mitterer/Lagodny*, medstra 2017, 272–280.

(1) Zur Verweigerung der Aussage sind berechtigt:
1. Personen, soweit sie ansonsten sich oder einen Angehörigen (§ 156 Abs. 1 Z. 1) der Gefahr strafrechtlicher Verfolgung oder im Zusammenhang mit einem gegen sie geführten Strafverfahren der Gefahr aussetzen würden, sich über ihre bisherige Aussage hinaus selbst zu belasten,
2. Verteidiger, Rechtsanwälte, Patentanwälte, Verfahrensanwälte in Untersuchungsausschüssen des Nationalrats, Notare und Wirtschaftstreuhänder über das, was ihnen in dieser Eigenschaft bekannt geworden ist,
3. Fachärzte für Psychiatrie, Psychotherapeuten, Psychologen, Bewährungshelfer, eingetragene Mediatoren nach dem Zivilrechts-Mediations-Gesetz, BGBl. I Nr. 29/2003, und Mitarbeiter anerkannter Einrichtungen zur psychosozialen Beratung und Betreuung über das, was ihnen in dieser Eigenschaft bekannt geworden ist,
[...]

Die Allgemeinmediziner sind nicht von § 157 Abs. 1 Z. 3 öStPO erfasst. Sie unterliegen nach § 54 Abs. 4 und 5 des österreichischen Ärztegesetzes sogar einer Anzeigepflicht. Diese lautet (Hervorhebungen von mir, O.L.):

§ 54 öÄrzteG (1) Der Arzt und seine Hilfspersonen sind zur Verschwiegenheit über alle ihnen in Ausübung ihres Berufes anvertrauten oder bekannt gewordenen Geheimnisse verpflichtet.
(2) Die Verschwiegenheitspflicht besteht nicht, wenn
1. nach gesetzlichen Vorschriften eine Meldung des Arztes über den Gesundheitszustand bestimmter Personen vorgeschrieben ist,
2. Mitteilungen oder Befunde des Arztes an die Sozialversicherungsträger und Krankenfürsorgeanstalten oder sonstigen Kostenträger [...] erforderlich sind,
3. die durch die Offenbarung des Geheimnisses bedrohte Person den Arzt von der Geheimhaltung entbunden hat,
4. die Offenbarung des Geheimnisses nach Art und Inhalt zum Schutz höherwertiger Interessen der öffentlichen Gesundheitspflege oder der Rechtspflege unbedingt erforderlich ist.
(3) Die Verschwiegenheitspflicht besteht auch insoweit nicht, als [...*es um Abrechnungsfragen geht*].
(4) Ergibt sich für den Arzt in Ausübung seines Berufes der Verdacht, dass durch eine gerichtlich strafbare Handlung der Tod oder die schwere Körperverletzung herbeigeführt wurde, *so hat der Arzt*, sofern Abs. 5 nicht anderes bestimmt, der Sicherheitsbehörde *unverzüglich Anzeige zu erstatten*. Gleiches gilt im Fall des Verdachts, dass eine volljährige Person, die ihre Interessen nicht selbst wahrzunehmen vermag, misshandelt, gequält, vernachlässigt oder sexuell missbraucht worden ist.
(5) Ergibt sich für den Arzt in Ausübung seines Berufes der Verdacht, dass ein Minderjähriger misshandelt, gequält, vernachlässigt oder sexuell missbraucht worden ist, *so hat der Arzt Anzeige* an die Sicherheitsbehörde *zu erstatten*. Richtet sich der Verdacht gegen einen nahen Angehörigen (§ 166 StGB), so kann die Anzeige so lange unterbleiben, als dies das Wohl des Minderjährigen erfordert und eine Zusammenarbeit mit dem Jugend-

I. Opferorientierung IV: Kein Zeugnisverweigerungsrecht für Allgemeinärzte

wohlfahrtsträger und gegebenenfalls eine Einbeziehung einer Kinderschutzeinrichtung an einer Krankenanstalt erfolgt.
(6) In den Fällen einer vorsätzlich begangenen schweren Körperverletzung hat der Arzt auf bestehende Opferschutzeinrichtungen hinzuweisen. In den Fällen des Abs. 5 hat er überdies unverzüglich und nachweislich Meldung an den zuständigen Jugendwohlfahrtsträger zu erstatten.

In den von Abs. 4 und 5 erfassten Fällen einer Anzeigepflicht in Österreich besteht jedoch in Deutschland eine Situation, in welcher § 34 dStGB zu einer Rechtfertigung über den allgemeinen Notstand führt.

Der wesentliche Unterschied zwischen dem deutschen und dem österreichischen Recht besteht deshalb in den Fällen von § 54 Abs. 4 und 5 öÄrzteG „nur" darin, dass es eine Anzeige- und damit auch eine Aussage*pflicht* von Ärzten gibt, während es in allen anderen Fällen nur um eine Anzeige- und Aussage*befugnis* von Ärzten geht. In Deutschland besteht diese bislang[501] für Sachverhalte, die in Österreich unter § 54 Abs. 4 und 5 öÄrzteG fallen, nach den Grundsätzen des rechtfertigenden Notstands. Dieser lautet:

> § 34 dStGB:
> Wer in einer gegenwärtigen, nicht anders abwendbaren Gefahr für Leben, Leib, Freiheit, Ehre, Eigentum oder ein anderes Rechtsgut eine Tat begeht, um die Gefahr von sich oder einem anderen abzuwenden, handelt nicht rechtswidrig, wenn bei Abwägung der widerstreitenden Interessen, namentlich der betroffenen Rechtsgüter und des Grades der ihnen drohenden Gefahren, das geschützte Interesse das beeinträchtigte wesentlich überwiegt. Dies gilt jedoch nur, soweit die Tat ein angemessenes Mittel ist, die Gefahr abzuwenden.

Sieht man von der Frage der Wiederholungsgefahr ab, dann gilt in Österreich in der Sache dasselbe, nur gibt es in Österreich keinen einheitlich geregelten rechtfertigenden Notstand. Dieser ist z.B. in § 54 Abs. 2 Z. 4 öÄrzteG enthalten. Das ist genau so ein „Rechtfertigungsgrund" wie § 34 dStGB.

Insgesamt wird durch diese Regelung die Stellung eines möglichen Misshandlungsopfers gestärkt, weil der Allgemeinarzt nicht entscheiden kann, ob er sich auf das Zeugnisverweigerungsrecht beruft oder nicht. Dies verwundert, weil Ärzte in Österreich eine generell starke und angesehene Macht und Reputation haben. Diese wird vielleicht deutlich an folgender Begebenheit: Gegen Ärzte, die von einer Impfung gegen die hoch-

---

501 Vgl. jetzt jedoch den Vorschlag von *Wolfslast*, in: Günther Heine-GS, S. 394 f.; sie möchte über § 139 Abs. 3, § 138 dStGB (Nichtanzeige geplanter Straftaten) eine Anzeigepflicht begründen.

ansteckende Viruserkrankung mir Masern abrieten, wurden im Jahr 2019 Disziplinarverfahren bei der Disziplinarkommission der Ärztekammer eingeleitet. Dessen Konsequenzen können bis zu einem Verbot reichen, weiter als Arzt tätig zu sein.[502] Aus Deutschland ist mir Vergleichbares jedenfalls nicht bekannt.

Freilich bleibt es dabei, dass es in Österreich an einer ausdrücklich geregelten Schweigebefugnis des Allgemeinarztes fehlt, eben weil es kein allgemeines Zeugnisverweigerungsrecht gibt. Hinter der Anzeigepflicht nach § 54 Abs. 2 Z. 4 und 5 öÄrzteG „verbirgt" sich jedoch normlogisch eine *Befugnis* zur Zeugnisverweigerung. Denn eine Pflicht ohne korrespondierende Befugnis zu schaffen, würde dem Normunterworfenen die Erfüllung der Pflicht unmöglich machen.

In der österreichischen Literatur wird zumindest seit den 1970er-Jahren die Einführung eines allgemeinen Zeugnisverweigerungsrechts für Ärzte gefordert.[503] Sie wird mitunter als rechtspolitisch wünschenswert[504] bezeichnet, um der materiellen Verschwiegenheitspflicht ein entsprechendes prozessuales Entschlagungsrecht gegenüberzustellen. Auch soll die Frage der Preisgabe eines Patientengeheimnisses dem Berufsethos des Arztes überlassen sein.[505] Das ändert aber nichts daran, dass die Fälle einer Anzeigepflicht in Österreich weitgehend solche sind, in denen auch nach deutschem Recht eine solche Befugnis zur Aussage bestehen würde.

Es mag deshalb aus deutscher Sicht erstaunen, dass man in Österreich keine allgemeine Ausnahme von der Pflicht zum Schutz des Patientengeheimnisses geschaffen hat, sondern gleich eine Pflicht zur Aussage. Wie *Mitterer* aber überzeugend begründet hat, ist spielt hierbei ein genereller Vorrang öffentlicher vor privaten Interessen eine Rolle.[506] Die starke Stellung des Arztes in Österreich ist hingegen weniger von Bedeutung. Von zentraler Bedeutung ist aber der Opferschutz.

Eine Anzeige*pflicht* habe auf jeden Fall eine „Verdeutlichungsfunktion". Aber auch das fehlende Zeugnisverweigerungsrecht, also die Aussagepflicht, ist vor dem Hintergrund zu sehen, dass dem Allgemeinmediziner die Entscheidung abgenommen wird, ob er aussagen darf oder schweigen muss. Dies ist – wenn auch mit umgekehrten Vorzeichen – durchaus ähn-

---

502 Salzburger Nachrichten, 30.04.2019, S. 10.
503 *Hinterhofer*, Zeugenschutz, S. 475; *Klaus*, Ärztliche Schweigepflicht, S. 101; *Roeder*, ÖJZ 1974, 309, 314; *Schmoller*, RZ 2000, 154, 155; *ders.*, ÖJK 1999, 73, 80; *Schwaighofer*, in: Strafrechtliche Probleme der Gegenwart 1997, S. 60.
504 *Klaus*, Ärztliche Schweigepflicht, S. 101.
505 *Roeder*, ÖJZ 1974, 314.
506 Zu den weiteren Gründen: *Mitterer/Lagodny*, medstra 2017, 272.

I. Opferorientierung IV: Kein Zeugnisverweigerungsrecht für Allgemeinärzte

lich zu sehen, wie beim Vernehmungsverbot für Geistliche nach § 155 Abs. 1 Z. 1 öStPO: Geistliche sollen erst gar nicht in die Entscheidungssituation kommen, auf ein bloßes Zeugnisverweigerungsrecht verzichten zu wollen.[507]

Mögliche Folgen einer fehlenden Anzeigepflicht zeigten sich vor allem in Fällen von schweren Kindesmisshandlungen innerhalb der Familie. Die behandelnden Ärzte in Krankenhäusern weigerten sich in der Vergangenheit häufig, ihrer in Österreich bestehenden Anzeigepflicht nachzukommen – daraus resultierten nicht selten Todesfälle von misshandelten Kindern.[508] In einem Fall wurde ein Kind mit auf Misshandlung hindeutenden Verletzungen im Krankenhaus behandelt und geheilt entlassen, der behandelnde Arzt zeigte den Verdacht nicht an. Kurz darauf wurde das Kind mit noch schwereren Verletzungen eingeliefert, welchen es dann erlag.[509] Dies zeigt eindrucksvoll, wie wichtig eine Anzeigepflicht der Ärzte und deren Durchsetzung sein kann, vor allem, da der Haus- oder Kinderarzt häufig als einziger Kenntnis von einer Straftat erlangt, insbesondere dann, wenn die Begehung im Familienkreis stattfindet.[510] Die Anzeigebereitschaft in der Bevölkerung (z.B. Nachbarn, Bekannte, Familienmitglieder aber auch Pädagogen) ist zudem sehr gering.[511] Ärzte sind oft verunsichert, wenn sie im Zuge einer Untersuchung Kenntnis von einem Missbrauch oder von Misshandlung erlangen und oft ist eine Anzeige an die Strafverfolgungsbehörde die einzige Möglichkeit, diese Straftaten in Zukunft zu verhindern.[512]

Auch in Fällen, in welchen etwa kindliche Opferzeugen aus Angst vor dem Täter auf dem Einhalten der ärztlichen Schweigepflicht bestehen, ist es für den Arzt problematisch abzuschätzen, wie einsichtsfähig das Kind tatsächlich ist und wie nachvollziehbar und ernsthaft die Forderung ist.[513] Kinder und Jugendliche sind oft nicht in der Lage, die mittel- bis langfristigen Folgen ihrer Forderung zu kalkulieren.[514] Dieses Problem stellt sich

---

507 Vgl. dazu *Taferner*, Legitimation, in: Lagodny (Hrsg.), Strafrechtsfreie Räume, S. 260, 225–228.
508 *Schick*, in: Moos-FS, S. 303.
509 *Schick*, in: Moos-FS, S. 303.
510 *Schick*, in: Moos-FS, S. 304, 308; aus diesem Grund gegen eine Erweiterung der Entschlagungsrechte auch: Abg. zum NR *Partik-Pablé*, Protokoll zur 129. Sitzung 1993, 18. GP, S. 14761.
511 *Schick*, in: Moos-FS, S. 304.
512 *Schmoller*, RdM 1996, 131.
513 *Herrmann/Dettmeyer/Banaschak/Thyen*, Kindesmisshandlung, S. 234.
514 *Herrmann/Dettmeyer/Banaschak/Thyen*, Kindesmisshandlung, S. 234.

durch die geltende Rechtslage in Österreich nicht, denn der Arzt muss in jedem Fall aussagen. Dies wird auch langfristig dem Schutz des konkreten Opfers und potentieller Opfer dienen.

In Österreich ist die Bedeutung des Opfers im gesamten Straf- und Strafprozessrecht recht viel größer als in Deutschland. Besonders beeindruckend ist für mich, dass sogar der „Angreifer", gegen den der Angegriffene gerechtfertigt Notwehr üben durfte und den Angreifer unter Umständen sogar bewusstlos schlagen darf, eindeutig schon vom Gesetzgeber als schutzwürdig angesehen worden ist: Der ursprünglich Angegriffene darf den ursprünglichen Angreifer eben nicht in der Blutlache liegen lassen. Das ist der klare Appell von § 94 öStGB.[515]

Für mich kommt darin ein im positivsten Sinne christlich-paternalistisches Denken zum Ausdruck: Der Nächste ist der Gesellschaft nicht gleichgültig, sondern man sorgt sich um ihn. Es gibt Gebote der Mitmenschlichkeit. Das zeigt sich schon im aufgeklärten Absolutismus. Historisch mag das aber viele Wurzeln haben, wobei die organisierte Religiosität in Form von kirchlichen Instanzen nicht allzu viel dazu beigetragen haben dürfte. Aber das wäre wirklich Gegenstand einer vertiefenden interdisziplinären Analyse.

J. Gliederung des BT als Ausprägung einer Grundeinstellung?

Man bezeichnet den Inhalt des Kriminalstrafgesetzbuchs eines Staates bzw. einer Rechtsordnung[516] öfters als die „zehn Gebote" (manchmal in der griechischen Übersetzung als „Dekalog"). Damit meint man, dass der „Besondere Teil" eines Strafgesetzbuches, welcher die einzelnen Delikte enthält, so etwas wie die Tafeln der zehn Gebote darstellen. Es geht also um die Grundgebote des Staates an den Einzelnen: Worauf reagiert der Staat mit dem schärfsten Mittel, das ihm gegen den Einzelnen zur Verfügung steht?

Deshalb verbirgt sich hinter der Gliederung eines solchen „Besonderen Teils" eine ganz zentrale Antwort auf die Frage: Wer steht im Mittelpunkt des strafrechtlichen Schutzes? Die Anordnung der Straftatbestände nach Gruppen von Rechtsgütern lässt nämlich Rückschlüsse zu auf das Verständnis des Verhältnisses von Staat und Gesellschaft bzw. von Staat und

---

515 Dazu oben Teil 3 G.
516 Zur Unterscheidung von „Staat" und „Rechtsordnung" in Österreich siehe sogleich.

J. Gliederung des BT als Ausprägung einer Grundeinstellung?

Bürgern zu.[517] Das geltende deutsche StGB bringt eindeutig zum Ausdruck: Zuerst der Staat, dann die Bürger.

Ganz anders die österreichische Sicht in den 70er Jahren des vergangenen Jahrhunderts, als man das zum 01.01.1975 in Kraft getretene neue Strafgesetzbuch[518] geschaffen hat: Der Besondere Teil beginnt in §§ 75 ff. öStGB mit den Straftaten gegen den Einzelnen (und zwar mit dem „Mord"[519]). Der Einzelne steht also im Mittelpunkt. Erst danach kommen die Rechtsgüter der Allgemeinheit bzw. des Staates[520].

Der deutsche Gesetzgeber hat das heute noch geltende dStGB durch das zweite Strafrechtsreformgesetz aus dem Jahre 1969[521] ebenfalls zum Jahre 1975 grundlegend geändert. Sein Besonderer[522] Teil beginnt mit Delikten gegen den Staat, namentlich mit der Vorbereitung eines Angriffskriegs nach § 80 dStGB. Das war schon so im 19. Jahrhundert, als im Jahre 1871 das deutsche Strafgesetzbuch[523] geschaffen worden ist.

Die Delikte gegen den Einzelnen beginnen erst sehr viel später. Man kann insoweit darüber streiten, ob und inwieweit z.B. der Meineid (§ 154 dStGB), die falsche Verdächtigung (§ 164 dStGB), die Störung der Totenruhe (§ 168 dStGB) oder die Verletzung der Unterhaltspflicht (§ 170 dStGB) neben Allgemeinrechtsgütern auch Individualrechtsgüter schützen. Doch kommt es für die hier anstehenden Zwecke nicht darauf an. Die Gliederung des Besonderen Teils des deutschen StGB ginge dann ohnehin von den Allgemein- zu den Individualrechtsgütern. Was aber sehr erstaunt, ist, dass die vorsätzlichen Tötungsdelikte in §§ 211 ff. dStGB erst sehr spät erscheinen.

---

517 Vgl. *Hefendehl*, ZIS 2012, 509–511, der zutreffend vom „symbolträchtigen Gesamtaufbau eines Strafgesetzbuches" (511) spricht.
518 Bundesgesetz vom 23. Jänner 1974 über die mit gerichtlicher Strafe bedrohten Handlungen (Strafgesetzbuch – StGB), öBGBl. 1974/60.
519 Dazu sogleich das Kapitel K.
520 Zum Begriff „Staat" in der österreichischen Lehre des öffentlichen Rechts siehe *Wiederin*, Die Verwaltung, Beiheft 7 (2007), 293; *Jakab*, Der Staat 46 (2007), 268, 271 und 278.
521 Zweites Gesetz zur Reform des Strafrechts (2. StRG), dBGBl.1969 I, 717.
522 Das deutsche und das österreichische StGB sind in zwei Teile gegliedert: Im Besonderen Teil sind vor allem die einzelnen Delikte enthalten; im Allgemeinen Teil sind (gleichsam „vor die Klammer gezogen") diejenigen Regelungen, wie z.B. die Sanktionen, die für alle Delikte des Besonderen Teils gelten.
523 Gesetz, betreffend die Redaktion des Strafgesetzbuches für den Norddeutschen Bund als Strafgesetzbuch für das Deutsche Reich, vom 15. Mai 1871, RGBl. 1871, 127.

Teil 3: Rechtsvergleichende Einzelanalysen zum Straf- und Strafprozessrecht

Spätestens hieran merkt man, dass das heute geltende deutsche StGB auf dem Reichsstrafgesetzbuch von 1871 beruht. Hier weht also der Geist des 19. Jahrhunderts mit seinem festen Glauben an „den" „nationalen" „Staat".[524]

Diese Hauptgliederung des Besonderen Teiles hat in Deutschland dazu geführt, dass die Abfolge der einzelnen Abschnitte des Besonderen Teiles des deutschen StGB im Laufe der Jahre seit 1871 keine klare Linie mehr erkennen lässt. Das ist im österreichischen StGB von 1975 ganz anders: Die §§ 75–168b öStGB dienen grundsätzlich dem Schutz des Individuums. Die §§ 168 ff. schützen in der Regel Allgemeinrechtsgüter. In Österreich muss man nur wenige Ausnahmen erklären. So finden sich die §§ 201 ff. öStGB im zehnten Abschnitt mit der Überschrift „Strafbare Handlungen „gegen die sexuelle Integrität und Selbstbestimmung" mitten in den Delikten gegen Allgemeinrechtsgüter. Das erklärt sich allein aus der Umbenennung dieses Abschnitts im Jahre 2004.[525] Zuvor hieß der Abschnitt: „Sexuelle Straftaten gegen die Sittlichkeit". Damit war im Jahre 1975 ganz offensichtlich ein Allgemeinrechtsgut gemeint. Dass dieser Abschnitt schon damals mit der Vergewaltigung (§ 201 öStGB) begann, störte niemanden.

In der Tat spiegelt die Anordnung der Straftatbestände mit den unterschiedlichen Rechtsgutsgruppen „das Selbstverständnis von Staat und Gesellschaft wider." *Hefendehl* betont nämlich fundiert[526] und völlig zu Recht:

> „Je älter bzw. hierarchischer eine Rechtsordnung ist, desto mehr stellt sie die Straftatbestände gegen den Staat in den Vordergrund".[527]

Legt man dies als Kriterium an, so ist das deutsche Strafgesetzbuch von 1871 immer noch ausgesprochen staatsorientiert, während das österreichische StGB von 1975 einen grundlegenden gesellschaftlichen Wandel dokumentiert. Man kann darüber hinaus zutreffend von einem „Sammel-

---

524 Zu der zu Beginn des 20. Jahrhunderts einsetzende Diskussion, ob es ein „Staats"recht gebe (so die deutsche Sichtweise) oder nur ein „öffentliches Recht" (so die österreichische Sichtweise), vgl. aus deutscher Sicht: *Schultze-Fielitz*, Staatsrechtslehre, in: Schultze-Fielitz (Hrsg.), Staatsrechtslehre, S. 220 ff. und aus österreichischer Sicht: *Wiederin*, Die Verwaltung, Beiheft 7 (2007), 293–317.
525 Strafrechtsänderungsgesetz 2004, öBGBl. I 2004/15; dazu EBRV, 294 BlgNR 22. GP, S. 3, 16.
526 Siehe die eingehende Untersuchung: *Hefendehl*, Kollektive Rechtsgüter im Strafrecht, 2002.
527 *Hefendehl*, ZIS 2012, 509.

surium verschiedenster Straftatbestände" sprechen, wenn man den Inhalt der §§ 80–122 dStGB charakterisieren möchte.[528]

Die Gliederung des Besonderen Teils des StGB hat sich in beiden Rechtskulturen mithin geradezu gegensätzlich entwickelt: In Deutschland ist man auf dem Stand des 19. Jahrhunderts stehen geblieben. In Österreich kommt hingegen nicht nur das Denken an ein menschliches Opfer zum Ausdruck. Hier dürfte die Kultur der *kelsen*schen Denkweise eine tragende Rolle gespielt haben: Wenn man nicht von „Staat", sondern von „Rechtsordnung" spricht, dann wird einem die Bedeutung des Menschen bewusst.

K. Systematik der Tötungsdelikte

Die drei zentralen vorsätzlichen Tötungsdelikte lauten in Deutschland:
§ 211 dStGB Mord

(1) Der Mörder wird mit lebenslanger Freiheitsstrafe bestraft.
(2) Mörder ist, wer aus Mordlust, zur Befriedigung des Geschlechtstriebs, aus Habgier oder sonst aus niedrigen Beweggründen, heimtückisch oder grausam oder mit gemeingefährlichen Mitteln oder um eine andere Straftat zu ermöglichen oder zu verdecken,
einen Menschen tötet.

§ 212 dStGB Totschlag

(1) Wer einen Menschen tötet, ohne Mörder zu sein, wird als Totschläger mit Freiheitsstrafe nicht unter fünf Jahren bestraft.
(2) In besonders schweren Fällen ist auf lebenslange Freiheitsstrafe zu erkennen.

§ 213 dStGB Minder schwerer Fall des Totschlags

War der Totschläger ohne eigene Schuld durch eine ihm oder einem Angehörigen zugefügte Mißhandlung oder schwere Beleidigung von dem getöteten Menschen zum Zorn gereizt und hierdurch auf der Stelle zur Tat hingerissen worden oder liegt sonst ein minder schwerer Fall vor, so ist die Strafe Freiheitsstrafe von einem Jahr bis zu zehn Jahren.

Die Sprache (der „Mörder", „der Totschläger") stammt aus dem Nazi-Jahr 1941.[529] Das österreichische Pendant ist seit 1975 schon von der Systematik

---

528 Vgl. treffend: *Hefendehl*, ZIS 2012, 510.
529 Gesetz zur Änderung des Reichsstrafgesetzbuchs vom 4. September 1941, RGBl. I 1941, 549.

her viel klarer und eindeutiger. Es entspricht übrigens in seinem nur nach unten abstufenden Ansatz dem Art. 112 des StGB der ehemaligen DDR.[530]

§ 75 öStGB Mord

> Wer einen anderen tötet, ist mit Freiheitsstrafe von zehn bis zu zwanzig Jahren oder mit lebenslanger Freiheitsstrafe zu bestrafen.

§ 76 öStGB Totschlag

> Wer sich in einer allgemein begreiflichen heftigen Gemütsbewegung dazu hinreißen läßt, einen anderen zu töten, ist mit Freiheitsstrafe von fünf bis zu zehn Jahren zu bestrafen.

Ganz anders als in Deutschland benötigt das österreichische Strafgesetzbuch keinen „Normalfall" der vorsätzlichen Tötung wie den deutschen § 212 dStGB, also eine solche, die nach oben hin qualifiziert und nach unten hin privilegiert ist. Die Aussage des österreichischen Strafrechts ist eindeutig und klar: Jede vorsätzliche Tötung ist ein „Mord". Das trifft sicherlich den spontanen Denkansatz der Bevölkerung. Doch sei dies dahingestellt.

Die komplizierte deutsche Rechtslage führt zu sehr vielen strafrechtsdogmatischen Problemen. Sie beginnen damit, ob § 211 dStGB ein eigenes Delikt darstellt oder nur eine „Qualifikation" zu § 212 dStGB. Damit meint man, dass die Qualifikation „nur" zu einem höheren Strafrahmen führt, weil es mindestens ein Sachkriterium gibt, das diesen höheren Strafrahmen legitimiert. Das so genannte Grunddelikt (das wäre hier § 212 dStGB) muss aber in vollem Umfange erfüllt sein. Diese Unterscheidung hat in der deutschen Strafrechtsdogmatik erheblich Konsequenzen, vor allem wenn mehrere an der Tat beteiligt sind.

Ein weiteres Problem der §§ 212/211 dStGB besteht etwa in der absoluten Androhung der lebenslangen Freiheitsstrafe. Wird eine der Alternativen von § 211 dStGB, also eines der „Mordmerkmale", bejaht, dann führte dies früher automatisch zur lebenslangen Freiheitsstrafe. Erst das Bundesverfassungsgericht hat dies im Jahre 1977 zum Anlass genommen, zwingende Korrekturmöglichkeiten einzufordern.[531] Das führte u.a. zur Schaffung von § 49a dStGB. Danach ist auch bei Mord im Sinne von § 211 dStGB eine außerordentliche Milderung möglich.

Die Probleme der vorsätzlichen Tötungsdelikte ließen sich fortsetzen. Es dürfte aber schon jetzt klargeworden sein, dass eine Reform der Tötungs-

---

530 Für den Wortlaut der Art. 112 und 113 des StGB der DDR siehe http://www.verfassungen.de/ddr/strafgesetzbuch74.htm (abgefragt am: 12.08.2020).
531 BVerfGE 45, 187.

delikte in Deutschland überfällig ist. Es hat auch nicht an vielen vergeblichen Versuchen gefehlt. Den Gründen für das Scheitern vermag ich an dieser Stelle hier nicht nachzugehen, weil dies nicht Ziel dieses Buches ist.

Die österreichische Lösung ist aus meiner Sicht aber so überzeugend, dass ich mich wundere, warum sich die deutsche Diskussion ihr nicht anzuschließen vermag.[532] Je länger ich aber über diese Frage nachdenke, umso mehr scheint mir ein Bedürfnis zu bestehen, besonders verwerfliche vorsätzliche Tötungen auch plastisch benennen zu können. Man kommt auch in anderen Bereichen damit klar, eine lebenslange Freiheitsstrafe verhängen zu können, ohne dafür „Lebenslang-Merkmale" zur Verfügung zu haben, wie etwa in §§ 80, 81 dStGB.

Besonders pikant ist, dass der heute noch geltende Wortlaut der §§ 211–213 dStGB auf eine Änderung zur Zeit des Nationalsozialismus aus dem Jahr 1941 zurückgeht. Sie atmet unmittelbar nationalsozialistisches Denken in Form eines unverhohlenen Täterstrafrechts aus.

Die Konstruktion der §§ 211/212 dStGB eröffnete zusammen mit einer Änderung des § 28 dStGB aus dem Allgemeinen Teil des StGB in den 60er Jahren eine nur für Spitzenjuristen überhaupt zu ahnende juristische Argumentation: Viele vorsätzliche Tötungen wurden danach in der Bundesrepublik nicht bestraft, weil eine Tat nach § 212 dStGB als „Normalfall" verjährt war, nicht aber nach § 211 dStGB.[533]

L. Beihilfe zum Selbstmord

Die Diskussion über Sterbehilfe ist in beiden Rechtsordnungen sehr aktuell. In Deutschland hat das Bundesverfassungsgericht am 26.02.2020[534] eine Neuregelung aus dem Jahr 2015 für verfassungswidrig erklärt. Diese Regelung lautete:

§ 217 dStGB Geschäftsmäßige Förderung der Selbsttötung

(1) Wer in der Absicht, die Selbsttötung eines anderen zu fördern, diesem hierzu geschäftsmäßig die Gelegenheit gewährt, verschafft oder vermittelt, wird mit Freiheitsstrafe bis zu drei Jahren oder mit Geldstrafe bestraft.

---

532 Vgl. auch *Eser*, Gutachten D für den 53. Deutschen Juristentag 1980; *ders.*, in: Günther Heine-GS, S. 69–91.
533 Vgl. die Darstellung der maßgeblichen Beteiligung des späteren StGB-Kommentators *Eduard Dreher* an der Gesetzesänderung bei *Rückert*, Bemerkungen, in: Görtemaker/Safferling (Hrsg.), Rosenburg, S. 79–85.
534 BVerfG, Urteil vom 26.02.2020 – 2 BvR 2347/15, 2 BvR 651/16 u.a.

(2) Als Teilnehmer bleibt straffrei, wer selbst nicht geschäftsmäßig handelt und entweder Angehöriger des in Absatz 1 genannten anderen ist oder diesem nahesteht.

Der erste Leitsatz dieser Entscheidung lautet:

a) Das allgemeine Persönlichkeitsrecht (Art. 2 Abs. 1 i.V.m. Art. 1 Abs. 1 GG) umfasst als Ausdruck persönlicher Autonomie ein Recht auf selbstbestimmtes Sterben.
b) Das Recht auf selbstbestimmtes Sterben schließt die Freiheit ein, sich das Leben zu nehmen. Die Entscheidung des Einzelnen, seinem Leben entsprechend seinem Verständnis von Lebensqualität und Sinnhaftigkeit der eigenen Existenz ein Ende zu setzen, ist im Ausgangspunkt als Akt autonomer Selbstbestimmung von Staat und Gesellschaft zu respektieren.
c) Die Freiheit, sich das Leben zu nehmen, umfasst auch die Freiheit, hierfür bei Dritten Hilfe zu suchen und Hilfe, soweit sie angeboten wird, in Anspruch zu nehmen.

§ 78 öStGB Mitwirkung am Selbstmord lautet:

Wer einen anderen dazu verleitet, sich selbst zu töten, oder ihm dazu Hilfe leistet, ist mit Freiheitsstrafe von sechs Monaten bis zu fünf Jahren zu bestrafen.

Hierzu steht eine Entscheidung des österreichischen Verfassungsgerichtshofes zum Aktenzeichen G 139/2019 aus. Man darf gespannt sein, ob beide Höchstgerichte unterschiedlich entscheiden und wie der österreichische Verfassungsgerichtshof sein Ergebnis begründet. Wenn er die Norm des § 78 öStGB für verfassungsgemäß ansehen möchte, wird er nicht an der Frage vorbeikommen, ob der Selbstmord als solcher verboten ist oder nicht. Verneint man ein Verbot, dann stellt sich nämlich die berechtigte Frage, warum man dann die gemeinsame Organisation des nicht verbotenen Selbstmordes bestraft.[535] Dies erscheint mir die entscheidende Frage in Österreich zu sein. Unabhängig davon, wie man sie beantwortet: Der kirchengeschichtliche und -rechtliche Hintergrund ist sehr deutlich.

---

535 Vgl. die völlig berechtigte Frage von *Soyer/Pollak/Amara*, Grenzverläufe, in: Soyer (Hrsg.), Grenzverläufe, S. 12.

M. Gewaltbegriff bei der Nötigung[536]

Die Nötigung (§ 105 öStGB; § 240 dStGB) knüpft in beiden Rechtsordnungen auch am Mittel der „Gewalt" an. Nach nahezu einhelliger Meinung in der österreichischen Rechtsprechung und Literatur wird hierunter fast ausschließlich nur die körperlich wirkende Gewalt verstanden, nicht aber eine nur psychisch vermittelte Gewaltwirkung.[537] Das wurde besonders deutlich an der Frage von Sitzblockaden auf einer öffentlichen Straße. Diese gab es viele in den 80er und 90er Jahren des 20. Jahrhunderts in Deutschland. Während dieser Zeit wurde in der deutschen Justiz und Strafrechtswissenschaft heftigst um den Gewaltbegriff bei der Nötigung gestritten. Wie bei auch politisch kontroversen Themen fast schon unverzichtbar, blieb der Gang nach Karlsruhe zum Bundesverfassungsgericht nicht aus. In einer der ganz wenigen Entscheidungen zum Bestimmtheitsgebot befand dieses, dass der psychische Gewaltbegriff jedenfalls bei Straßenblockaden unter Bestimmtheitsaspekten nicht haltbar sei.[538] Nach diesem Urteil wehrte sich der Bundesgerichtshof postwendend und kam zum Ergebnis: bei Straßenblockaden findet doch physische Gewalt statt, weil das vor den sitzenden Demonstranten stehende erste Auto für das dahinter stehende zweite Auto eine physische Barriere bildet.[539] Damit schützt die deutsche Nötigung also das Recht „an vorderster Front" oder „in der ersten Reihe" zu stehen.

Eine solche fragwürdige Begründung wäre in Österreich aus zweierlei Gründen nicht nötig. Erstens ist ein rein physischer Gewaltbegriff dort völlig akzeptiert. Zweitens hat sich bislang diese Rechtsfrage auch nicht in der Brisanz wie in Deutschland gestellt. Nach meinem Eindruck von der politischen Kultur in Österreich „macht man so etwas nicht". Man geht nicht auf die Straße und stört andere Menschen. Deshalb kommen solche Sachverhalte auch nicht vor Gericht und erst recht nicht vor höhere gerichtliche Instanzen.

In Österreich gibt es bei der strafbaren Nötigung also nur einen körperlich wirkenden Gewaltbegriff. In Deutschland spricht man hingegen be-

---

536 Die nachfolgende Darstellung habe ich im Wesentlichen aus meinem Beitrag in Burgstaller-FS, S. 409–419 übernommen.
537 Vgl. dazu *Kienapfel/Schroll*, BT I[5] § 105 Rn. 11–13 und 21; näher zum Gewaltbegriff *Hochmayr/Schmoller*, ÖJZ 2003, 628–635 sowie *Sautner*, Gewalt, 2002.
538 BVerfGE 92, 1; ferner BVerfGE 104, 92; BVerfG, Beschl. vom 07.03.2011 – 1 BvR 388/05 = NJW 2011, 3020.
539 BGHSt 41, 182; BGHSt 41, 231; NJW 1995, 2862 – Zur Entwicklung und Diskussion in Deutschland vgl. *Toepel*, in: NK-StGB[5] § 240 Rn. 124 ff.

reits dann von strafbarer Gewalt im Sinne der Nötigung, wenn nur eine psychische wirkende, menschliche Barriere errichtet wird.

Fakt ist, dass solche Blockaden in Österreich in politischen Auseinandersetzungen schon vom Sachverhalt her kaum vorkommen. Deshalb stellte sich die Frage auch nicht gleichsam „flächendeckend", ob es sich dabei um „Gewalt" im Sinne der Nötigung handelt.

Warum das so ist, bedürfte einer eingehenden Analyse der allgemeinen politischen Kultur[540] in Österreich unter diesem Aspekt. Sie kann hier nicht geleistet werden. Aus meiner Sicht spielen hier aber auf jeden Fall eine Rolle: die höfische Gesellschaft, der Hausverstand und der Respekt vor dem anderen („so etwas tut man nicht").

N. Hausfriedensbruch und allgemein: Besitzschutz

Ähnlich wie beim Problem der Straßenblockaden sieht es mit der Frage von Hausbesetzungen aus. Während es in Deutschland vor allem in den 1980er Jahren sehr viele Hausbesetzungen gab, spielte dies in Österreich eine eher untergeordnete Rolle. Zwar gab es sie hin und wieder auch in Österreich, aber keineswegs so zahlreich wie in Deutschland.

Das ist jedenfalls der Hintergrund für die Frage, warum der österreichische Hausfriedensbruch nach § 109 öStGB so deutlich enger ist als sein deutsches Pendant und immer die Anwesenheit des Hausrechtsinhabers fordert oder das nur „befriedete Besitztum" gar nicht erfasst.

Der deutsche Hausfriedensbruch § 123 dStGB lautet:

> (1) Wer in die Wohnung, in die Geschäftsräume *oder in das befriedete Besitztum* eines anderen oder in abgeschlossene Räume, welche zum öffentlichen Dienst oder Verkehr bestimmt sind, widerrechtlich eindringt, oder wer, wenn er ohne Befugnis darin verweilt, auf die Aufforderung des Berechtigten sich nicht entfernt, wird mit Freiheitsstrafe bis zu einem Jahr oder mit Geldstrafe bestraft.
>
> (2) Die Tat wird nur auf Antrag verfolgt.

Das österreichische Pendant ist wesentlich enger von den Voraussetzungen her. § 109 Abs. 1 öStGB lautet:

> (1) Wer *den Eintritt* in die Wohnstätte eines anderen *mit Gewalt oder durch Drohung mit Gewalt erzwingt*, ist mit Freiheitsstrafe bis zu einem Jahr oder mit Geldstrafe bis zu 720 Tagessätzen zu bestrafen.

---

540 Vgl. dazu z.B. *Dimmel/Schmee*, (Hrsg.), Politische Kultur in Österreich, 2005.

Diese Norm wird nach der Rechtsprechung erstens so verstanden, dass der Hausrechtsinhaber anwesend sein muss.[541] Zweitens ist „befriedetes Besitztum" nicht erfasst.[542] Allein schon aus diesen beiden Gründen ist die Besetzung eines leerstehenden Gebäudes nicht erfasst. In Deutschland haben aber die erwähnten Fälle von Hausbesetzungen die Gerichte beschäftigt.[543]

Auch hier scheint mir die mögliche Erklärung zu sein, dass „man so etwas nicht tut". Jedenfalls nicht in Österreich. Eine Hausbesetzung ist kein angesehenes Mittel der politischen Auseinandersetzung.

Das habe ich auch wahrgenommen als ich zusammen mit drei Kollegen eine Abstimmung des akademischen Senats der Universität Salzburg über eine Personalsache verlassen habe. Ich wollte in keiner Form als Senatsmitglied an dieser Abstimmung mitwirken. Die höchst irritierten Gesichter der anderen Senatsmitglieder konnte ich mir nicht erklären. Im Nachhinein bekam ich die Rückmeldung, dass man „so etwas" nicht macht, also eine Sitzung aus dem Grunde verlässt, weil man auf keinen Fall und in überhaupt keiner Weise mit einem Beschluss identifiziert werden möchte.

Nach dem gerade Ausgeführten erscheint es fast überflüssig zu erwähnen, dass der deutsche Hausfriedensbruch anders als der österreichische[544] das unzulässig auf dem Grundstück parkende Kraftfahrzeug erfasst. Damit sind wir bereits bei der generellen Frage des folgenden Kapitels.

O. Bedeutung des privatrechtlichen Besitzschutzes für den Strafrechtsschutz

Es erstaunt mich wirklich in Österreich: Keine Einfahrt wird zugeparkt, kein fremder Stellplatz benutzt. Zu groß scheint die Furcht vor einer zivilrechtlichen „Besitzstörungsklage" zu sein. Diese führt zwar „nur" zu einem Unterlassungsurteil. Aber die Kosten für den obsiegenden Anwalt des Grundstückinhabers sind so hoch, dass jeder abgeschreckt wird. Eine Besitzschutzklage ist schnell erfolgreich. Man muss nur vor Ort darauf hinweisen und das störende Parken z.B. durch ein Foto belegen.

Warum eine Besitzstörungsklage in Deutschland nicht ebenso genutzt wird, konnte ich nicht ergründen. Die materiellen und prozessualen zivil-

---

541 Vgl. z.B. *Kienapfel/Schroll*, BT I⁴ § 109 Rn. 6 ff., 14 m.w.N.; näher *Schmoller*, in: SbgK-StGB § 109 Rn. 61 ff.
542 Vgl. zu dieser Frage für Österreich *Schmoller*, in: SbgK-StGB § 109 Rn. 38 ff., 42 ff. und für Deutschland *Sternberg-Lieben/Schittenhelm*, in: Schönke/Schröder StGB³⁰ § 123 Rn. 6 f. m.w.N.
543 *Sternberg-Lieben/Schittenhelm*, in: Schönke/Schröder StGB³⁰ § 123 Rn. 6a m.w.N.
544 Dazu *Messner*, JBl 2020, 209 (Teil 1) und 291 (Teil 2).

rechtlichen Voraussetzungen sind einschließlich der Kostenfragen in beiden Rechtsordnungen sehr vergleichbar.[545] Daran kann es also nicht liegen.

Deshalb ist dies für mich ein Beispiel dafür, dass ein Unterschied zwischen zwei Rechtsordnungen auch und allein daran liegen kann, wie man von seinen Rechten Gebrauch macht, was „üblich" und was „gewohnt" (und deshalb erfolgversprechend) ist. Würde ein großer Einkaufsmarkt in Deutschland statt mit dem Abschleppen zu drohen, eine „Besitzstörungsklage" ankündigen, wäre der Abschreckungseffekt zumindest am Anfang nicht sonderlich hoch, weil das völlig unbekannt ist. Das würde sich sicherlich im Laufe der Zeit ändern. Rechtsvergleichend erklärt wäre der Unterschied auch dann aber noch nicht.

Vielleicht betont man in Österreich auch mehr das Subsidiaritätsprinzip und greift nur dann zum Strafrecht, wenn andere Rechtsgebiete, und vor allem das Zivilrecht, nicht mehr adäquat erscheinen.[546]

Auch hier beim Vorrang der Privatinitiative spielen viele Faktoren hinein. Im Grunde lassen sich fast alle oben angeführten „historischen Prägeräume" anführen. Die Achtung des Anderen fiel mir jedenfalls auch im österreichischen Alltag auf.

P. Strafzumessungsrecht

Bereits ein kurzer Blick in die Delikte des österreichischen StGB zeigt ein Spezifikum: Die Grundform des Diebstahls nach § 127 öStGB schreibt einen Strafrahmen von „bis zu sechs Monaten" vor. Die hierauf aufbauenden Qualifikationen sehen folgende Strafrahmen vor:

§ 128 (Schwerer Diebstahl)

Abs. 1: bis zu drei Jahren
Abs. 2: von einem bis zu zehn Jahren

§ 129 (Diebstahl durch Einbruch oder mit Waffen)

Abs. 1: bis zu drei Jahren
Abs. 2: sechs Monate bis fünf Jahre

---

545 Vgl. *Müller*, Besitzschutz in Europa, 2010.
546 Vgl. dazu auch *Hochmayr*, ZStW 130 (2018), 55–81.

§ 130 (Gewerbsmäßiger Diebstahl und Diebstahl im Rahmen einer kriminellen Vereinigung)

    Abs. 1: bis zu drei Jahren
    Abs. 2: sechs Monate bis fünf Jahre
    Abs. 3: ein bis zehn Jahre

In den §§ 127–130 öStGB ist also ein ziemlich detailliertes Strafzumessungsprogramm enthalten, das man als durchaus typisch für das österreichische Strafrecht ansehen kann. Im Jahre 2015 man das ausdifferenzierte System bereinigt und damit bestätigt.

Auf der anderen Seite finden sich dann Strafdrohungen wie beim Mord (der nach § 75 öStGB schlicht vorsätzlichen Tötung), mit einem Strafrahmen von 10–20 Jahren oder lebenslanger Freiheitsstrafe. Anders als in Deutschland kommt man hier also ohne qualifizierende Merkmale aus. Auch dies kontrastiert zur Engmaschigkeit der Strafrahmen etwa beim Diebstahl.

Und schließlich besteht für mich ein Widerspruch zur sonstigen Machtstellung des Gerichts, die auf dem Vertrauen in die Richterschaft beruht.

Die Regelungsdichte[547] im österreichischen Strafprozessrecht überrascht eigentlich. Man würde eher erwarten, dass „der Richter" oder „die Richterin" es im gut verstandenen paternalistischen Sinne es schon „richten" wird. Vielleicht ist es aber ein von einem formalen Gewaltenteilungsprinzip geprägtes Selbstverständnis des parlamentarischen Gesetzgebers, dass er dieses ohnehin auch dogmatisch schwierige Feld nicht allein den Gerichten überlassen möchte.

Q. Die gesetzlich geringgeschätzte Rolle der Strafverteidigung vor der Übermacht des Strafgerichts

Mit diesem Kapitel beginnen meine Überlegungen zum Strafverfahrensrecht. Ein ganz zentrales Spezifikum des gesamten aktuellen österreichischen Verständnisses vom Strafverfahren ist die geradezu erdrückende Übermacht des Richters bzw. der Richterin.[548]

---

547 Damit ist juristisch gemeint, dass die (ausdrückliche) rechtliche Regelung sehr „dicht" ist, also keine ungeregelten Bereiche übrigläss.

548 Vgl. dazu nur als deutliche Beispiele die Äußerungen des ehemaligen OGH-Präsidenten *Ratz*, ÖJZ 2018, 380; *ders.*, ÖJZ 2017, 627. Erfrischend klar zur „Selbstzitierung" von OGH-Richtern als „Lehre": *Schmoller*, JBl 2014, 135–136. Vgl. empirisch zum Selbstbild von Richtern und einem Überblick über die rechtli-

Teil 3: Rechtsvergleichende Einzelanalysen zum Straf- und Strafprozessrecht

Im Jahr 2017 attestierte der seinerzeitige Justizminister *Brandstetter* der Vereinigung Österreichischer StrafverteidigerInnen, „dass sie die Tätigkeit der Strafverteidiger und Strafverteidigerinnen aus dem Schattendasein und einer eher wenig wertschätzenden allgemeinen Meinung herausgeholt hat".[549] Diese offizielle Einschätzung trifft nach meinen Eindrücken rundum zu. Nicht zu Unrecht wurde die Strafverteidigung in der Literatur auch schon als „Sterbebegleitung"[550] für den Mandanten bezeichnet.

In Deutschland hat sich aus den Studentenprotesten in den 1967er Jahren bis hin zum Terror der Roten Armee Fraktion in den Siebziger Jahren des vergangenen Jahrhunderts und den darauf folgenden Stammheim-Prozessen eine neue Kultur der Strafverteidigung entwickelt. Man kann sie unter „Konfliktverteidigung" zusammenfassen. Darunter versteht man in Deutschland ein Strafverteidigungsverhalten, das strafprozessuale Verteidigungsrechte, insbesondere Befangenheits- und Beweisantragsrechte, kämpferisch und konsequent und nach mancher Ansicht bis zur Grenze des Rechtsmissbrauchs geltend macht. Inzwischen gibt es sogar einen Ratgeber für Richter, wie man mit solchen Strafverteidigern umgehen soll.[551] Die deutsche Strafverteidigung sieht sich heute vor diesem Hintergrund in der Tradition der Weimarer Republik. Allen voran steht dabei der seinerzeitige Strafverteidiger *Max Alsberg*.[552]

Der österreichische Strafverteidiger *Wolfgang Moringer* grenzt „Konfliktverteidigung" hingegen ab von „konsequenter Verteidigung" und meint damit die Rekonstruktion eines tatsächlichen, historischen Geschehens in einem fairen Strafverfahren – ohne ein „Kampfverständnis".[553] Unter „Konfliktverteidigung" scheint man in Österreich also etwas völlig anders zu verstehen als in Deutschland. Meine eingangs geschilderte Erfahrung vom „Praktikerseminar", bei dem die Justizvertreterinnen und -vertreter unter sich bleiben wollen,[554] war also kein Zufall.

---

chen Parameter: *Grünstäudl*, Richterauswahl und Richterausbildung, passim (Besprechung *Hamed*, GA 2019, 590).
549 *Brandstetter*, JSt 2017, 420.
550 Treffend *Bertel/Venier*, Vorwort zur 6. Auflage des Strafprozessrechts (2013), S. V.
551 *Heinrich*, Konfliktverteidigung, 2. Auflage 2016.
552 Vgl. den Besprechungsaufsatz von *Jahn, M.*, NZWiSt 2014, 58–61 zur 2. Auflage der Monografie von *Taschke* über *Jürgen Max Alsberg*.
553 *Moringer*, JSt 2016, 94, 96 ff. Vgl. auch *Mühlbacher*, JSt 2018, 293–296.
554 Siehe oben Teil 1 M VIII.

Q. Die gesetzlich geringgeschätzte Rolle der Strafverteidigung

In Deutschland diskutiert man derzeit einen Wandel zu einem „neuen Typ" des Strafverteidigers.[555] Damit ist gemeint, ob und inwieweit sich die Strafverteidigung selbst und in sich neu organisiert und/oder versteht. Die damit angesprochenen Aspekte sind sehr vielfältig. Sie reichen von der Frage, ob sich die Strafverteidigung auch heute noch „politisch" verstehen darf oder soll, bis hin zu klassischen Fragen nach dem Verhältnis zwischen Strafverteidigung und Gericht.[556]

Besonders eindrücklich ist die vorbildgebende Gegenüberstellung der heutigen deutschen Strafverteidigung mit dem seinerzeitigen Wirken des österreichischen Strafverteidigers und Publizisten *Walther Rode* (1876–1934) und seinem nachdenklich machenden „Lesebuch für Angeklagte".[557] Ein solches „Lesebuch" sucht man heute vergeblich auf dem nicht gerade dünnen österreichischen Markt für juristische Bücher.

Die Einstellung der österreichischen Rechtsprechung wird z.B. durch eine Entscheidung des OGH aus dem Jahr 1972[558] charakterisiert. Danach dürfen die Geschworenen (alle sind Laienrichter) vom Vorsitzenden des Schwurgerichtshofs (alle sind Berufsrichter) nur mit einer Rechtsansicht, nämlich der „richtigen" (nicht nur mit „einer") befasst werden. Diese Begründung charakterisiert *Schick*[559] zutreffend als „ein wenig überhebliche Selbsteinschätzung der Rechtsprechung". Die Frage ist also berechtigt, ob der OGH in Strafsachen der „Schulmeister der Anwälte"[560] sei.

Daneben ist als „im Prinzip" gleichwertiger Mit- oder Gegenspieler nur der Staatsanwalt bzw die Staatsanwältin geduldet und akzeptiert. Der Strafverteidiger bzw. die Strafverteidigerin erscheint als rechtsstaatlich eben hinzunehmende prozessuale Randfigur.

Diese grundsätzliche Kräfte- und Machtverteilung im strafprozessualen Dreieck von Gericht/Staatsanwaltschaft/inkulpiertes[561] Individuum wird indirekt sehr deutlich, wenn man überlegt, welche Art von juristischer Literatur es speziell zur Strafverteidigung in Österreich gibt. Immerhin gibt

---

555 Vgl. nur: *Jahn, M.*, NZWiSt 2014, 58–61; *ders.*, StraFO 2017, 177–182.
556 Vgl. dazu als Start eines neuen Projekts: *Arnold*, ZIS 2017, 621–628.
557 *Rode*, Knöpfe und Vögel. Lesebuch für Angeklagte, 1931 (Neuauflage 2000); dazu *König*, StV 2017, 188–194.
558 EvBl 1972/271.
559 *Schick*, ÖJZ 1972, 656.
560 *Schmoller*, in: Stolzlechner-FS, S. 607–626. Vgl. umgekehrt: Zum deutschen Weltbild des Strafrichters aus der Sicht eines deutschen Strafverteidigers vgl. *Bockemühl*, Weltbild des Strafrichters, in: 40. Strafverteidigertag, S. 253.
561 Ich verwende diesen eher neutralen Begriff statt der besetzten Begrifflichkeiten „Angeklagter"/„Beschuldigter" etc. (vgl. § 48 öStPO).

Teil 3: Rechtsvergleichende Einzelanalysen zum Straf- und Strafprozessrecht

es seit 2017 wenigstens ein (einziges) Handbuch für die Strafverteidigung[562], das speziell auf deren Bedürfnisse abgestimmt ist. Allgemeine „Handbücher" zum Strafverfahrensrecht gibt es hingegen nicht wenige. Diese ersetzen aber keine Spezialliteratur, es sei denn, man wollte die Strafverteidigung auf die Erteilung einer „allgemeinen Rechtsauskunft" im Sinne von § 59 Abs. 2 Satz 1 öStPO beschränken. Dann braucht man keine StrafverteidigerInnen und keine Handbücher.

Diese verstreut liegenden Aspekte geben die Grundeinstellung in Österreich nach meinem Eindruck ganz treffend wieder. Dieser wird bestätigt, wenn es sogar in einer offiziellen Gesetzesbegründung für den österreichischen Nationalrat heißt, 30 Minuten seien ausreichend für die Beratung des Beschuldigten mit dem Verteidiger.[563] Auf diese Begründung aus dem Jahre 2016 weisen *Bertel/Venier*[564] in ihrem Lehrbuch hin. Deutlicher kann man nicht zum Ausdruck bringen, welche Geringschätzung der Gesetzgeber der Strafverteidigung insgesamt entgegenbringt: Eine vernachlässigbare Größe! Man stelle sich vor, der Gesetzgeber würde formulieren: 30 Minuten reichen dem Gericht für die Erstbefassung mit einem neuen Fall. Auch wenn diese zwei Situationen (Mandantenerstkontakt/richterliche Erstbefassung) nur schwer im Detail vergleichbar sind, so machen Sie doch deutlich, welche juristischen Fähigkeiten man einem Richter bzw. einer Richterin abverlangen würde, setzte man solche Zeitabläufe voraus.

Diese gesetzlich verankerte Geringschätzung der Strafverteidigung zeigt sich an vielen Stellen. Zu nennen sind:

- das Recht auf unüberwachtes Mandantengespräch (unten I)
- das Akteneinsichtsrecht (unten II)
- die Entwicklung des Beweisantragsrechts (unten III)
- die Reduktion auf einen „Verfahrenshilfeverteidiger" (unten IV)
- die Kostentragung auch des freigesprochenen Angeklagten (unten V)
- die gesetzliche Bestimmung des „Schwerpunkt des Verfahrens" (§ 13 Abs. 1 Satz 1 öStPO) (unten VI)
- Unschuldsvermutung und Gesamtkonzeption der StPO (unten VII).

Das Selbstverständnis von Richterinnen und Richtern kommt auch durch die Sprache zum Ausdruck, etwa, wenn ein Gericht von einer „richtigen" Rechtsansicht spricht[565] oder eine Ansicht als „rechtsrichtig"[566] bezeichnet

---

562 *Kier/Wess*, Handbuch Strafverteidigung, 2017.
563 EBRV (StPRÄG I 2016), 1058 BlgNR 25. GP, S. 19.
564 *Bertel/Venier*, Strafprozessrecht[11], S. VII.
565 Siehe dazu die Glosse von *Schick*, ÖJZ 1972, 656.
566 OGH, 11 Os 25/11b = ÖJZ 2011, 789; dazu im Zusammenhang mit der Belehrung von Geschworenen: *Ratz*, in: WK-StPO § 345 Rn. 56.

oder wenn gar ein OGH-Gerichtspräsident meint, einen Senat seines Gerichts und dessen Entscheidung öffentlich kommentieren zu müssen.[567]

Als außenstehender Leser fragt man sich nämlich: Warum muss ein dem OGH zugehöriger Senat auf diese Weise an die „Kandare" genommen werden.

Wie dem auch sei:
Während das materielle Strafrecht wirklich beeindruckend ist, kann man dies vom österreichischen Strafprozessrecht wahrlich nicht sagen. Hier spielen ebenfalls sehr viele historische Gründe eine Rolle. Allen voran ist aber die Habsburger Tradition zu nennen, die allenfalls noch von gutmütigen paternalistische Zügen abgemildert wird. Geradezu symptomatisch dafür ist die Stellung der Strafverteidigung im Strafverfahren nach dem Zweiten Weltkrieg. Wie anders lauten hingegen die unten[568] noch darzustellenden Erwägungen von *Vargha* im 19. Jahrhundert!

I. Recht auf unüberwachtes Mandantengespräch

Seit 01.11.2016 gilt der heutige § 59 Abs. 3 öStPO in der folgenden Fassung:[569]

(3) Der Beschuldigte kann sich mit seinem Verteidiger verständigen, ohne dabei überwacht zu werden.

Die Änderung der Rechtslage und die Abschaffung jeder Gesprächsüberwachung fanden im Jahr 2016 statt. Anlass und Grund war eine EU-Richtlinie.[570] Es war keinesfalls so, dass man in Österreich autonom auf die Idee dazu gekommen wäre. Unklar ist es, wie lange es dauert, bis diese Änderung einer jahrzehntelangen Rechtslage in der Praxis wirklich angekom-

---

567 Siehe *Schroll*, ÖJZ 2016, 95, der als Vorsitzender des 12. Senats des OGH auf die Kritik des Präsidenten des OGH an der Entscheidung 12 Os 63/15d in ÖJZ 2015, 1122, erwidert.
568 Siehe unten VIII.
569 Strafprozessrechtsänderungsgesetz I 2016 (StPRÄG I 2016), öBGBl. I 2016/26.
570 Richtlinie 2012/29/EU über Mindeststandards für die Rechte, die Unterstützung und den Schutz von Opfern von Straftaten sowie zur Ersetzung des Rahmenbeschlusses 2001/220/JI, ABl. 2012 L 315, 57; vgl. näher *Roitner*, ÖJZ 2016, 117–121, der die Rechtslage vor der Änderung des § 59 öStPO im Jahr 2016 (öBGBl. I 2016/26 bzw. 121) darstellt. Er zeigt auf, welchen Gewinn die EU-Richtlinie für die Beschuldigtenrechte vor diesem Hintergrund bringt. Vgl. zur verfassungsrechtlichen Argumentation des österreichischen VfGH kritisch: *Wiederin*, öAnwBl 2013, 558, 562 f.

men ist. Weil empirische kriminologische Forschung in Österreich kein großes Fundament hat, wird es auch noch längere Zeit dauern, bis hier Erkenntnisse vorliegen.

Bis Ende 2016 war es gesetzlich erlaubt, Mandantengespräche des Strafverteidigers zu überwachen.[571] Die unmittelbare Vorgängernorm, die also bis 2016 in Kraft war, lautete:

> (2) Der Beschuldigte kann sich mit seinem Verteidiger verständigen, ohne dabei überwacht zu werden. Wird jedoch der Beschuldigte auch wegen Verabredungs- oder Verdunkelungsgefahr angehalten und ist auf Grund besonderer, schwer wiegender Umstände zu befürchten, dass der Kontakt mit dem Verteidiger zu einer Beeinträchtigung von Beweismitteln führen könnte, so kann die Staatsanwaltschaft, vor Einlieferung des Beschuldigten in die Justizanstalt auch die Kriminalpolizei, die Überwachung des Kontakts mit dem Verteidiger anordnen. Die Überwachung darf in jedem Fall nur mit Kenntnis des Beschuldigten und des Verteidigers sowie längstens für eine Dauer von zwei Monaten ab Festnahme erfolgen; nach Einbringen der Anklage gegen den Beschuldigten ist sie jedenfalls zu beenden.

Das mag erstaunen.

Ich sehe den tieferliegenden Grund für diese noch im Jahre 2004 bestehende Haltung in der Konzeption von § 13 Abs. 1 Satz 1 öStPO, auf den ich noch eingehen werde.[572]

Ursprünglich lautete die Fassung aus dem Jahre 2004, die am 01.01.2008 in Kraft getreten ist:[573]

> § 59. (1) Dem festgenommenen Beschuldigten ist zu ermöglichen, Kontakt mit einem Verteidiger aufzunehmen und ihn zu bevollmächtigen. Dieser Kontakt *darf vor Einlieferung des Beschuldigten in die Justizanstalt überwacht werden* und auf das für die Erteilung der Vollmacht und eine allgemeine Rechtsauskunft notwendige Ausmaß beschränkt werden, soweit dies erforderlich erscheint, um eine Beeinträchtigung der Ermittlungen oder von Beweismitteln abzuwenden.
> (2) Der Beschuldigte kann sich mit seinem Verteidiger verständigen, ohne dabei überwacht zu werden. Wird jedoch der Beschuldigte auch wegen Verabredungs- oder Verdunkelungsgefahr angehalten und ist auf Grund besonderer, schwer wiegender Umstände zu befürchten, dass der Kontakt mit dem Verteidiger zu einer Beeinträchtigung von Beweismitteln führen könnte, so *kann* die Staatsanwaltschaft, vor Einlieferung des Beschuldigten

---

[571] Näher dazu *Roitner*, Überwachung, in: Lagodny (Hrsg.), Strafrechtsfreie Räume, S. 129–185, vor allem auch zur (Nicht)-vereinbarkeit mit der EMRK.
[572] Siehe unten VII.
[573] öBGBl. I 2004/19 (Hervorhebung von mir, O.L.).

in die Justizanstalt auch die Kriminalpolizei, *die Überwachung des Kontakts mit dem Verteidiger anordnen.* [...]

Die Vorschrift von 2004, die 2008 in Kraft getreten ist, geht auf die Jahrhundertreform des österreichischen Strafverfahrens zurück.[574] Wenn dort noch die Überwachung vorgesehen ist, handelt es sich keinesfalls um einen nur vorübergehenden Missgriff, sondern um eine gewachsene Tradition: Dem allgemeinen Misstrauen gegenüber jeder Form von Strafverteidigung.

Entscheidend bei dieser formalen Änderung ist aber die Regelung in § 59 Abs. 2 öStPO in seiner aktuell geltenden Fassung:

> (2) Der Kontakt mit dem Verteidiger darf bis zur Einlieferung des Beschuldigten in die Justizanstalt auf das für die Erteilung der Vollmacht und eine allgemeine Rechtsauskunft notwendige Ausmaß beschränkt werden, soweit aufgrund besonderer Umstände eine sofortige Vernehmung oder andere unverzügliche Ermittlungen unbedingt notwendig erscheinen, um eine erhebliche Beeinträchtigung der Ermittlungen oder von Beweismitteln abzuwenden. In diesem Fall ist dem Beschuldigten sogleich oder innerhalb von 24 Stunden eine schriftliche Begründung der Kriminalpolizei für diese Beschränkung zuzustellen.

Wenn der Kontakt vor der Einlieferung „auf das für die Erteilung der Vollmacht und eine allgemeine Rechtsauskunft notwendige Ausmaß beschränkt werden" darf, dann hat man natürlich auch keine „Probleme", wenn man dieses Gespräch nicht überwacht. Es bleibt also dabei: Die Strafverteidigung stört nur im Ermittlungsverfahren. Das ist die Einschätzung des Gesetzgebers.

Dieser greift offensichtlich das Misstrauen in der Bevölkerung auf. Das ist jedenfalls meine Beobachtung als „Fremder in Österreich" im Sinne der soziologischen Analyse von *Georg Simmel*[575]. Und wenn das Gesetz ein Ausdruck für die Meinung der Bevölkerung ist und als solche verstanden werden muss, dann braucht es keiner weiteren empirischen Nachweise.

Das generelle Misstrauen wird besonders deutlich, wenn man der österreichischen Regelung von 2004 (2008) die schweizerische Neuregelung aus dem Jahre 2007 und die dazugehörige Praxis gegenüberstellt. Die einschlägige Norm des Art. 223 Satz 2 der schweizerischen StPO lautet klar und eindeutig:

---

574 Vgl. zu dieser Norm eingehend: *Roitner*, Überwachung, in: Lagodny (Hrsg.), Strafrechtsfreie Räume, S. 129–185.
575 *Simmel*, Soziologie, Exkurs über den Fremden, S. 685.

Teil 3: Rechtsvergleichende Einzelanalysen zum Straf- und Strafprozessrecht

Die beschuldigte Person kann im Verfahren vor der Staatsanwaltschaft und den Gerichten um Anordnung von Haft jederzeit ohne Aufsicht mit der Verteidigung schriftlich oder mündlich verkehren.

Hiervon macht die schweizerische Praxis dann Ausnahmen, wenn der *konkrete* Verdacht des Missbrauchs besteht,[576] weil es sich um begründete Ausnahmefälle handelt. Eine bloße Vermutung reicht deshalb nicht.

In völligem Gegensatz hierzu hat die Fassung des § 59 öStPO von 2004/2008 ein grundsätzliches und abstrakt-generelles Mistrauen gegen jede Strafverteidigung. Das prägte auch die öStPO von 2004/2008: Die Strafverteidigung ist eigentlich ein Störfaktor in einer Welt, die schon völlig hinreichend von der österreichischen Richterschaft geschützt wird. Sie und nicht etwa die Strafverteidigung ist nämlich der wahre Garant der Rechtsstaatlichkeit.[577] Das ist die Botschaft aus der Verteidigerüberwachung. Die heute geltende Fassung und damit die Abschaffung der Überwachung geht auf die EU-Richtlinie zum Rechtsbeistand aus dem Jahre 2013[578] zurück. Sie erfolgte nicht aus autonomen Gründen des österreichischen Gesetzgebers.

Die deutsche Regelung ist noch sehr viel strenger, weil Verteidigergespräche auch nicht ausnahmsweise überwacht werden dürfen. Nur Schriftstücke unterliegen in ganz besonderen Fällen der Überwachung. Das ist eine unmittelbare Konsequenz aus dem Missbrauch im NS-Staat. § 148 Satz 1 der dStPO sieht unter der Überschrift „Kommunikation des Beschuldigten mit dem Verteidiger" den uneinschränkbar freien schriftlichen und mündlichen Verkehr mit dem Verteidiger vor. Satz 2 dieser Norm sieht nur die Zurückweisung von Schriftstücken oder anderen Gegenständen in Fällen des Verdachts bestimmter schwerer Delikte vor.

Schon allein anhand der gesetzlichen Regelungen wird deutlich, welches Misstrauen die österreichische Rechtsordnung und deshalb sicher

---

576 Siehe *Forster*, in: BK StPO² Art. 223 Rn. 4 m.w.N. zur Praxis des Bundesgerichts, siehe deutlich insb.: BGE 121 I 164 e. 2c; BGE 111 Ia 341, 346 E. 3c-e; BGE 106 Ia 219, 221 E. 3b-d.
577 Es ist wohl kein Zufall, dass es eine deutsche und damit aus österreichischer Sicht eine ausländische Kollegin ist, welche die herausragende Rolle der Justiz und den respektvollen Umgang mit ihr in Österreich treffend hervorhebt: siehe *Velten*, Österreichische Weg, in: Schünemann(Hrsg.), Risse, S. 29 f. Sie betont zutreffend, dass Kritiker sich in die Rolle von „Querulanten" begeben würden.
578 Richtlinie 2013/48/EU über das Recht auf Zugang zu einem Rechtsbeistand in Strafverfahren und in Verfahren zur Vollstreckung des Europäischen Haftbefehls sowie über das Recht auf Benachrichtigung eines Dritten bei Freiheitsentzug und das Recht auf Kommunikation mit Dritten und mit Konsularbehörden während des Freiheitsentzugs, ABl. 2013 L 294, 1.

Q. Die gesetzlich geringgeschätzte Rolle der Strafverteidigung

auch die österreichische Gesellschaft insgesamt gegenüber der Strafverteidigung hat. Wenn es in Österreich dennoch Strafverteidiger und Strafverteidigerinnen gibt, mit denen sich die Justiz auf Augenhöhe (und nicht von oben herab) auseinandersetzt, dann sind das Ausnahmen, welche die Regel bestätigen. Ein solches Misstrauen ist aber unvereinbar mit der Unschuldsvermutung im Sinne des in der Überschrift formulierten Rechtssatzes.

II. Akteneinsichtsrecht

Eine Strafverteidigung im Ermittlungsverfahren setzt voraus, dass man weiß, was in den Akten des Strafverfahrens enthalten ist. Akteneinsicht ist deshalb „das wichtigste Mittel der Informationsgewinnung im Ermittlungsverfahren."[579] Alles andere wäre grotesk und würde an den „Prozess" von *Kafka* erinnern.

Die aktuellen österreichischen Regelungen der StPO zur Akteneinsicht sehen in § 51 Abs. 1 öStPO zentral vor:

(1) Der Beschuldigte ist berechtigt, in die der Kriminalpolizei, der Staatsanwaltschaft und dem Gericht vorliegenden Ergebnisse des Ermittlungs- und des Hauptverfahrens Einsicht zu nehmen. Das Recht auf Akteneinsicht berechtigt auch dazu, Beweisgegenstände in Augenschein zu nehmen, soweit dies ohne Nachteil für die Ermittlungen möglich ist.
(2) Soweit die im § 162 angeführte Gefahr besteht, ist es zulässig, personenbezogene Daten und andere Umstände, die Rückschlüsse auf die Identität oder die höchstpersönlichen Lebensumstände der gefährdeten Person zulassen, von der Akteneinsicht auszunehmen und Kopien auszufolgen, in denen diese Umstände unkenntlich gemacht wurden. Im Übrigen darf Akteneinsicht nur vor Beendigung des Ermittlungsverfahrens und nur insoweit beschränkt werden, als besondere Umstände befürchten lassen, dass durch eine sofortige Kenntnisnahme von bestimmten Aktenstücken der Zweck der Ermittlungen gefährdet wäre. Befindet sich der Beschuldigte jedoch in Haft, so ist eine Beschränkung der Akteneinsicht hinsichtlich solcher Aktenstücke, die für die Beurteilung des Tatverdachts oder der Haftgründe von Bedeutung sein können, ab Verhängung der Untersuchungshaft unzulässig.

Das klingt zunächst recht rechtsstaatlich. Offensichtlich ist es aber in der österreichischen Praxis die große Ausnahme, dass ein Strafverteidiger für einen Mandanten überhaupt Akteneinsicht nimmt. Berichtet wird von

---

579 *Schlothauer*, Münchner Anwaltshandbuch² § 3 Rn. 14.

einem prozentualen Anteil von deutlich unter 10 Prozent.[580] Dies verwundert nicht, wenn man für Aktenkopien momentan 63 Cent/Seite entrichten muss und die Akten nur in den Amtsräumen und nur zu Amtszeiten eingesehen werden können, aber keinesfalls in die Kanzlei verbracht werden dürfen.[581]

Damit wird erstens ein Recht durch die Regelungen zu seiner Benutzung ausgehöhlt. Die Kosten kann sich zweitens nur ein Bruchteil der Beschuldigten leisten. Drittens ist diese Regelungsebene nicht sichtbar im Gesetz. Man kann sie über Reglungen des internen Dienstrechts und über Regelungen zum Kostenersatz normieren. Man hat dadurch im Ergebnis dasselbe erreicht wie einen gesetzlichen Ausschluss oder eine Beschränkung. Aber sie ist eben nicht so leicht sichtbar.

Mir selbst wurde der Hintergrund bewusst, als ich über mein eingangs erwähntes Beispiel meiner Ernennungsurkunde nachgedacht habe. Das vom Bundespräsidenten unterzeichnete Ernennungsdekret für meine Person dürfte irgendwo in Wien im 4. Unterraum eines ehemals habsburgischen Archivs lagern. Dieses Stück Papier wird nie ein Erdenbürger zu Gesicht bekommen. Deshalb lautet meine Ernennungsurkunde auch, dass der Herr Minister erklärt, der Herr Bundespräsident habe unterzeichnet.

Es ist für österreichische Denkweisen schlicht unvorstellbar, dass jemand „den Originalakt" in die Hände bekommt, der nicht „vom Amt" ist. Absolut indiskutabel ist es, dass ein Strafverteidiger „den Akt" in seine Kanzlei bekommt. Das ist noch die deutsche Praxis, obwohl die ausdrückliche gesetzliche Regelung in § 147 Abs. 4 dStPO inzwischen gestrichen worden ist.

III. Entwicklung des Beweisantragsrechts

Das geltende österreichische Recht sieht in § 55 öStPO ein Beweisantragsrecht des Beschuldigten vor. Nach dessen Absatz 2 darf eine beantragte Beweisaufnahme „nur unterbleiben, wenn" einzeln benannte Ablehnungs-

---

580 Vgl. *Lachinger*, Akteneinsicht, S. 65–68, der auf eine jüngere empirische Untersuchung verweist (*Birklbauer/Stangl/Soyer*, Rechtspraxis) und daraus den mir berechtigt erscheinenden Schluss zieht, dass die tatsächlich erfolgende Akteneinsicht in der Praxis die „absolute Ausnahme" sei. Auf jeden Fall kann man daraus schließen, dass die Akteneinsicht für die Strafverteidigung nicht die Regel ist. Allein das ist schon sehr bedenklich.

581 *Nimmervoll*, JSt 2015, 212 f. mit ausführlicher Darstellung der Rechtsgrundlagen.

gründe vorliegen. Insgesamt entsteht aber der Eindruck, dass der OGH die Anforderungen an Beweisanträge so hoch setzt,[582] dass eine Beweisaufnahme vom Angeklagten oder vom Beschuldigten kaum erzwungen werden kann. Eine solche Möglichkeit, die Strafverfolgungsbehörden zu einer Beweisaufnahme zwingen zu können, ist aber der eigentliche Sinn des Beweisantragsrechts.

Auch wenn das neue Beweisantragsrecht recht umfassend erscheint,[583] so gilt dies nicht aus der Sicht der Verteidigung. Vor allem verleiht es keine Kompetenz, der Perspektive der Ermittler die eigene der Verteidigung entgegenzusetzen.[584] Die von Kriminalpolizei und Staatsanwaltschaft einmal zugrunde gelegte Ermittlungshypothese wird nämlich nach psychologischen Mechanismen im weiteren Verlauf nicht zu entkräften, sondern zu bestätigen versucht.[585] Das wird besonders deutlich bei Verfahren, bei dem nur das Opfer Zeuge ist und Aussage gegen Aussage steht.[586] Schon allein einen solchen psychologischen Effekt überhaupt für möglich zu halten, erscheint aber geradezu als Sakrileg gegenüber der Unvoreingenommenheit der österreichischen Kriminalpolizei und Justiz.

IV. Reduktion des Strafverteidigers auf einen „Verfahrenshilfeverteidiger"

Wer zu wenig Geld hat, um einen Strafverteidiger zwar nicht in allen, aber (grob gesagt) in wichtigen Fällen[587] überhaupt bezahlen zu können, bekommt in Österreich auf Antrag einen so genannten „Verfahrenshilfeverteidiger". Zu einem solchen kann grundsätzlich *jeder* Rechtsanwalt bestellt werden, also auch jemand, der sich ausschließlich mit Zivilrecht befasst. Dass es sich bei Verfahrenshilfeverteidigern erst recht nicht um Rechtsanwälte handeln muss, die sich auf das Strafrecht spezialisiert haben, ist Fakt.

Dahinter steckt wohl die nur formale, aber soweit ersichtlich nirgends deutlich ausgesprochene Überlegung: Rechtsanwalt ist Rechtsanwalt. Jeder hat eine juristische Ausbildung. Es liegen aber Welten zwischen einem

---

582 Vgl. *Velten*, Österreichische Weg, in: Schünemann (Hrsg.), Risse, S. 41–45.
583 Vgl. dazu die umfassende Kommentierung von *Schmoller*, in: WK-StPO § 55.
584 Treffend *Velten*, Österreichische Weg, in: Schünemann (Hrsg.), Risse, S. 42 mit einzelnen Nachweisen aus der Rechtsprechung in Fn. 49–51.
585 Vgl. näher zu den psychologischen Mechanismen im Ermittlungsverfahren näher *Sautner*, ÖJZ 2017, 906.
586 Vgl. dazu *Wille*, Aussage gegen Aussage bei sexuellen Missbrauchsverfahren, 2012.
587 Siehe § 61 Abs. 1 Z. 1–4 öStPO.

schwerpunktmäßig im Zivilrecht tätigen Rechtsanwalt und einem Strafverteidiger. Mit der genannten Überlegung werden Dinge verglichen, die sich gar nicht vergleichen lassen. Man könnte nämlich auch ganz allgemein und verzerrend sagen:

> „Beide arbeiten in einem Büro, das mit (gedruckt oder elektronisch) verfügbaren juristischen Informationen zu Rechtsprechung und Literatur ausgestattet ist."

Strafverteidigung ist zudem eine besondere Kunst, die man nicht automatisch beherrscht, wenn man schon Rechtsanwalt ist. Das gilt für alle Rechtsordnungen, also auch für Österreich und für Deutschland. Aus meiner Sicht ist die konkrete Ausgestaltung der „Verfahrenshilfe" letztlich das Eingeständnis des Gesetzgebers, dass er Strafverteidigung nicht ernst nimmt oder gar wertschätzt.

Man könnte theoretisch argumentieren, dass eine solche Tätigkeitspflicht für Rechtsanwälte nur dann im Lichte von Art. 4 EMRK, also dem Verbot der Zwangsarbeit, legitimiert werden kann, wenn sie alle Rechtsanwälte gleichermaßen trifft. Das wäre aber eine wenig überzeugende Argumentation, weil der Eingriff in Art. 4 EMRK dadurch untauglich wäre, dass ungeeignete Personen verpflichtet werden. Sie wird freilich auch, soweit ersichtlich, von niemandem vertreten.

V. Kostentragung auch des freigesprochenen Angeklagten

Auch im Falle des Freispruchs muss der (zahlungsfähige) Freigesprochene seine Auslagen für seine Verteidigung grundsätzlich selbst tragen. Er bekommt vom Staat aber einen „Beitrag" hierzu. Dieser umfasst nach § 393a Abs. 1 Satz 2 öStPO die „nötig gewesenen und vom Angeklagten wirklich bestrittenen baren Auslagen und [...] einen Pauschalbeitrag zu den Kosten des Verteidigers, dessen sich der Angeklagte bedient".

Das bedeutet: Der freigesprochene Angeklagte muss seine notwendigen Auslagen – was immer davon erfasst ist – zunächst selbst bezahlen, bekommt dann aber einen Teil vom Staat zurück. Rechnerisch könnte dies auf das deutsche Modell hinauslaufen. Danach fallen die „notwendigen Auslagen" des Freigesprochenen der Staatskasse zur Last (siehe § 467 Abs. 1 dStPO). Der große Unterschied zur österreichischen Lösung besteht darin, dass der Freigesprochene, soweit er keinen Vorschuss bezahlen musste, für

die „notwendigen Auslagen" nicht in Vorlage gehen muss, während er das in Österreich zwingend muss.
Daraus kann man eine deutliche Geringschätzung der Unschuldsvermutung sehen.

VI. Gesetzliche Bestimmung des „Schwerpunkts des Verfahrens" (§ 13 Abs. 1 Satz 1 öStPO)

Nach § 13 öStPO bildet die Hauptverhandlung „den Schwerpunkt des Verfahrens". Das ist zwar völlig zutreffend, wenn man das Verfahren nur und ausschließlich durch die Brille der Justiz betrachtet. Aus der Sicht der Strafverteidigung ist es völlig anders: Der Schwerpunkt des Verfahrens ist aus dieser Sicht eindeutig das Ermittlungsverfahren.[588] Denn Versäumnisse in diesem ersten Stadium des Strafverfahrens lassen sich im Hauptverfahren nicht mehr korrigieren. Dabei geht es nicht nur um die Existenz einer bereits angesprochenen[589] Ermittlungshypothese, sondern um die Umsetzung aller Beschuldigtenrechte.

Die Konzeption von § 13 Abs. 1 Satz 1 öStPO beruht mithin auf einer Vorstellung des Strafverfahrens, an dem nur das Gericht und die Staatsanwaltschaft mitwirken, nicht aber der Angeklagte und sein Strafverteidiger. Was die Strafverteidigung im Ermittlungsverfahren nicht korrigiert, bleibt deshalb auch im Hauptverfahren bestehen. Auf diesen einfachen Nenner kann man die Konsequenzen aus § 13 Abs. 1 Satz 2 öStPO bringen.

Letztlich kollidieren hier beim Verständnis des § 13 öStPO zwei konträre Sichtweisen: Aus der richterlichen Sicht ist § 13 Abs. 1 Satz 1 öStPO absolut zutreffend; die von mir formulierte Kritik geht an der Sache vorbei. Man darf die Strafprozessordnung aber gerade nicht primär vom Richter aus verstehen, sondern eben auch vom Angeklagten und seinem Verteidiger. Da sieht vieles ganz anders aus.[590]

---

588 Vgl. dazu *Velten*, in: Edda Weßlau-GS, S. 391. Zur deutschen Diskussion siehe *Schlothauer*, in: Münchener Anwaltshandbuch² § 3 Rn. 1 f. Vorverlagerung der strafprozessualen Kontrolle von der Hauptverhandlung auf das Ermittlungsverfahren angesprochen von *Eser*, Entwicklung, in: 19. Strafverteidigertag 1995, S. 65. Vgl. dazu auch eingehend aus rechtsvergleichender Sicht: *Weigend*, StraFO 2013, 45–53. Siehe dazu auch *Velten*, Österreichische Weg, in: Schünemann (Hrsg.), Risse, S. 29–50; *Sautner*, ÖJZ 2017, 902–910.
589 Siehe oben III.
590 Vgl. näher meine Darlegungen in JSt 2018, 358–363.

VII. Zur Unschuldsvermutung und der damit zusammenhängenden Gesamtkonzeption der öStPO

Die aktuelle österreichische StPO stammt keineswegs aus dem 19. Jahrhundert. Ihr Ermittlungsverfahren wurde vielmehr zu Beginn des 21. Jahrhunderts grundlegend reformiert.[591] Die völlige Neuordnung des Vorverfahrens hat in Sachen Gewichtsverteilung zwischen Gericht und Angeklagtem/Strafverteidigung keine wirklichen Veränderungen gebracht.[592]

Aus den dargestellten gesetzlichen Befunden ergibt sich ein ganz eindeutiges Misstrauen des Gesetzgebers gegenüber der Strafverteidigung. Weil dieses so deutlich ist, kann man hieraus ein klares gesellschaftliches Misstrauen ableiten. Einzelne Missstände und Schieflagen lassen sich zum Teil gar nicht an einzelnen Bestimmungen oder Prinzipien festmachen. Oft bedarf es einer Gesamtschau, damit man Probleme als solche erkennt.[593]

Man kann die Rechtslage auch so deuten, dass die eigentliche Arbeit der Strafverteidigung entweder von niemandem übernommen wird oder von der Justiz (Gerichte, Staatsanwaltschaft). Das wäre nichts anderes als ein zutiefst patriarchalischer Ansatz des 19. Jahrhunderts. Die Rechtslage in Österreich ist noch weit entfernt von der Lösung in der Schweiz zur Unschuldsvermutung:

Art. 212 der Schweizerischen StPO von 2007[594] formuliert zur Garantie der Freiheit: „Die beschuldigte Person bleibt in Freiheit" und fährt dann mit einem zweiten Rechtssatz fort: „Sie darf nur im Rahmen der Bestimmungen dieses Gesetzes freiheitsentziehenden Zwangsmaßnahmen unterworfen werden." Entsprechend muss man zur Unschuldsvermutung formulieren: „Die Strafprozessordnung dient dem Schutz der tatsächlich unschuldigen Person"[595].

Dies lässt sich nur vor dem Hintergrund der Grundrechtsdogmatik und deren Zusammenspiel von Regeln und Prinzipien erklären. Letztere muss

---

591 Einen sehr guten Überblick über die Neuerungen des strafprozessualen Ermittlungsverfahrens ab 01.01.2008 gibt *Schmoller*, GA 2009, 505–528.
592 Siehe zu Recht kritisch: *Schmoller*, GA 2009, 513/514 (Rücknahme von Verteidigungsrechten in der letzten Phase der Reform).
593 Ein sehr gutes Beispiel dafür ist die scharfsinnige Analyse von *Weigend*, StraFO 2013, 45–53, in der viele Fragen auf den inquisitorischen Charakter zurückgeführt werden, also auf eine vom staatlichen Gericht (statt von den Prozessparteien) gesteuerte Ermittlung.
594 AS 2010, 1881 (in Kraft 01.01.2011).
595 Vgl. näher *Lagodny*, JSt 2018, 358–363.

man optimieren, indem man sie mit gegenläufigen Prinzipien durch Abwägung[596] (des Gesetzgebers) zum Ausgleich bringt, hier etwa mit dem Prinzip des Schutzes der Allgemeinheit über die Durchführung eines Strafverfahrens.

Hinsichtlich des Denkens in den Kategorien der Unschuldsvermutung beschleicht mich ein ungutes Gefühl, wenn ich bisweilen in Fallbearbeitungen lese, dass der Vorsatz „vermutet"[597] wird. Aus meiner deutschen Sicht ist dies strafprozessual absolut unzulässig. Jeder Strafverteidiger und jede Strafverteidigerin müsste sofort und energisch protestieren. Hier scheint mir aber eine gewisse Hemdsärmeligkeit zu herrschen, die es mit solchen Prinzipien nicht immer allzu ernst nimmt. Vielleicht geht das auf das Konto deutschen Prinzipiendenkens. Aber: Wie soll man strafprozessuales Denken vermitteln, wenn man solche grundlegenden Fragen verharmlost?

VIII. Fazit: Gesetzlich dokumentiertes Misstrauen gegenüber der Strafverteidigung

Die Analyse des Gesetzes hat gezeigt, dass der österreichische Nationalrat sein Misstrauen gegenüber der Strafverteidigung an zentralen Stellen dokumentiert hat. Daraus kann man schließen, dass dieses Misstrauen auch in der österreichischen Bevölkerung besteht. Es mag durchaus sein, dass man ein solches z.B. auch in der deutschen Bevölkerung feststellen würde. Aber es ist die vornehme Aufgabe des Strafprozessrechts, hier einen Riegel vorzuschieben. Denn jeder der wirklich unschuldigen Bewohnerinnen und Bewohner jedes Staates kann erlaubterweise in ein Strafverfahren geraten. Erst dann zeigt sich der wahre Nutzen einer Strafprozessordnung.

Dies hat der beeindruckende österreichische Strafprozessualist *Julius Vargha* (Graz) – wie bereits oben Teil 2 C III 2 (S. 103 ff.) ausführlich referiert – schon im 19. Jahrhundert erkannt. Heute scheinen diese Erkenntnisse zunehmend in Vergessenheit geraten zu sein.

Ein Wandel hat sich in Deutschland erst in den 60er und 70er Jahren des 20. Jahrhunderts ergeben.[598] Eine inhaltliche Beschränkung der Kom-

---

596 Zum Begriff der „Abwägung" vgl. oben Einleitung.
597 Vgl. *Birklbauer/Hilf/Tipold*, BT I[4] §§ 127, 128 Rn. 55, 51; *Kienapfel/Schmoller* BT II[2] § 127 Rn. 130.
598 Das Recht auf Beiziehung eines Verteidigers in der Beschuldigtenvernehmung ergibt sich aus § 168c dStPO (richterliche Vernehmung), § 163a Abs. 3 dStPO

munikation zwischen Strafverteidiger und Mandant, wie sie in der österreichischen StPO und insbesondere in § 59 Abs. 1 öStPO enthalten ist, nämlich auf die Erteilung einer Vollmacht und eine allgemeine Rechtsauskunft (vor Einlieferung in eine Justizvollzugsanstalt), wären im deutschen Recht aber undenkbar. Dies gilt erst recht für die Überwachung von Verteidigergesprächen.[599] Die Kommunikation mit dem Verteidiger kann nur gänzlich und unter ausgesprochen hohen Voraussetzungen (gegenwärtige Gefahr für Leib und Leben durch eine terroristische Vereinigung) unterbunden werden.[600] An diesem Punkt klaffen also das österreichische und das deutsche Strafverfahrensrecht völlig auseinander.

Folgende Faktoren erscheinen mir dafür maßgebend gewesen zu sein. Bis zum zweiten Weltkrieg und dem Nationalsozialismus gab es diesen Unterschied wohl nicht in dieser Art. Wenn man die eingangs zitierten Überlegungen von *Vargha* liest, könnte man sogar annehmen, dass das österreichische Strafprozessrecht seinerzeit (also Ende des 19. Jahrhunderts) vielleicht beschuldigtenfreundlicher war. Aus deutscher Sicht schwer verständlich ist es jedoch, wenn solche Regelungen zur Beschuldigtenvernehmung wie die erwähnten in Österreich auch noch zu Beginn des 21. Jahrhunderts im Rahmen einer großen (und damit vieldiskutierten) Reform bestehen bleiben.

Ich persönlich kann mir das z.B. nur mit einer gesellschaftlichen Geringschätzung der Unschuldsvermutung erklären: Dem „braven" Bürger geschieht strafprozessual nichts; ein Beschuldigter wird deshalb „schon etwas getan haben".[601] Dass aber das gesamte Strafprozessrecht heute nur durch die Brille des tatsächlich Unschuldigen betrachtet, analysiert und verstanden werden kann, ist jedenfalls kein prägender Zug österreichischen straf-

---

(staatsanwaltschaftliche Vernehmung) und § 163a Abs. 4 dStPO. Vgl. dazu *Köhler*, in: Meyer-Goßner/Schmitt StPO[63] § 163a Rn. 4. – Der nachfolgende Text ist auch hier weitgehend aus *Lagodny*, Rechtsvergleichende Zusammenfassung, in: Lagodny (Hrsg.), Strafrechtsfreie Räume, S. 281–285 übernommen.

599 Vgl. z.B. *Laufhütte/Willnow*, in: KK-StPO[8] § 137 Rn. 1; *Wohlers*, in: SK-StPO[5] § 137 Rn. 31a; *Hiebl*, in: KMR-StPO, § 137 Rn. 4.

600 Siehe die Kontaktsperre nach §§ 31–38 dEGGVG, die sehr schnell mit Gesetz vom 30.09.1977 eingefügt worden sind während der noch laufenden Entführung von *H. M. Schleyer* durch Terroristen der „Rote Armee Fraktion" (RAF).

601 Vgl. dazu insb. *Bertel*, Strafverteidigung, in: Soyer (Hrsg.), Strafverteidigung, S. 9 ff., der die Hauptursache für die schlechte Rechtsstellung der Strafverteidigung in der öffentlichen Meinung in Österreich sieht. Diese habe für die Aufgaben des Verteidigers wenig Verständnis. Das beeinflusse auch den Gesetzgeber. Vgl. zur österreichischen Praxis auch die Ausführungen von *Bischof*, Verteidiger, in: Soyer (Hrsg.), Strafverteidigung, S. 75–79.

prozessualen Denkens. Aber es ist der archimedische Punkt der EMRK und ihrem Art. 6 Abs. 2 sowie nunmehr auch von Art. 48 EU-GRCh.

Interessant hierzu sind jedenfalls die Überlegungen *von Holtzendorffs* zum deutschen Strafprozessrecht des 19. Jahrhunderts, wenn er ausführt: In allen Zeiten habe gegolten, „was auch für die Gegenwart [also 1879] bestehen bleibt, daß das prozessualische Schwergewicht der Verteidigung in das Stadium der Hauptverhandlung fällt." In den vorausgehenden Stadien können die Mittel der Verteidigung „den Zwecken eines provisorischen Prozeßzustandes entsprechend beschränkt sein."[602]

Man fühlt sich vor allem auch an folgende Ausführungen *von Holtzendorffs* zum deutschen Strafprozessrecht des ausgehenden 19. Jahrhunderts erinnert. Er sprach damals davon, dass sich die deutsche Rechtsanwaltschaft

> „nach ihrer bisherigen Gestaltung nicht denjenigen gesellschaftlichen Ehrenrang den Gerichten gegenüber erringen konnte, der einer freie Advokatur in manch anderen Staaten, namentlich England, unbestritten eingeräumt worden war. [...Einzelne Bestimmungen der StPO] verrathen die Befürchtung, dass der Vertheidiger zu einer strafbaren Begünstigung des Verbrechers in der rechtswidrigen Vereitelung der Überführung sich herablassen könnte."[603]

Abgesehen davon, dass diese Formulierung nur dann in sich stimmig ist, wenn man die Unschuldsvermutung ignoriert und den Beschuldigten zugleich als Verurteilten ansieht, kann man sie auch auf die aktuellen österreichischen Regelungen zum Verteidiger im hier untersuchten Zusammenhang übertragen.

R. „Auslegungserlässe" des Justizministeriums

Aus deutscher Sicht ist es schlicht verwunderlich, warum es z.B. einen Erlass des Justizministeriums

> „über den Tatbestand des § 76 öStGB (‚Totschlag'); Auslegung des Begriffs ‚allgemein begreifliche heftige Gemütsbewegung'."[604]

gibt. Dort heißt es „aus gegebenem Anlass" teile das Ministerium folgendes mit. Nach Darstellung von Rechtsprechung und Lehre:

---

602 *von Holtzendorff*, Strafprozeßrecht, Erster Band, S. 393.
603 *von Holtzendorff*, Strafprozeßrecht, Erster Band, S. 391 f.
604 BMJ, Erlass vom 25.01.2010, JMZ 120014L/1/II1/10.

> „In diesem Sinn ist nach Auffassung des Bundesministeriums für Justiz zusammenfassend festzuhalten, dass weder die Ausländereigenschaft im Allgemeinen noch die Herkunft aus einem bestimmten Land für sich genommen den Grad der Heftigkeit einer Gemütsbewegung und die allgemeine Begreiflichkeit einer heftigen Gemütsbewegung zu begründen vermögen."[605]

Hintergrund war ein Urteil des OGH[606], das in der Öffentlichkeit heftige Reaktionen auslöste.[607]

Eine solche Vorgehensweise eines Ministeriums ist für mich in keiner Weise „begreiflich". Sie zeigt mir vielmehr ein durchaus befremdliches Unverständnis für geschichtliche Parallelen und führt für mich zu folgenden „heftigen" Einwänden:

Im Nationalsozialismus gab es die sogenannten „Richterbriefe" des Justizministeriums an die Gerichtspräsidenten, mit denen diese zu Weiterleitung aufgefordert wurden. Diese sollten die Weisungsfreiheit des Richters wahren und ihm nicht befehlen, sondern

> „ihn lediglich davon überzeugen, wie ein Richter der Volksgemeinschaft helfen muss, um einen in Unordnung geratenen oder zur Ordnung reifen Lebensvorgang mit Hilfe des Gesetzes zu ordnen oder zu regeln."[608]

Diese Richterbriefe enthielten jeweils eine bestimmte Entscheidung eines Gerichts. Daran schloss sich eine „Stellungnahme des Reichsministers der Justiz" an, in der die Entscheidung entweder gelobt oder kritisiert wurde. Zwar wurde – anders als in der ÖJZ – weder das Aktenzeichen noch das Gericht, das sie getroffen hatte, angegeben. Jedes Gericht vermochte aber die von ihm getroffenen Entscheidungen wiederzuerkennen.

> „Jeder Richter musste damit rechnen, daß seine Entscheidung, in der er nicht im nationalsozialistischen Sinne Recht sprach, öffentlich gerügt wurde"[609].

Freilich sind die Artikel von *Ratz* in der ÖJZ nicht mit den nationalsozialistischen Richterbriefen gleichzusetzen. Ihr Pranger-Effekt mag sich auch auf die österreichische Justiz beschränken. Von einem Gespür für Weisungsfreiheit sind sie aber jedenfalls nicht geprägt.

Letzteres gilt auch für die Praxis der DDR: In der DDR gab es Richtlinien vom Plenum des Obersten Gerichts. Damit übte dieses Gericht eine all-

---

605 BMJ, Erlass vom 25.01.2010, JMZ 120014L/1/II1/10, S. 3.
606 OGH 12 Os 67/14s.
607 Dazu auch *Sautner*, RZ 2012, 224.
608 *Staff*, Justiz, S. 69.
609 *Staff*, Justiz, S. 71.

gemeine und fallunabhängige Leitungstätigkeit aus. Daneben gab es Standpunkte, Rundverfügungen und Materialien von Plenartagungen.[610]

Ich kann mir dies nur so erklären, dass es sich bei solchen „Auslegungserlassen" um einen Rest monarchistischen Denkens handelt nach dem Motto: „Das war doch immer so – und es hat keinen gestört."

S. Absprachen im Strafverfahren

Absprachen zwischen dem Gericht und dem Angeklagten unter Mitwirkung der Staatsanwaltschaft im Strafverfahren sind in Österreich als Amtsmissbrauch nach § 302 öStGB strafbar. Das ist die Judikatur des OGH.[611] In Deutschland hingegen sind Absprachen seit 2009 sogar gesetzlich nach § 257c dStPO vorgesehen, nachdem sie sich in der Praxis als scheinbar unverzichtbar erwiesen haben. Dieser eindeutige Widerspruch zwischen beiden Rechtsordnungen ist zum einen sehr erstaunlich, kann aber hier nicht vertieft werden.[612]

Eine zutreffend kritische Analyse von *Meller* hat jedoch ergeben, wie fragwürdig die deutsche Lösung ist vor dem Hintergrund des klaren und strengen österreichischen Standpunktes.[613] Historisch gesehen ist das die positive Seite der Stellung der österreichischen Richterinnen und Richter.[614]

T. Vernehmungsverbot nach § 155 öStPO[615]

Im österreichischen, nicht aber im deutschen Strafverfahren gibt es ein Vernehmungsverbot nach § 155 öStPO. Nach dieser erstaunlichen Vorschrift dürfen bestimmte Personen schon gar nicht als Zeugen vernommen werden. Die Norm lautet:

§ 155 StPO Verbot der Vernehmung als Zeuge

---

610 *Keppler*, Normalität, in: Arnold (Hrsg.), Normalität, S. 32/33.
611 OGH 11 Os 77/04 = JBl 2005,127 = EvBl 2005/64.
612 Siehe dazu die Dissertation *Meller*, Urteilsabsprachen, 2016; *Kier/Bockemühl*, öAnwBl 2010, 402; *Ruhri*, öAnwBl 2010, 243.
613 *Meller*, Urteilsabsprachen, 2016.
614 Siehe oben Q.
615 Dazu *Taferner*, Legitimation, in: Lagodny (Hrsg.), Strafrechtsfreie Räume, S. 185 ff.

(1) Als Zeugen dürfen bei sonstiger Nichtigkeit nicht vernommen werden:
1. Geistliche über das, was ihnen in der Beichte oder sonst unter dem Siegel geistlicher Amtsverschwiegenheit anvertraut wurde,
2. Beamte (§ 74 Abs. 1 Z. 4 bis 4c StGB) über Umstände, die der Amtsverschwiegenheit unterliegen, soweit sie nicht von der Verschwiegenheitspflicht entbunden wurden,
3. Personen, denen Zugang zu klassifizierten Informationen des Nationalrates oder des Bundesrates gewährt wurde, soweit sie gemäß § 18 Abs. 1 des Bundesgesetzes über die Informationsordnung des Nationalrates und des Bundesrates, BGBl. I Nr. 102/2014 zur Verschwiegenheit verpflichtet sind,
4. Personen, die wegen einer psychischen Krankheit, wegen einer geistigen Behinderung oder aus einem anderen Grund unfähig sind, die Wahrheit anzugeben.
(2) Eine Verpflichtung zur Verschwiegenheit nach Abs. 1 Z. 2 besteht jedenfalls nicht, soweit der Zeuge im Dienste der Strafrechtspflege Wahrnehmungen zum Gegenstand des Verfahrens gemacht hat oder Anzeigepflicht (§ 78) besteht.

Das bedeutet: Diese Personen dürfen weder im Ermittlungsverfahren noch in der Hauptverhandlung geladen oder vernommen werden. Ein solches Verbot bedarf aus deutscher Sicht einer eingehenden Erklärung, weil ein Vernehmungs„verbot" der deutschen Strafprozessordung fremd ist.

Das Verbot bedeutet zunächst eine empfindliche Einschränkung der Pflicht der Strafverfolgungsbehörden zur Wahrheitserforschung. Im Hinblick auf Geistliche (Z 1) bedeutet dies beispielsweise: Wären sie „ohnehin", also freiwillig, vor Ort, dürfte das Gericht sie gleichwohl nicht vernehmen, auch wenn der Beichtende ihn von der Verschwiegenheitspflicht entbunden hätte.

Die Vernehmungsverbote nach § 155 Abs. 1 Z. 1–4 öStPO sind prozessdogmatisch höchst unterschiedlich einzuordnen. So enthalten Ziffern 1 und 4 wegen des Ausschlusses nur bestimmter Personen als Zeugen so genannte „Beweismittelverbote"[616]. Andere Beweismittel sind nicht ausgeschlossen. Ziffer 2 ist nach überwiegender Ansicht in Österreich als „Beweisthemenverbot" zu verstehen.[617] Doch müssen diese Fragen hier nicht vertieft werden.[618]

---

616 S. *Seiler*, Strafprozessrecht[18] Rn. 360; aA *Michel-Kwapinski*, in: WK-StPO § 166 Rn. 2.
617 R. *Seiler*, JBl 1974, 60 f.; *Roeder*, ÖJZ 1974, 310; aA *Leitner*, Vernehmungsverbote, S. 66 f.
618 Vgl. näher *Taferner*, Legitimation, in: Lagodny (Hrsg.), Strafrechtsfreie Räume, S. 196 ff.

T. Vernehmungsverbot nach § 155 öStPO

Das Entscheidende an dieser juristischen Konstruktion ist: Anders als eine Aussagebefreiung oder ein Recht auf Aussageverweigerung sieht § 155 öStPO überhaupt keine Entscheidungskompetenz der betreffenden Person vor, über ein ihr persönlich zustehendes subjektives Recht entscheiden zu dürfen.[619]

Es geht um Geistliche, Beamte und Mitglieder parlamentarischer Ausschüsse. Diese sind von vornherein ausgeschlossen und dürfen über Tatsachen aus dem geschützten Geheimnisbereich schon gar nicht vernommen werden.[620] Eine behördliche Respektierung ist deshalb notwendig, weil es auf Grund des hohen Stellenwerts der geistlichen Amtsverschwiegenheit, der Wichtigkeit des Amtsgeheimnisses und des Bedürfnisses, beweiskräftige Aussagen aufzunehmen „nicht der Entscheidung des Zeugen überlassen"[621] werden kann, ob er unter Verletzung seiner Berufspflichten aussagen will. Hier besteht bereits eine Diskrepanz zwischen einem Geistlichen, der nicht vernommen werden darf, und einem Psychotherapeuten, der aussagen kann, wenn sein Patient ihm dies erlaubt.[622]

Im österreichischen Recht findet man bereits in § 159 der Strafprozessordnung vom 17. Jänner 1850 Vernehmungsverbote für Geistliche und Staatsbeamte, die im Wesentlichen der heutigen Fassung entsprechen.[623] Es liegt auf der Hand, dass das Vernehmungsverbot die Beichte als solche und damit das kirchenrechtliche Sakrament schützen soll. Anders lässt sich nicht erklären, warum der Geheimnisträger, also der Geistliche, nicht befugt sein soll, doch auszusagen (und deshalb auch geladen werden kann).

Interessant ist, dass man auch in den Partikulargesetzen der Länder vor der Gründung des Deutschen Reiches im Jahr 1871 solche Vernehmungsverbote finden konnte; *Taferner* führt hierzu aus:

„Während etwa die Hessische[624] oder Württembergische[625] StPO Vernehmungsverbote für Geistliche vorsahen, schützten beispielsweise die Straf-

---

619 Vgl. näher *Taferner*, Legitimation, in: Lagodny (Hrsg.), Strafrechtsfreie Räume, S. 194 f.
620 *Hinterhofer*, Zeugenschutz, S. 170.
621 EBRV 25 BlgNR 22. GP, S. 202.
622 So *Taferner*, Legitimation, in: Lagodny (Hrsg.), Strafrechtsfreie Räume, S. 195/196.
623 Siehe zum Folgenden *Taferner*, Legitimation, in: Lagodny (Hrsg.), Strafrechtsfreie Räume, S. 196.
624 Art. 129 f Hessische StPO 1865.
625 Art. 142 f Württembergische StPO 1868.

Teil 3: Rechtsvergleichende Einzelanalysen zum Straf- und Strafprozessrecht

prozessordnungen aus Oldenburg[626] und Thüringen[627] das Beichtsiegel in Form eines Aussageverweigerungsrechts der Geistlichen.[628] Dieser Zersplitterung und der abweichenden Praxis der Länder sollte schließlich mit der Schaffung eines reichseinheitlichen Strafprozessgesetzes ein Ende gesetzt werden. Man einigte sich darauf, den gänzlichen Ausschluss der Geistlichen vom Zeugenbeweis abzuschaffen und das subjektive Recht zur Aussageverweigerung in diese einheitliche Kodifikation zu übernehmen.[629]"[630]

Mir erscheinen die einzelnen Vernehmungsverbote des § 155 Abs. 1 öStPO sehr verschieden. Ich kann mich des Eindrucks nicht erwehren, dass sie bei der Reform im Jahre 2004 schlicht noch „hinzugefügt" worden sind, damit das Vernehmungsverbot für Geistliche und für Beamte nicht isoliert bleibt. Überzeugender wird das Ganze dadurch nicht.

Blicken wir nach Deutschland, so ergibt sich: Die in § 155 Abs. 1 Z. 1–4 öStPO geregelten Vernehmungsverbote sind dem deutschen Strafverfahren fremd.[631] Das wäre natürlich noch kein Grund, der gegen die Vernehmungsverbote spricht. In Deutschland gibt es für Geistliche (Österreich: Z. 1) ein Zeugnisverweigerungsrecht nach § 53 Abs. 1 Nr. 1 dStPO. Hierauf kann der Geistliche verzichten, wenn der Angehörige der Kirche darauf verzichtet. Für Beamte (Österreich: Z. 2) gilt die Verschwiegenheitspflicht nach § 54 dStPO. Sie dürfen in der Regel erst nach einer vorausgehenden Genehmigung des Dienstherrn aussagen. Das regelt auch § 155 Abs. 1 Z. 2 öStPO. Es handelt sich bei Lichte besehen gar nicht um ein „Vernehmungsverbot". Eine solche Genehmigung ist bei Geistlichen im Sinne der österreichischen Vorschrift (Z. 1) aber von vornherein gar nicht möglich. Für Mitglieder eines Untersuchungsausschusses (Z. 3) gilt in Deutschland die StPO sinngemäß.[632] Die Vernehmung von „Zeugnisunfähigen" im Sinne der österreichischen Ziffer 4 ist in Deutschland möglich: „Die Vernehmung Geisteskranker ist auch in der Hauptverhandlung nicht ausgeschlossen." So lässt sich bereits die Rechtsprechung des deut-

---

626 Art. 107 § 1 Oldenburger StPO 1857.
627 Art. 176 Thüringer StPO 1850.
628 *Eckstein*, Ermittlungen zu Lasten Dritter, S. 370.
629 *Fischedick*, Zeugnisverweigerungsrechte, S. 22–26; *Wichmann*, Berufsgeheimnis, S. 61–63.
630 *Taferner*, Legitimation, in: Lagodny (Hrsg.), Strafrechtsfreie Räume, S. 221 f.
631 Das Nachfolgende ist weitgehend übernommen aus *Lagodny*, Rechtsvergleichende Zusammenfassung, in: Lagodny (Hrsg.), Strafrechtsfreie Räume, S. 285–287.
632 Vgl. Art. 44 Abs. 2 GG.

schen Reichsgerichts zusammenfassen.[633] Immerhin sind z.B. mimische Reaktionen auf bestimmte Personen denkbar.[634]

Betrachtet man die Regelungen des § 155 Abs. 1 Z. 1–4 öStPO im Lichte der EMRK, so gerät man schnell in Kollision mit den Anforderungen des Verhältnismäßigkeitsprinzips, wobei ich hier offen lassen möchte, ob man diese Überlegungen im Rahmen von Art. 8, Art. 6 Abs. 1 oder Abs. 3 Buchstabe d oder Art. 5 Abs. 1 Buchstabe a, b oder c EMRK anzustellen hat.

§ 155 Abs. 1 Z. 1 öStPO versperrt dem Geistlichen sogar dann die Aussage, wenn der Beichtende es erlaubt. Das wirft die Erforderlichkeitsfrage auf. Ziffer 2 spricht etwas aus, das sich bereits aus anderen Regelungen zur Entbindung von der Verschwiegenheitspflicht ergibt. Die Normierung ist also jedenfalls nicht „erforderlich" im grundrechtlichen Sinne. Dies gilt auch für Ziffer 3. Die Ziffer 4 kann schließlich ebenfalls durchaus heftig in Konflikt geraten mit der Wahrheitserforschungspflicht.

Insgesamt habe ich vor dem Hintergrund der Ziffern 2 bis 4 den Eindruck, dass der österreichische Reformgesetzgeber mit der Schaffung des § 155 öStPO vier völlig verschiedene Regelungen in den Topf ein und derselben Rechtsfolge geworfen hat. Man mag deshalb darüber spekulieren, ob zur Ziffer 1 die weiteren Ziffern nicht primär aus Gründen der Optik beigefügt worden sind. Dogmatisch überzeugend ist die Regelung jedenfalls nicht. Das hat die Arbeit von *Taferner* eindrücklich aufgezeigt. Die Gründe für das Verbot sind danach sehr verschieden.[635] Aus deutscher Sicht fällt jedoch auf, dass alle vier Gruppen prozessual nicht mit einem Zeugnisverweigerungs*rechts* bzw einer *-pflicht* ausgestattet bzw belegt werden. Der österreichische Gesetzgeber ist mit der Gesamtnorm also offensichtlich noch einen Schritt weitergegangen und untersagt den Strafverfolgungsbehörden bereits die Vernehmung und damit im Lichte von Art. 8 EMRK sogar, diese Personen auch nur zu laden.[636] Sie sollen also gar

---

633 *Schmitt*, in: Meyer-Goßner/Schmitt StPO[63] Vor § 48 Rn. 13, unter Hinweis auf RGSt 33, 393 und 58, 396.
634 Vgl. *Schmitt*, in: Meyer-Goßner/Schmitt StPO[63] Vor § 48 Rn. 13. Vgl. demgegenüber den völligen Ausschluss von Rechtsmitteln für Geisteskranke nach § 165 Abs. 1 Z. 1 S. 3 öStVG sowie auch den völkerrechtlich bedenklichen Umfang der Einschränkungen im österreichischen Sachwalterrecht (Erwachsenenschutzrecht); vgl. dazu *Schmalenbach*, NLMR 2014, 271.
635 Vgl. dazu oben bei *Taferner*, Legitimation, in: Lagodny (Hrsg.), Strafrechtsfreie Räume, V.E. (S. 207 ff.), VI.D. (S. 233 ff.), VII.B. (S. 244 ff.), VIII.B. (S. 251 ff.).
636 Soweit ersichtlich, wird die Frage der Ladung nirgendwo behandelt. Dies dürfte am Wortlaut des § 153 Abs. 2 öStPO zur Ladung („Person, die vernommen wer-

nicht erst faktisch in die Lage kommen, über die Zeugnisverweigerung entscheiden zu müssen.

Zentral ist deshalb die Legitimation von Ziffer 1. Bei katholischen[637] Geistlichen steht deutlich das Beichtgeheimnis und dessen kirchenrechtliche Ausgestaltung im Vordergrund. Das Vernehmungsverbot ist ein abstrakt-generelles prozessuales Verbot zum Schutz des Beichtgeheimnisses. Der einzelne Geistliche soll gar keine Entscheidung treffen *dürfen*, ob – und wenn ja wie weit – er durch das Beichtgeheimnis gebunden ist. Dies ist funktional vergleichbar mit einem reinen abstrakten Gefährdungsdelikt. Bei diesem wird dem Einzelnen die konkrete Rechtsfindungsleistung abgenommen.[638] Unter grundrechtlichen Erforderlichkeitsaspekten ist dieses Verbot aber nicht legitimierbar, weil es dem einzelnen Vertrauensträger die Befugnis nimmt, in Übereinstimmung mit dem Anvertrauenden auch auszusagen. Dies könnte man nur dadurch ausräumen, dass man ein überindividuelles Rechtsgut als Ziel der gesetzlichen prozessualen Regelung annimmt. Ob aber in einem säkularen Staat ein rein kirchliches Rechtsgut wie das Beichtgeheimnis geschützt werden darf, erscheint mir sehr zweifelhaft.[639] Ein Vernehmungs*verbot* für Psychotherapeuten als den säkularen „Beichtvätern" und „Beichtmüttern" wäre ebenfalls nicht „erforderlich". Auch für diese reicht in beiden Rechtsordnungen ein Zeugnisentschlagungs*recht*. Letztlich scheint hier also sehr deutlich die – um es mit einer gewissen Konzilianz auszudrücken – Verbundenheit der österreichischen Rechtsordnung mit der katholischen Kirche durch.

U. Mildes Finanzstrafrecht

Das österreichische Finanzstrafrecht und seine Delikte erscheinen sehr viel milder als vergleichbare Delikte des allgemeinen Strafrechts nach dem öStGB. Ob und inwieweit dies mit dem Image Österreichs als Steuerparadies zu tun hat, sei dahingestellt. Jedenfalls ist die Nichtzahlung einer Schuld nach dem Strafgesetzbuch nur als Verletzung der Unterhaltspflicht

---

den soll") und dem durch jede Ladung tangierten Art. 8 Abs. 1 EMRK liegen. Bei grundrechtskonformer Auslegung liegt evident ein nicht „geeigneter" Eingriff vor, wenn man jemanden lädt, der nicht vernommen werden darf.

637 Ziffer 1 gilt auch für muslimische und Geistliche anderer Religionen, vgl. *Kirchbacher*, in: WK-StPO § 155 Rn. 7.
638 So *Heine*, Verantwortlichkeit von Unternehmen, S. 27 ff.
639 Vgl. allgemein zum Schutz von Gefühlen: *Hörnle*, Grob anstößiges Verhalten, S. 90 ff., 108 ff., 152 ff.

nach § 198 öStGB strafbar. Der Betrug nach § 146 öStGB setzt mehr voraus als die Abgabenhinterziehung. Aber § 15 Abs. 2 und 4 öFinStrG aus dessen Allgemeinem Teil machen die Freiheitsstrafe in vielen Fällen zu einer Ausnahme.

> § 15 Abs. 2 und 4 öFinStrG lauten:
> (2) Bei Finanzvergehen, die nicht mit einer zwingend zu verhängenden Freiheitsstrafe bedroht sind, darf auf eine solche nur erkannt werden, wenn es ihrer bedarf, um den Täter von weiteren Finanzvergehen abzuhalten oder der Begehung von Finanzvergehen durch andere entgegenzuwirken.
> [...]
> (4) Bei Finanzvergehen, die mit einer zwingend zu verhängenden Freiheitsstrafe bedroht sind, sind die §§ 37 und 41 StGB sinngemäß mit der Maßgabe anzuwenden, dass die an Stelle der Freiheitsstrafe zu verhängende Geldstrafe mit bis zu 500 000 Euro zu bemessen ist.

§ 15 Abs. 2 öFinStrG lässt die mildere Bestrafung nach dem Finanzstrafgesetz schon erkennen: Die Freiheitsstrafe soll die Ausnahme sein, wenn die Freiheitsstrafe nicht zwingend ist. Einen vergleichbaren ausdrücklichen Grundsatz sucht man im öStGB vergeblich. Aber dies bedürfte einer näheren Untersuchung, die hier jetzt nicht geleistet werden soll.

Teil 4: Meine persönlichen Schlussfolgerungen

Ich möchte hier meine persönlichen Schlussfolgerungen ziehen. Diese sollen nicht in Form einer wissenschaftlichen Diskussion der anzusprechenden Aspekte geführt werden. Schon weil ich keine Erfahrungen im hierfür erforderlichen empirischen Arbeiten habe, mögen die nachfolgenden Zeilen primär als Anregungen verstanden werden, wo man weiterforschen könnte. Sie werden es bereits bemerkt haben, liebe Leserin und lieber Leser: Ich selbst könnte mir ein langjähriges Forschungsprogramm aus den hier gefundenen Fragen und Problemen zusammenstellen und bearbeiten. Das aber ist nicht Aufgabe dieses Buches.

Deshalb beschränke ich mich darauf, verallgemeinerbare Erkenntnisse für die Strafrechtsvergleichung aufzuzeigen (unten A). Diese Überlegungen führen mich sogleich zu einer für mich zentralen Erkenntnis: Zur Relativität in den Rechtswissenschaften. Ich möchte insofern bewusst nicht von „Rechtspositivismus" oder „Positivismus" sprechen, weil ich keineswegs eine wissenschaftliche Diskussion über deren Pro und Contra führen möchte. Es sind zu viele Dinge mit diesen Begriffen verbunden, um die es mir gar nicht geht. Mein persönliches Fazit ist insoweit: Die Rechtswissenschaften sind eine Argumentationswissenschaft wie alle nicht-empirisch arbeitenden Wissenschaften (hierzu unten B). Die bisherigen Überlegungen geben aber auch Anlass für Gedanken zu einem Strafrecht innerhalb der EU (unten C). Hier stellt sich immer noch die Grundsatzfrage: Vereinheitlichung des materiellen Rechts oder Akzeptanz ausländischer Entscheidungen? Abschließend möchte ich noch auf persönliche Erkenntnisse aus 20 Jahren Begegnung mit Österreich und seiner Kultur eingehen (unten D).

A. Verallgemeinerbare Erkenntnisse für die (Straf-)Rechtsvergleichung

Zwei Vorbemerkungen erscheinen mir wichtig: Es hat mir erstens noch nie eingeleuchtet hat, weshalb der Begriff „Rechtsvergleichung" für das Zivilrecht reserviert sein sollte. Deshalb spreche ich nachfolgend generell von „Rechtsvergleichung", auch wenn meine Beispiele aus dem Straf- und Strafprozessrecht stammen.

Zweitens: Viele Beispiele haben mir gezeigt, dass das deutsche Strafrecht keineswegs so unangefochten „das" Vorbild für alle Rechtsordnungen der

A. Verallgemeinerbare Erkenntnisse für die (Straf-)Rechtsvergleichung

Welt sein muss.[640] Es ist nämlich nicht damit getan, dass man deutsche Aufsätze und Abhandlungen oder gar ganze Konzepte in eine andere Sprache übersetzt.[641]

Das Beispiel der Rechtsgutslehre, die den Gesetzgeber binden soll, zeigt mir dies nur zu deutlich: Nicht wenige österreichische Lösungen erreichen genau das, was man in der deutschen Rechtswissenschaft bislang vergeblich zu erreichen versucht hat. Am meisten beeindruckt mich immer wieder der in Österreich fehlende und in Deutschland maßlos übertriebene Selbstanspruch der Rechtsgutslehre für den Gesetzgeber.

Vor dem Spiegel der österreichischen Entwicklung stellt sich die deutsche Rechtsgutsdiskussion als spezifisch deutsche Fragestellung heraus. Sie führt in Deutschland zu einer kritischen Analyse von Gesetzgebungsvorhaben, indem sie den Fokus auf den Zweck des Gesetzes richtet.[642] Hier hat die Rechtsgutslehre zweifellos ganz wichtige Verdienste innerhalb der deutschen Diskussion. Mehr aber auch nicht. Vor allem ist sie nicht verfassungsrechtlich verbindlich.

Für die Rechtsvergleichung bedeutet diese Erkenntnis, dass man vorsichtig sein muss, wenn man so eine Begründungskonstruktion wie die Rechtsgutslehre auf andere Rechtsordnungen und -traditionen übertragen will.[643] Hier ist generell Zurückhaltung angezeigt.[644] Die Zahl von ausländischen Arbeiten, welche die Rechtsgutslehre rezipieren, ist kein überzeugender Beleg, solange nicht offengelegt ist, dass die entsprechende ausländische Rechtsordnung überhaupt Ansatzpunkte für einen solchen Transfer bietet und keine Gegenindikationen aufweist.

Die vorstehenden Überlegungen haben jedenfalls gezeigt: Es gibt gute Gründe, weshalb die deutsche Rechtsgutslehre in ihrer gesetzgebungskriti-

---

640 Vgl. dazu z.B. *Ambos*, GA 2016, 177–194; vgl. auch *Vogel*, JZ 2012, 25–31.
641 Sehr treffend hierzu das Beispiel bei *Ambos*, GA 2016, 177–194, 188 mit Fn. 91, 190. Zur Problematik der Übertragung der dogmatischen Kategorie „Rechtsgut" in eine andere Rechtsordnung: *Lagodny*, ZIS 2016, 674. Zur Problematik der Übertragung vgl. auch *Bu*, JZ 2016, 382–390.
642 Vgl. zutreffend: *Goeckenjan*, Überprüfung, in: Jestaedt/Lepsius (Hrsg.), Verhältnismäßigkeit, S. 184–209, 197–202; *Hefendehl*, ZIS 2012, 506–512.
643 Vgl. generell zur Frage der Übertragbarkeit im Rahmen der Rechtsvergleichung: *Lagodny*, Übernahmefähigkeit, in: Freundschaftsgabe für Eser, S. 387–412.
644 Vgl. *Brodowski*, ZStW 127 (2015), 691; *Schünemann*, ZIS 2016, 654; deutlich: *Ambos*, GA 2016,177–194 m.w.N.; *Vogel*, JZ 2012, 25–31; *Kudlich/Hoven*, ZIS 2016, 345–351 (zur Ausdehnung deutschen Strafrechts auf Auslandssachverhalte).

Teil 4: Meine persönlichen Schlussfolgerungen

schen Funktion[645] nicht auf die österreichische Rechtsetzungskultur passt. Dies hat nichts damit zu tun, dass man in Österreich die grundlegenden und grundsatzorientierten Überlegungen der deutschen Strafrechtswissenschaft nicht verstünde. Es gibt in Österreich vielmehr andere Mechanismen der Kritik an der Gesetzgebung,[646] von denen sich umgekehrt die deutsche Rechtsordnung eine Scheibe abschneiden könnte.

I. Das Beispiel für Vertiefungsbedarf: Verbandsstrafbarkeit

Österreich ist gerade kein Beispiel für die Sanktionierung von Verbänden mit dem Kriminalstrafrecht. Mir wurde das bewusst als ein lieber deutscher Kollege bei einem gemeinsamen Seminar in Salzburg den Text des österreichischen „Verbandsstrafgesetzes" vor sich liegen hatte und überrascht meinte: *„Das ist ja nichts anderes als die deutsche Lösung über das OWiG!"*

Wie schon oben[647] dargelegt: Man hat in Österreich im Jahr 2005 zwar ein „Verbandsverantwortlichkeitsgesetz" geschaffen, bei dem die ordentlichen Strafgerichte entscheiden. Man wollte aber eine Lösung finden, die von der Sache her gerade *kein Kriminal*strafrecht war, sondern ein „Verwaltungsstrafrecht", ohne dass man dies aber so hätte nennen können. Denn dann hätte sofort der oben beschriebene verfassungsrechtliche Trennungsgrundsatz in seiner damals geltenden Fassung gefordert, dass hier die Verwaltungsgerichte entscheiden. Dies wird in der österreichischen Literatur kaum hervorgehoben, weil die Geltung des Art. 94 B-VG so selbstverständlich ist.[648] Für Nicht-Österreicher entsteht jedoch der unzutreffende Eindruck, es handele sich um Kriminalstrafrecht. Das Gesetz heißt aber bewusst: „Verbands*verantwortlichkeits*gesetz" und nicht „Verbands*strafbarkeits*gesetz". Deshalb hat der österreichische Verfassungsgerichtshof auch völlig Recht, wenn er im Verbandsverantwortlichkeitsgesetz keinen Verstoß gegen das individualstrafrechtliche Schuldprinzip sieht.[649]

---

645 Siehe oben I.
646 Dazu *Lagodny*, ZIS 2016, 674.
647 Siehe oben Teil 2 E II.
648 Ausnahme *Schmoller*, in: Küper-FS, S. 522.
649 Siehe österreichischer VfGH G 497/2105 = JBl 2017, 367. Siehe dazu *Lagodny*, Strafrecht von den Schranken, S. 412–415.

II. Weitere Beispiele

Bisweilen verbergen sich in der Dogmatik verschiedener Rechtsordnungen dieselben Fragestellungen unter einem anderen „Label". Eine spezielle Frage der österreichischen Strafrechtsdogmatik ist beispielsweise die Kategorie des „Mischdelikts" in seinen zwei Ausprägungen als „alternatives" und als „kumulatives Mischdelikt". Mit ersterem ist z.B. die Frage gemeint, ob das „Einbrechen" und das „Einsteigen" bei der Diebstahlsqualifikation nach § 129 Abs. 1 Z. 1 öStGB[650] *alternativ* bejaht werden können durch ein- und dieselbe Handlung.[651] Das ist im Grunde nichts anderes als die in beiden Rechtsordnungen bekannte „Wahlfeststellung".[652]

Beim „kumulativen Mischdelikt" geht es ebenfalls um mehrere Alternativen, die aber nicht gleichwertig zueinanderstehen und einen verschiedenen sozialen Sinngehalt haben, wie etwa: Einbruchdiebstahl (§ 129 Abs. 1 öStGB) und bewaffneter Diebstahl (§ 129 Abs. 2 Z. 2 öStGB). Hier muss bei der Verurteilung eindeutig feststehen, welche der beiden Alternativen bejaht wird.[653]

Dies ist ein Beispiel, bei dem ich intensiv nachdenken musste, ob diese Unterscheidung in der österreichischen Dogmatik mit dem Bestimmtheitsgebot zu vereinbaren ist. Wenn ich mich in meiner gewohnten deutschen Terminologie bewege und den Fall des „alternativen Mischdelikts" sofort als einen Fall der „Wahlfeststellung" identifiziere, dann bin ich orientiert und kann diesen Fall als Ausprägung der „Wahlfeststellung" und damit nach deren Grundsätzen als vereinbar mit dem Bestimmtheitsgebot ansehen.[654] Und für das „kumulative Mischdelikt" verlangt man in Österreich ohnehin nach dem Bestimmtheitsgebot eine genaue Subsumtion unter die einzelnen Voraussetzungen des Delikts.[655] Man bezeichnet das Sachproblem nur anders.

---

650 § 129. Diebstahl durch *Einbruch* oder mit Waffen [Hervorhebung von mir, O.L.] (1) [...] wer einen Diebstahl begeht, indem er zur Ausführung der Tat
1. in ein Gebäude, in ein Transportmittel, einen Lagerplatz oder sonst in einen anderen umschlossenen Raum einbricht, einsteigt, mit einem nachgemachten oder widerrechtlich erlangten Schlüssel, einem anderen nicht zur ordnungsmäßigen Öffnung bestimmten Werkzeug oder einem widerrechtlich erlangten Zugangscode eindringt, [...].
651 Vgl. z.B. *Fuchs/Zerbes*, AT I[10] Kap. 10 Rn. 56.
652 *Triffterer*, AT[2] Kap. 3 Rn. 73.
653 *Fuchs/Zerbes*, AT I[10] Kap. 10 Rn. 56.
654 Vgl. dazu *Hecker*, in: Schönke/Schröder StGB[30] § 1 Rn. 57–76.
655 *Fuchs/Zerbes*, AT I[10] Kap. 10 Rn. 56; vgl. näher: *Schmoller*, Tatsachenaufklärung, 1986.

Ein weiteres Beispiel ist der gegenüber dem objektiven Tatbestand weiterreichende subjektive Tatbestand eines Delikts nach dem Muster: „Wer A macht, um B zu erreichen". In Österreich nennt man dies treffend: „erweiterter Vorsatz", weil sich der Vorsatz nicht nur auf die Handlung A beziehen muss, sondern auch auf die Handlung B. Diese muss aber nicht ausgeführt werden, sondern nur angestrebt sein. In Deutschland verwendet man sehr kompliziert erscheinenden Begriffe wie „kupiertes Erfolgsdelikt"/„verkümmert zweiaktige Delikte"/„Delikte mit überschießender Innentendenz"[656].

Dieses Beispiel zeigt mir die Relativität von Dogmatik: Ein und dasselbe schwierige Sachproblem wird in einer Rechtsordnung so und in einer anderen *anders* und vielleicht auch einfacher und klarer benannt.

III. Die Frage der rechtvergleichenden Methoden

Nicht jedes rechtsvergleichende Projekt kann so tief einsteigen wie diese Untersuchung hier. Man muss aber auf jeden Fall bei jedem rechtsvergleichenden Vorhaben fragen, wie die konkreten Forschungsfragen lauten. Erst dann kann man entscheiden, welche Methode man anwendet. Das ist eine wissenschaftstheoretische Banalität, auf die ich unten[657] noch näher eingehe.

Es gibt sehr viele verschiedene Möglichkeiten der Strafrechtsvergleichung.[658] Die hier vorgenommene ist keineswegs ein Muster für „die idealtypische" Methode. Die gibt es nämlich nicht, genauso wenig wie es „die idealtypische" empirische Methode gibt. Jeder empirische Forscher wäre irritiert von einem solchem Bemühen. Welche Methode man wählt, hängt nämlich ausschließlich von der wissenschaftlichen Fragestellung ab. Diese allgemeine wissenschaftstheoretische Einsicht setzt sich in den deutschen Rechtswissenschaften aber nur langsam und mühsam durch.[659]

Geht es z.B. „nur" um die grundsätzlichen Regelungsmodelle (z.B. bei den vorsätzlichen Tötungsdelikten), genügt oft schon ein Vergleich der gesetzlichen Regelungen als solchen. Will man hingegen verstehen, warum

---

656 *Eisele*, in: Schönke/Schröder StGB[30] Vor §§ 13 ff. Rn. 63.
657 Siehe unten B III.
658 Vgl. als Überblick über die zurzeit praktizierten Ansätze der Strafrechtsvergleichung: *Beck/Burchard/Fateh-Hamadan* (Hrsg.), Strafrechtsvergleichung als Problem und Lösung, 2011; *Mankowski*, Rechtskultur, S. 479 ff.
659 *Lagodny/Lagodny*, ZIS 2019, 354.

A. Verallgemeinerbare Erkenntnisse für die (Straf-)Rechtsvergleichung

eine vom Wortlaut her gleich- oder ähnlich lautende Vorschrift unterschiedlich bzw. sogar gegenteilig ausgelegt wird. Als Beispiel diene das oben[660] angesprochene Problem der nur physisch wirkenden „Gewalt" bei der Nötigung nach § 240 dStGB bzw § 105 öStGB dienen. Hier bedarf es einer tiefergehenden Analyse von Rechtsprechung und Literatur. Ich habe aufzuzeigen versucht, dass selbst ein solcher Ansatz nicht in der Lage wäre, den Unterschied zu erklären. Nur wenn man zusätzlich die Geschichte und die (politische) Kultur berücksichtigt, gelangt man zu stringenten Erklärungen. Denn man muss erklären, warum die untersuchte Rechtsprechung und Literatur so sind, wie sie sind. Das ergibt sich nicht von selbst.

Die Frage nach „*der*" rechtsvergleichenden Methode ist also nicht weiterführend, weil sie isoliert und unabhängig vom Erkenntnisinteresse gestellt ist. Gleichwohl ist diese Vorgehensweise auch heute noch üblich in der Rechtsvergleichung.[661] Legt man jedoch die allgemeinen wissenschaftstheoretischen Standards zugrunde, richtet sich die Methode nach dem Erkenntnisinteresse – nicht aber umgekehrt oder gar ohne Rücksicht auf das Erkenntnisinteresse.

Man muss deshalb offen sein für viele Methoden[662] und immer entscheiden: Mit welcher rechtsvergleichenden Methode löse ich die aufgeworfenen rechtsvergleichenden Fragestellungen?[663] Geht es mir nur um grundsätzliche Regelungsmodelle, ist die Methode eine andere als etwa hier bei dieser Untersuchung. Es wäre völlig verfehlt, den hier verfolgten Weg immer und bei jeder rechtsvergleichenden Untersuchung einzuschlagen. Das würde ja bedeuten, bei jeder rechtsvergleichenden Untersuchung auch die die hier angewandte Methode der langjährigen teilnehmenden Beobachtung zwingend anwenden zu müssen. Das wäre absurd, macht aber zugleich deutlich, dass man völlig unterschiedliche Methoden verwenden kann, je nachdem, wie die Fragestellungen im Einzelnen lauten.

Kurzum: Es gibt nicht „die einzig wahre" Methode der Rechtsvergleichung.

---

660 Teil 3 M.
661 Vgl. die ausführliche Darstellung bei *Eser*, Strafrechtsvergleichung, in: Eser/Perron (Hrsg.), Strukturvergleich, S. 929–1135, 1038 ff. und 1098–1100, 954–959, sowie ebenfalls *Kischel*, Rechtsvergleichung, S. 92–216 zur Rechtsvergleichung im Privatrecht.
662 Vgl. dazu z.B. *Beck/Burchard/Fateh-Moghadam* (Hrsg.), Strafrechtsvergleichung als Problem und Lösung, 2011.
663 Vgl. die oben Teil 2 F I 1 angeführten drei Schritte.

Teil 4: Meine persönlichen Schlussfolgerungen

B. Die Relativität in den Rechtswissenschaften

I. Die Offenheit des Studiums in Österreich

Das Universitätsstudium der Rechtswissenschaften ist in Österreich ein ganz normales wissenschaftliches Studium. Dieses bereitet gerade nicht notwendig auf das Richteramt vor. Vielmehr unterliegt es den üblichen akademischen Prinzipien und Grundsätzen. Diese werden deutschen Jura-Studierenden allenfalls ausnahmsweise vermittelt.

Ein zentrales Beispiel ist etwa der Grundsatz „Wer lehrt, prüft". Im deutschen Jura-Studium ist das seit 250 Jahren nicht der Fall. In *Deutschland* ist vielmehr durch § 5 des Deutschen Richtergesetzes[664] vorgegeben, dass „der Staat" (und nicht die Universität) in einem „Staatsexamen" prüft:

> § 5 Befähigung zum Richteramt
> (1) Die Befähigung zum Richteramt erwirbt, wer ein rechtswissenschaftliches Studium an einer Universität mit der ersten Prüfung und einen anschließenden Vorbereitungsdienst mit der zweiten Staatsprüfung abschließt; die erste Prüfung besteht aus einer universitären Schwerpunktbereichsprüfung und einer staatlichen Pflichtfachprüfung.
> (2) Studium und Vorbereitungsdienst sind inhaltlich aufeinander abzustimmen.

Das Studium der Rechtswissenschaften ist in Deutschland also (seit *Friedrich dem Großen* von Preußen) bereits notwendiger Teil der Richterausbildung. Deshalb prüft das staatliche Justizprüfungsamt, ein Teil des Landesjustizministeriums, nicht die Universität. Die Ministerialverwaltung regiert damit ins Herz des Studiums hinein, weil sie allein die Prüfungsmodalitäten bestimmt. Die Prüfungsregularien des deutschen Jura-Studiums werden nämlich durch ministerielle Verordnungen[665] festgelegt. In Österreich macht dies die Curricularkommission der jeweiligen Fakultät. Details regelt jeder Prüfer und jede Prüferin. Das eröffnet jedem/jeder Lehrenden sinnvollen didaktischen Gestaltungsspielraum.

Diese rechtlichen Rahmenbedingungen muss man immer bedenken. Die wenigen rechtlichen Vorgaben in *Österreich* bestehen darin, dass das universitäre Curriculum *auch* (das ist wichtig!: aber nicht nur) den Anforderungen der einzelnen Berufsregelungen für die klassischen juristischen

---

664 Deutsches Richtergesetz, dBGBl. I 1972, 713 idF dBGBl. I 2019, 1755.
665 Vgl. z.B. die Verordnung des Justizministeriums über die Ausbildung und Prüfung der Juristinnen und Juristen (Juristenausbildungs- und Prüfungsordnung – JAPrO), GBl. für Baden Württemberg 2019, 131.

B. Die Relativität in den Rechtswissenschaften

Berufe in der Justiz genügen muss; aber eben nicht nur diesen und nicht nur auf diese ausgerichtet. Dies erfolgt also nur im Sinne einer „Mindestvoraussetzung". So lauten etwa die Vorgaben für das Richteramt in Österreich:

§ 2 Aufnahmeerfordernisse
(1) Erfordernisse für die Aufnahme in den richterlichen Vorbereitungsdienst sind: [...]
4.a) der Abschluss eines Studiums des österreichischen Rechts (§ 2a) oder
b) die Zurücklegung des rechtswissenschaftlichen Diplomstudiums [...]
und
5.eine Gerichtspraxis als Rechtspraktikant in der Dauer von sieben Monaten. [...]

§ 2a Studium des österreichischen Rechts
(1) [...]
(2) Im Rahmen des Studiums nach Abs. 1 sind nachweislich angemessene Kenntnisse über folgende Wissensgebiete zu erwerben:
1. österreichisches bürgerliches Recht und österreichisches Zivilverfahrensrecht,
2. österreichisches Straf- und Strafprozessrecht,
3. österreichisches Verfassungsrecht einschließlich der Grund- und Menschenrechte und österreichisches Verwaltungsrecht einschließlich des Verwaltungsverfahrensrechts,
4. österreichisches Unternehmensrecht, österreichisches Arbeits- und Sozialrecht und österreichisches Steuerrecht,
5. Europarecht; allgemeines Völkerrecht,
6. erforderlichenfalls sonstige rechtswissenschaftliche Wissensgebiete und
7. Grundlagen des Rechts; wirtschaftswissenschaftliche Wissensgebiete; sonstige Wissensgebiete mit Bezug zum Recht. [...]
(3) Im Rahmen des Studiums ist auch eine schriftliche, positiv beurteilte Arbeit zu erstellen, deren inhaltlicher Schwerpunkt auf einem oder mehreren der in Abs. 2 genannten rechtswissenschaftlichen Wissensgebiete gelegen sein muss und die dem Nachweis der Fähigkeit zum selbständigen rechtswissenschaftlichen Arbeiten dient. [...]

§ 26 Ernennungserfordernisse
(1) Zum Richter kann nur ernannt werden, wer
1. die für den richterlichen Vorbereitungsdienst vorgesehenen Aufnahmeerfordernisse erfüllt,
2. die Richteramtsprüfung bestanden hat und
3. eine insgesamt vierjährige Rechtspraxis, davon zumindest ein Jahr im richterlichen Vorbereitungsdienst zurückgelegt hat. [...]

Aus deutscher Sicht mag es seltsam erscheinen, dass der Staat so wenige Vorgaben macht und die Universität und gerade auch die einzelnen Lehrveranstaltungsleiter weitgehend freie Hand haben. In Österreich hat das Bundesjustizministerium mithin keinen prägenden Einfluss auf den Inhalt

Teil 4: Meine persönlichen Schlussfolgerungen

und die zu erbringenden Leistungen und Prüfungen. Diese wenigen Vorgaben führen deshalb zu einer grundsätzlichen Offenheit im universitären Alltag.

Mir wurde dies schlagartig bewusst, als eine Studierende zu Beginn der mündlichen Prüfung schlicht gesagt hat, sie fühle sich heute nicht so gut und werde deshalb die Prüfung verschieben. In Deutschland wäre dies undenkbar. Dieser Nichtantritt würde in Deutschland ein staatlich ausgesprochenes „nicht bestanden" bedeuten. Auch eine vermeintliche bloße „Probeprüfung", mit der man einem erkennbar durchschnittlich begabten Studierenden die Prüfungsangst nehmen kann, wäre in Deutschland nicht akzeptabel. In Salzburg habe ich eine solche machen können.

Wenn man aus dem rigiden und gnadenlosen Prüfungssystem deutscher Natur kommt, empfindet man diese Freiheit als geradezu wohltuend. So ging es jedenfalls mir.

II. Die herausfordernde Rolle Hans Kelsens

Der Rechtswissenschaftler *Hans Kelsen* (1881–1973) spielte und spielt in weiten Teilen der österreichischen Rechtswissenschaft auch heute noch eine dominierende Rolle.[666] Vor allem im österreichischen Öffentlichen Recht bemüht sich fast jeder, ihm nicht zu widersprechen. Das österreichische Privatrecht kümmert sich hingegen wenig um die Lehren von *Kelsen*.

Ich möchte mich hier nicht anheischig machen, mich mit den Lehren (Plural) von *Kelsen*[667] auseinanderzusetzen. Ich muss aber einen ganz zentralen Punkt der Lehre von *Kelsen* herausgreifen, der für mich die Bedeutung eines archimedischen Punktes in seinem Gedankengebäude hat: Recht und Politik seien strikt zu trennen. Vor allem habe die Rechtswissenschaft nicht zu sagen, was sein soll, sondern nur, was „ist".[668] Das allein habe man zu „erkennen". Deshalb dürfe die Rechtswissenschaft sich auch nicht dazu äußern, welche Lösung die bessere sei. Diese Entscheidung müsse das von der Rechtsordnung dafür vorgesehene Organ treffen.

---

666 Vgl. jüngst etwa die Beiträge *Dreier*, Kelsen im Kontext, 2019, oder die Beiträge in: *Jabloner/Olechowski/Zeleny* (Hrsg.), Kelsen in seiner Zeit, 2019.
667 Vgl. dazu die in Fn. 666 genannten Beiträge. Einen Überblick zur Lehre von *Kelsen* geben *Kley/Tophinke*, JA 2001, 169–174.
668 *Kelsen*, Reine Rechtslehre, S. 15.

B. Die Relativität in den Rechtswissenschaften

Man kann aber nicht die rechtswissenschaftliche Methodik der naturwissenschaftlichen Empirie angleichen. Das überzeugt schon deshalb nicht, weil die Rechtswissenschaften eben keine empirisch arbeitenden Wissenschaften sind. Das ist der entscheidende Punkt.[669]

Vielmehr sind die Rechtswissenschaften (wie alle nicht-empirisch arbeitenden Wissenschaften) als „Argumentationswissenschaften"[670] zu verstehen. Dies hat mir das Interdisziplinäre Doktorandenseminar bewusstgemacht, über das ich nunmehr berichten möchte.

III. Wissenschaftstheorie/Forschungsfrage/IDS

Ich hatte den großen Vorteil, schon bald nach Beginn meiner Salzburg-Zeit ein „Interdisziplinäres Doktorandenseminar" mitveranstalten zu können. Initiatorin war meine Kollegin *Michaela Strasser*, eine Rechtsphilosophin und Politikwissenschaftlerin. Dann stießen hinzu: der Kollege *Hannes Winner*, ein Volkswirt, sowie der Kollege *Stephan Kirste*, seines Zeichens Öffentlichrechtler und Rechtsphilosoph. Ihnen ist dieses Buch deshalb auch gewidmet.

Wir behandeln in intensiver studentischer Runde nicht nur alle möglichen Fragen der Rechtswissenschaften (vom zivilrechtlichen Eigentumsvorbehalt in rechtsvergleichender Sicht bis hin zu Fragen der Bankenaufsicht), sondern vor allem gerade auch nicht-juristische Themen. Diese reichen beispielsweise von einer soziologischen Analyse von Tischsitten bis hin zu sportwissenschaftlichen Überlegungen zu Diätplänen.

Über dieses Seminar kam ich zu einem wissenschaftlichen Denken, das weit über juristische Fragestellungen hinausgeht. Es führte mich zu allgemeinen Fragen wissenschaftlicher Arbeitsweise. Von daher war der Weg zu *Popper* nicht weit.[671]

Wie dort bereits ausgeführt: Eine seiner wichtigsten Überlegungen ist für mich die wissenschaftliche Ausgangsfrage (Frage 1):

„Wo ist oder wie lautet das Problem (oder: die Fragestellung mit These)?"

---

669 Siehe oben Teil 2 F.
670 Hierauf hat mich dankenswerterweise mein lieber Salzburger Kollege *Kurt Schmoller* aufmerksam gemacht und damit wichtige Überlegungen angestoßen.
671 Siehe oben Teil 2 F I 1.

Teil 4: Meine persönlichen Schlussfolgerungen

Danach kommen die beiden Fragen:
2. Wie verifiziert (oder nach *Popper*: falsifiziert) man die These aus Frage 1 empirisch?
3. Welche Schlussfolgerungen ergeben sich aus der Antwort auf Frage 2 für Frage 1?

Die Frage 1 ist nichts anders als die Forschungsfrage (oder die Forschungsfragen) eines wissenschaftlichen Projektes. In den Rechtswissenschaften ist man aber gar nicht gewohnt, solche zu formulieren. Deshalb merkt man gar nicht, dass man diese Fragen nicht empirisch beantworten kann. Mangels objektivierbarer Kriterien für die Beantwortung einer Forschungsfrage, kann man die Rechtswissenschaften nicht wie eine empirische Wissenschaft betreiben.[672] Sie sind vielmehr eine „Argumentationswissenschaft", bei der man z.B. genau schauen muss: Wer hat das „letzte" Wort? Wer „entscheidet" einen rechtswissenschaftlichen Streit?

Man mag jetzt vor allem aus deutscher Sicht empört einwenden:

- Die Menschenrechte sind doch ein inhaltlicher Prüfungsmaßstab!
- Die Menschenwürde steht doch über allem.
- Recht muss doch die Philosophie *Kants* umsetzen.
- Recht muss doch die Philosophie *Hegels* umsetzen.

Das sind nur wenige typische Einwände gegen ein so genanntes positivistisches Verständnis von Rechtswissenschaft. Die allgemeine Forschungsfrage in den Rechtswissenschaften kann aber nicht *inhaltlich*, sondern nur *verfahrensmäßig* bestimmt werden.

Das mag verwundern, ist aber aus rechtsvergleichender Sicht zwingend: Genau so wenig wie man z.B. islamische oder chinesische Rechtwissenschaften auf ein westliches Verständnis der Rechtswissenschaften verpflichten kann, genau so wenig kann man andere inhaltliche Vorgaben machen.

Man kann nur vom Verfahren her überlegen: Wenn Einigkeit (oder eine mehrheitliche Entscheidung) über eine Rechtsfrage herbeigeführt wird, dann ist diese *überzeugend*. Und dafür muss eben eine juristisch *überzeugende* Begründung gegeben werden. Nach dieser zu suchen, ist eine zentrale Aufgabe auch der Rechtswissenschaft.

Es geht auch und gerade wissenschaftlich (nur) um die Suche nach dem jeweils am meisten überzeugenden Sachargument. Nicht mehr und nicht weniger. Davon zu unterscheiden ist die Frage, *wer* überzeugt werden muss: Die Studierenden? Die Kolleginnen und Kollegen? Die Gerichte? Die

---

672 *Lagodny/Lagodny*, ZIS 2019, 354, 360 f.

Allgemeinheit? Etc. Diese Frage ist aber nur eine Folgefrage, die hier nicht vertieft werden kann.

Bei allem muss offengelegt werden, erstens für wen oder in wessen Interesse man argumentiert und zweitens, inwieweit man mit der Argumentation auch Politik machen möchte.[673] Diese Überlegungen sind ganz maßgeblich geprägt von dem in seiner Bedeutung kaum zu überschätzenden Buch von *Josef Franz Lindner*[674].

Eine Parallele sehe ich z.B. im wirtschaftlichen Konzept des „Islamic Banking". Dieses ist geprägt von islamischen, nicht von westlichen Prämissen. Diese werden auf das Wirtschaftsverhalten übertragen und prägen das islamische Wirtschaftsleben. Dies wiederum hat unmittelbare Rückwirkungen auf die Ausgestaltung des Strafrechts.[675] Eine Frage, die sich mir insoweit aufdrängte, ist, ob die Wirtschaftskrise 2008/2009 nicht eingetreten wäre, wenn auch im Westen eines der Prinzipien des Islamic Banking gegolten hätten. Danach muss die Absicherung eines Darlehens – sehr vereinfachend erklärt – immer so erfolgen, dass der materielle Sicherungswert (z.B. ein Haus) immer dort ist, wo auch die finanzielle Darlehensschuld ist. Im westlichen Privatrecht kann dies aber auseinanderlaufen. Das hat zur Folge, dass ein Haus für eine Darlehensschuld „herhalten" muss, die einem Dritten zusteht.

Ein weiteres Beispiel, das hier nur als Stichwort genannt werden kann: Die Diskussion um die *Universalität* der Menschenrechte[676] zeigt letztlich auch die Relativität der Menschenrechte. Gibt es eine „unmenschliche Behandlung" (im Sinne des sogar im Staatsnotstand nicht abänderbaren Art. 3 EMRK) nur in Europa oder weltweit? Wenn ja: Wird darunter dasselbe verstanden oder nicht? Das Beispiel der Körperstrafen (etwa: Abhacken der Hand bei Diebstahl) ist ein bekanntes Beispiel dafür: In Europa sind sie eindeutig geächtet; in der islamischen Welt nicht.

Die Forschungsfrage ist auch dabei immer vorrangig. Erst in einem zweiten Schritt kann dann z.B. bestimmt werden, was als Prüfungsmaßstab herangezogen werden soll: Menschenrechte? Internationale oder nationale? Wenn letzteres: welche?

Das Fazit lautet für mich: Die Rechtswissenschaften sind nur sinnvoll zu verstehen, wenn man sie als Argumentationswissenschaften betreibt. Eine

---

673 Vgl. näher hierzu: *Lagodny/Lagodny*, in: Kremnitzer-FS (in Druck).
674 *Lindner*, Rechtswissenschaft als Metaphysik, 2017.
675 Vgl. dazu *Lagodny/Tekin*, NZWiSt 2013, 81–87.
676 Siehe die seit *Kühnhardt*, Universalität der Menschenrechte, 1987, entstandene Diskussion.

inhaltliche Vorgabe ist wissenschaftlich nicht begründbar, aber praktisch sehr wohl denkbar: Kein Anwalt würde die Rechtsprechung des für seinen Fall maßgeblichen Höchstgerichts ignorieren.

IV. Die Selbstgefälligkeit in Deutschland

Vor diesem Hintergrund müssen manche rechtwissenschaftlichen Äußerungen in Deutschland kritisch gesehen werden. Jeder will Gestalter des Rechts sein. Da schließe ich mich ein. Und es ist wichtig, dass man sich folgenden Zusammenhang bewusst macht:

> „Jede Rechtsprechung ist, in einem weiteren Sinn, stets auch Rechtspolitik. Denn das im konkreten Einzelfall anzuwendende Recht wird nicht einfach ‚gefunden'; es ergibt sich nicht durch eine quasi automatisierte Anwendung naturgesetzartiger Regeln. Rechts-Anwendung ist daher stets auch Rechts-Gestaltung"[677].

So richtig diese Analyse ist, so problematisch ist deren Kehrseite, wenn z.B. Rechtswissenschaftler (oder Gerichte) meinen, nur ihre „Erkenntnis" und Begründung, sei die richtige. Dies führt unmittelbar zu einer nicht ersprießlichen Selbstgefälligkeit. Ich wünsche mir deshalb, dass meine österreichischen Kolleginnen und Kollegen ein wenig mehr Selbstbewusstsein in internationalen Diskussionen an den Tag legten. Wenn dieses Buch indirekt dazu beitrüge, würde ich mich sehr freuen.

Jedenfalls ist mir ebenfalls bewusst geworden, dass manches, das sich in den deutschen Rechtswissenschaften als „Theorie" darstellt, zwar den Anspruch einer sehr anspruchsvollen und komplizierten wissenschaftlichen Begründung verfolgt, aber keine konsensfähige Lösung darstellt, eben weil sie nicht verstanden wird. Auf Nachweise verrichte ich hier bewusst. Der Gegeneinwand liegt auf der Hand: Dann ist derjenige, der diese Begründung nicht versteht, eben intellektuell nicht in der Lage, einem solchen Begründungshöhenflug zu folgen. Ob das aber dann mit „Recht" noch etwas zu tun hat, erscheint mir fraglich.

---

677 *Norouzi*, HRRS 2016, 285–292, der *Thomas Fischer*, ZRP 2014, 58 zitiert.

C. Verallgemeinerbare Erkenntnisse für das Strafrecht im Europa der EU

Die Überlegungen in den Teilen 1 bis 3 haben ergeben, dass es sehr viele und auch sehr gravierende Unterschiede zwischen dem Strafrecht von Österreich und dem von Deutschland gibt. Diese Verschiedenheiten lassen sich zwar erklären; die dahinterstehenden grundlegenden Divergenzen in der politischen Kultur legen aber den Schluss nahe:

Zwischen beiden Rechtsordnungen könnte man nie eine Vereinheitlichung des materiellen Strafrechts oder des Strafverfahrensrechts erreichen. Ob man eine partielle Vereinheitlichung[678] schaffen würde, soll hier dahinstehen. Dann benötigte man jedenfalls für den nicht vereinheitlichten Teil immer noch eine andere Lösung. Wenn man aber auch nur einen Teil vereinheitlichte, würde die darauf beruhende Praxis in beiden Rechtsordnungen aus diesem vereinheitlichten Teil etwas völlig Verschiedenes daraus machen.

Diese Überlegung geht auf *Di Fabios* Analyse der Weimarer Republik zurück. Er hat gefragt, ob die Herrschaft der Nationalsozialisten ab 1933 hätte verhindert werden können, wenn in der Zeit von 1919 bis 1933 statt der Weimarer Reichsverfassung das Bonner Grundgesetz gegolten hätte.[679] Diese Frage kann man verallgemeinern für Zwecke der Rechtsvergleichung:

Würde sich an der Rechtslage in Staat 1 etwas ändern, wenn man dort die Regelungen von Staat 2 einführen würde?

Meine Annahme auf der Grundlage der vorstehenden Analyse ist eindeutig: In Österreich würde sich mit dem deutschen StGB nicht viel ändern, weil in Österreich ein völlig anderes Vorverständnis der Rechtswissenschaften besteht. Vor allem haben die handelnden Menschen und Organe ein ganz anderes Selbstverständnis. Freilich machte auch diese Überlegung eine eigene Untersuchung nötig.

Unabhängig davon kann man jedenfalls mit Blick auf die EU sagen: Wenn zwei historisch so eng verbundene Rechtsordnungen wie die deutsche und die österreichische ihr materielles Strafrecht nicht vereinheitlichen können, um so viel mehr ist es unmöglich, das Strafrecht Italiens und Finnlands zu vereinheitlichen.

---

678 Vgl. dazu z.B. *Kubiciel*, JZ 2015, 64–70. Aus grundrechtlicher Sicht wirft z.B. das Verhältnismäßigkeitsprinzip große Probleme auf, vgl. dazu: z.B. *Lohse*, Rechtsangleichungsprozesse, S. 213 ff.
679 *Di Fabio*, Weimarer Verfassung, S. 247–257.

Teil 4: Meine persönlichen Schlussfolgerungen

D. Persönliche Erkenntnisse aus 20 Jahren Begegnung mit Österreich

„Leben und leben lassen"; diese Devise prägt das Leben in Österreich. Das wurde mir zwar schon recht früh bewusst.[680] Je länger ich mich allerdings mit dem vorliegenden Projekt befasst habe, umso mehr wurde mir klar, wie sehr diese Devise im österreichischen Zusammenleben allgegenwärtig ist.

Umso deutlicher wurde für mich, dass die deutsche Denk- und Lebensweise von *Kant* und von *Michael Kohlhaas* geprägt ist: Es geht ums „Prinzip" und um die Durchsetzung dieses Prinzips oder eines Rechts um jeden Preis.

Im deutschen Alltag wird dies ständig gelebt.

I. „Begegnung" im Sinne von Martin Buber

Eine weitere Sentenz prägt für mich das Leben in Österreich. Das ist die Aussage von *Martin Buber*, dem jüdischen Religionsphilosophen. Er hat gesagt: „Alles wirkliche Leben ist Begegnung".[681] In Österreich habe ich dies wirklich gespürt im täglichen Leben.

II. Mein persönliches Er-Leben

Liebe Leserin, lieber Leser,

jetzt haben Sie mich so lange begleitet und sicher den Eindruck gehabt, dass ich in diesem Buch auch so eine Art persönliche Bilanz ziehe über meine Zeit in Österreich und über meine Zeit in der Rechtswissenschaft. Das ist in der Tat so. Ich habe aber hier in Österreich auch die anderen Wissenschaften kennengelernt und vor allem, dass die Rechtswissenschaften eine „Argumentationswissenschaft"[682] sind.

In Deutschland kommt man leider kaum zu solchen Gedanken, weil die Rechtswissenschaften viel zu justizlastig sind. Man weiß oft nicht einmal, ob und warum die Rechtswissenschaften eigentlich Wissenschaften sind.

Mir wurde in Salzburg noch intensiver bewusst, wie sehr Recht und Macht zusammenhängen, ja untrennbar miteinander verwoben sind. Das

---

680 *Lagodny*, in: Burgstaller-FS, S. 409–419.
681 *Buber*, Ich und Du, S. 18.
682 Siehe oben Einleitung F I.

D. Persönliche Erkenntnisse aus 20 Jahren Begegnung mit Österreich

ist wahrscheinlich der Hauptgrund, weshalb mich die Ansätze von *Kelsen* und deren Bedeutung in Österreich so beschäftigt haben.

Wenn ich also in den Rechtswissenschaften „nur" eine Argumentationswissenschaft sehe und damit eingestehen muss, dass ich an positivistischen Grundsätzen einfach nicht vorbeikomme, so muss ich das so akzeptieren. Der deutsch denkende Rechtswissenschaftler in mir revoltiert sofort: Wo kommen wir hin, wenn sogar die Menschenwürde, wenn also „unser" Art. 1 des deutschen Grundgesetzes nicht mehr entscheidend sein soll? Diese deutsche Seele in meiner Brust argumentiert sofort weiter: Ein solcher Standpunkt wäre prinzipienlos, undenkbar und unwissenschaftlich.

Meine inzwischen zum Teil entstandene österreichische Seele in mir würde dem sofort entgegenhalten: Das ist ein typisch deutscher Einwand, wie ich ihn vor allem bei der Notwehr deutlich illustriert habe.[683] Ein solches Argument zeigt emotionsloses Denken, das in seiner schlimmsten Form den Holocaust mit hervorgebracht hat. Daran haben aber auch Österreicher mitgewirkt.

Gleichzeitig fühlte ich mich als Rechtswissenschaftler, der nicht in Österreich aufgewachsen ist, bisweilen etwas deplatziert. Das lag vor allem daran, dass meine „deutsche Denke" bisweilen als „komisch" empfunden wurde. Wörtlich habe ich das zwar nur ein einziges Mal in einer nicht für meine Wahrnehmung bestimmten E-Mail der Universitätsverwaltung wahrgenommen. Aber ich nahm solches doch mehrmals wahr.

Insgesamt hatte ich den Eindruck, dass manches, das ich mache, keiner machen würde, der in Österreich aufgewachsen und sozialisiert ist. Genau dies hat mich aber erst in die Lage versetzt, dieses Buch zu schreiben. Die Gesamtthematik hat mich zunehmend fasziniert. Deshalb habe ich es fast als Geschenk betrachtet, die Perspektive des „Fremden" im Sinne von *Georg Simmel* einnehmen zu dürfen.

Sehr beeindruckt hat mich folgende Begebenheit in einem Land des „Hausverstandes" und gleichzeitig der Autoritätsgläubigkeit: Im November 1971 nimmt der Wiener Polizeipräsident *Holaubek* einen 22jährigen Geiselnehmer, der ein Dutzend Geiseln zu erschießen drohte, unbewaffnet und unter gutem Zureden mit den Worten fest:

„*I bin's, dei Präsident*"[684].

Österreichisches Denken scheint mir aber auch geprägt zu sein von einem allgemeinen Maßhalten. Dieses wirkt sich in juristischen Argumentatio-

---

683 Siehe oben Teil 3 F.
684 *Jahn*, G., Fluortablette, S. 79

Teil 4: Meine persönlichen Schlussfolgerungen

nen so aus, dass man keine dogmatischen „Übertreibungen" mag. Dem kann ich nur umso mehr zustimmen, je mehr ich mich selbst von der konsequentualistischen deutschen Dogmatik entferne. Mit einem Recht, das dem Menschen dienen soll, hat diese nämlich bisweilen immer weniger zu tun.

III. Fragen an mein „Fach"

Nicht nur deshalb ergeben sich für mich Fragen an mein Fach. Sie haben sich für mich aufgedrängt durch die Befassung mit diesem Buch. Konkret ausgelöst wurden sie durch das bereits mehrfach erwähnte hervorragende Buch von *Lindner* zum Metaphysik-Problem der Rechtswissenschaften. Dieser Augsburger Autor aus dem Öffentlichen Recht stellt weitere häretische und ketzerische Fragen, etwa, wenn er über die „Einheit der Rechtswissenschaft als Aufgabe"[685] nachdenkt. Das ist mehr als überfällig, aber wohl kaum realisierbar, weil z.B. die Verteilung universitärer Mittel davon abhängt; oder die Verteilung von kollegialer Reputation.

Anstöße können dabei auch von Studierenden kommen: Die bereits erwähnte Diplomarbeit zum „Rausch als Ausrede"[686] wollte es Laien erklären, wie das österreichische Strafrecht mit Delikten umgeht, bei denen der Täter in irgendeiner Form durch Alkohol angerauscht oder völlig berauscht war. Kann man etwa – so eine zentrale Frage – einem Laien erklären, dass es bereits die Tathandlung und damit das „verbotene Verhalten" ist, wenn man sich „in einen Rausch versetzt", der die Zurechnungsfähigkeit ausschließt. So lautet die Tathandlung des österreichischen § 287 StGB. Ähnlich lautet auch § 323a des deutschen StGB: Wer sich in einen Rausch versetzt und nicht bestraft werden kann, weil er „infolge des Rausches schuldunfähig" war, ist nach diesem Delikt strafbar, wenn er „in diesem Zustand eine rechtswidrige Tat begeht". Diese Delikte betreffen die Situation, dass der Täter überhaupt nicht weiß, wie er sich im Rausch verhält.

Noch komplizierter wird es, wenn der Täter um sein Rauschverhalten weiß und sich z.B. Mut bis ein Vollrausch vorliegt, weil er nur dann die Tat (sagen wir: einen Mord) ausführen kann. Dann ist der Täter zum Tatzeitpunkt schuldunfähig und könnte eigentlich nicht bestraft werden. Aber wäre es überhaupt legitim, jemanden, der einen Mord begangen hat,

---

685 *Lindner*, JZ 2016, 697.
686 *Herzog*, Rausch als „Ausrede"?, 2019.

und sich selbst schuldunfähig gemacht hat, nicht zu bestrafen? Das kann man niemandem plausibel machen. Also knüpft man im Strafrecht nach einhelliger Meinung nicht an die Schuldfähigkeit zum Tatzeitpunkt an, sondern früher an: Man stellt auf den (früher als die „eigentliche" Tathandlung gelegenen) Zeitpunkt, nämlich ab dem sich der Täter Mut antrinkt (und erst dann z.B. den tödlichen Schuss abgibt).

Dieser Ansatz der Diplomarbeit brachte mich zur allgemeinen Frage: Wie kann man juristische Entscheidungen und deren Begründungen überhaupt einem Laien verständlich machen? Oder genügt es, wenn ein Jurist oder eine Juristin eine juristische Entscheidung versteht? Hierüber mag schon viel geschrieben worden sein. Mir wurde die Problematik jedenfalls bewusst, als ich einem älteren Menschen die Funktion der objektiven Zurechnung des Erfolges im Strafrecht anhand von Lehrbuchbeispielen für ihn als Nichtjuristen erklären wollte. Das war für ihn nicht mehr verständlich. Ich konnte es ihm nicht erläutern. Für mich hingegen ist die juristische Lehre von der objektiven Zurechnung des Erfolges ein sehr gutes Beispiel, wie z.B. die Ansicht, dass es für die Kausalität auf die letzte Bedingung ankommt, ersetzt werden muss durch Kriterien der objektiven Zurechnung, die zur naturwissenschaftlichen Kausalität hinzukommen müssen. Auf diese Weise wird die Begründung für mich juristisch rationaler.

Wie wir oben anhand des Beispiels von § 313 öStPO gesehen haben,[687] mutet das österreichische Verfahrensrecht dem Laien Kenntnisse zu, die selbst in einer universitären Diplomprüfung im Strafrecht nicht von jedem (realistisch: nur von ganz wenigen) Studierenden erwartet werden können. Was bedeuten diese Überlegungen aber insgesamt für das Erkenntnisinteresse der Rechtswissenschaften? Es geht nur darum, die überzeugendste Begründung zu finden. Ließe man es ausreichen, dass es sich nur aus der Sicht von Juristinnen/Juristen um eine überzeugende Begründung handeln muss, dann würde man sich notwendigerweise mit jeder Form von Laiengerichtsbarkeit schwer tun: Beim Schwurgericht sagt man: Die Geschworenen müssen nur „ja" oder „nein" sagen und keinerlei Begründung geben. Auch in Österreich entscheidet die aus acht Laienrichtern bestehende „Geschworenenbank" nur über die sogenannte Schuldfrage, das „OB" der Strafbarkeit. Über das „WIE", also über die Strafbemessung, entscheiden drei Berufsrichter (der „Schwurgerichtshof").

Doch zurück zum Vermittlungsproblem: Dieses Buch ist insofern ein Selbstversuch, wie weit meine Fähigkeiten reichen, juristische Argumentationen so darzulegen, dass diese auch der nichtjuristische Adressat meines

---

687 Teil 2 E (6) bzw. Teil 3 H.

Teil 4: Meine persönlichen Schlussfolgerungen

Buches[688] nachvollziehen kann. Ich bin selbst darauf gespannt, wann und wobei ich an meine Grenzen gestoßen bin.

IV. Gesamtbetrachtung

1. Generell steht sich kantisches deutsches Prinzipiendenken und paternalistisch fundiertes österreichisches Toleranzdenken gegenüber.
2. Das oben angesprochene fehlende Selbstbewusstsein in Österreich gerade im Bereich des materiellen Strafrechts ist sehr schade. Die Analyse hat nämlich insgesamt gezeigt, dass sich Österreich wahrlich nicht zu verstecken braucht. Deutschland könnte viel von Österreich lernen oder zumindest als sehr überlegenswerte Alternative in Erwägung ziehen. Das ist für mich der eigentliche Gewinn der Arbeit an diesem Buch: Zu sehen, welche Möglichkeiten es gibt, wenn man unbedarft, unorthodox und unverkrampft an die anstehenden Fragen herangeht.

Dies gilt gerade dann, wenn man kein solch bisweilen lähmendes oder zu absurden Konsequenzen führendes Erbe trägt wie Österreich mit der katholischen Kirche. Man denke nur an die Kategorie der „Vernehmungsverbote"[689]. Für mich ist es immer wieder faszinierend, dass ein erzkatholisches Land wie Österreich schon jahrzehntelang mit einer Fristenlösung beim Schwangerschaftsabbruch lebt.

Und die Regelungen zur strafbefreienden tätigen Reue zeigen, dass die österreichische Gesellschaft dadurch noch keinen Schaden davongetragen hat. Man kommt gut damit zurecht, dass dies „inkonsequent" erscheinen mag, wenn man die Messlatte widerspruchsfreier und strenger Prinzipientreue verbundener Lösungen anlegt. Das ist in mancherlei Hinsicht zu bevorzugen gegenüber einer Rechtsordnung wie der deutschen, die für fast jede gesellschaftlich umstrittene Frage ein Machtwort des Bundesverfassungsgerichts braucht. Damit soll weder das deutsche Bundesverfassungsgericht noch der von ihm angelegte Prüfungsmaßstab des Grundgesetzes in Misskredit gezogen werden. Beklagenswert erscheint mir allein die Häufigkeit, mit der es bemüht wird.

Für mich sind jedenfalls die oben behandelten Beispiele

- der Notwehrkonzeption,
- des Opferschutzes

---

688 Siehe oben Einleitung C.
689 Siehe oben Teil 3 U.

- sowie generell die Zurückhaltung des Strafgesetzgebers (Stichwort: Tätigkeitsdelikte),
- die Systematik der Tötungsdelikte und
- der mich im Alltag immer wieder verblüffende Besitzschutz

vorbildlich. Das sind aber nur unsystematisch ausgesuchte Einzelaspekte.

Man kann deshalb zusammenfassen: Das österreichische materielle Strafrecht zeichnet insgesamt eine mich sehr beeindruckende Solidität aus. Ich möchte es fast so zusammenfassen, wie es die eingangs erwähnte Werbung betont: Die österreichische Strafrechtsdogmatik zeigt mehr „Hausverstand".

Ich konnte meinen Salzburger Studierenden z.B. nie vermitteln, dass man in Deutschland ernsthaft diskutiert hat, ob Tiere über das Kriminalstrafrecht geschützt werden dürfen. So führte *Pfohl* noch im Jahre 2018 aus, die Frage des Rechtsguts von § 17 dTierschG[690] könne noch nicht als geklärt angesehen werden.[691] Hintergrund dieser Frage ist genau das Problem: Darf man Tiere über das Kriminalstrafrecht schützen? Oder darf man dieses nur zum Schutz von Menschen einsetzen? Diese Fragen hat das österreichische Strafrecht in § 222 öStGB und damit im Kernstrafrecht[692] ganz klar und eindeutig mit „ja" beantwortet. Im deutschen Recht versteckt sich die Strafnorm des § 17 dTierschG geradezu im Dickicht des Nebenstrafrechts.

Freilich möchte ich damit keineswegs einer „Entwissenschaftlichung" des Rechts insgesamt oder auch nur des Strafrechts das Wort reden. Aber mancher Beitrag in unserer Debatte ist mehr wissentlich aufgeblasen als wissenschaftlich. Ich verzichte an dieser Stelle bewusst auf konkrete Nachweise, damit Sie, liebe Leserin oder lieber Leser, selbst darüber nachdenken, ob Ihnen zu dieser Charakterisierung selbst Beispiele einfallen. Ich möchte die Diskussion nicht auf die Beispiele reduzieren, die mir selbst dazu einfallen.

3. Das österreichische Strafprozessrecht ist hingegen für mich insgesamt sehr befremdlich. Es zeigt deutliche Züge patriarchalischen Denkens (wenn man es wohlwollend ausdrückt) oder gar diktatorische Züge (wenn man es nicht so wohlwollend ausdrückt): Der Verdächtige hat mit einer unberührbaren Polizei zu tun; der Angeklagte ist der Güte oder dem Zorn eines (im Geiste immer noch gegenwärtigen) Monarchen und seinen Rich-

---

690 Tierschutzgesetz, dBGBl. I 2006, 1206, 1313 idF dBGBl. I 2020, 1328.
691 *Pfohl*, in: MüKo-StGB³ § 17 TierschG Rn. 1 und zur Diskussion in Rn. 2–5 m.w.N.
692 Zu diesem Begriff vgl. oben Einleitung E zu Beginn.

terinnen und Richtern ausgeliefert. Die Strafverteidigung schließlich wird schon vom Gesetz verdächtigt, mit dem Mandanten gemeinsame Sache zu machen. Erst das zwingende EU-Recht hat dafür gesorgt, dass auch in Österreich keine Überwachung von Verteidigergesprächen mehr stattfindet. Das Akteneinsichtsrecht im Strafverfahren ist desaströs. Man kann es nur verstehen vor dem Hintergrund eines wohlwollenden Strafrichters, der gerne auch die Interessen des Angeklagten oder Beschuldigten wahrnimmt. Dieser sieht die Akten sowieso und kann entsprechend agieren. Mit Strafverteidigung hat ein solcher Gedanke allerdings nichts mehr zu tun.

Jetzt mag die deutsche Welt der Rechtswissenschaften zum materiellen Strafrecht einwenden: Sollen wir „Wissenschaft" durch „Hausverstand" ersetzen? Meine Antwort: Ja, wenn er freilich noch nicht verloren gegangen oder in einer überbordenden wissenschaftlichen Diskussion untergegangen ist.

Damit komme ich auf einen ganz anderen Aspekt zu sprechen: Auf die Zahl der an der Rechtswissenschaft beteiligten Kolleginnen und Kollegen. Sie ist in Deutschland sehr viel größer als in Österreich. Aus dem Problem der Zahl ergeben sich viele weitere, so z.B. das der Themen. Je mehr an unserem Diskurs beteiligt sind, umso differenzierter muss das Bild werden. Das ist positiv ausgedrückt. Negativ ausgedrückt: Je mehr an dem Diskurs teilnehmen, umso kleinräumiger, umso abgelegener werden die Themen, weil ja jeder und jede ein Stück abbekommen sollten. Schaut man sich unter diesem Aspekt die Themen der deutschen Monografien oder Aufsätze an, wird man nachdenklich. Betrachtet man das Ganze dann noch unter dem Aspekt einer „Argumentationswissenschaft"[693], so wirkt die Vielfalt der Themen fast lähmend. Gewonnen scheint mir dabei nicht unbedingt immer etwas.

Diese Überlegungen am Schluss dieses Buches sollen illustrieren: Was mich am meisten an meiner Zeit in Salzburg fasziniert, ist eigentlich das „Labyrinth, in dem sich jeder auskennt"[694]. Das machen für mich auch die (Rechts-)Wissenschaften in Österreich aus. Sie sind ungemein anregend.

Wenn man es will und zulässt.

---

693 Siehe oben Einleitung F I.
694 Siehe oben Teil 1 M IX und Teil 2 E.

Literaturverzeichnis

Ambos, Kai, Zur Zukunft der deutschen Strafrechtswissenschaft: Offenheit und diskursive Methodik statt selbstbewusster Provinzialität, GA 2016, 177.

Ambos, Kai, Rechtsgutsprinzip und harm principle: theoretische Ausgangspunkte zur Bestimmung der Funktion des Völkerstrafrechts, in: Zöller, Mark A./Hilger, Hans/Küper, Wilfried/Roxin, Claus (Hrsg.), Gesamte Strafrechtswissenschaft in internationaler Dimension, Festschrift für Jürgen Wolter zum 70. Geburtstag am 7. September 2013, Berlin 2013, S. 1285.

Andrianne, Nancy/Gabriel, Manfred/Gmainer-Pranzl, Franz (Hrsg.), Das Politische der Wissenschaft, Salzburger interdisziplinäre Diskurse, Band 18, Berlin 2020 [in Vorbereitung].

Arnold, Jörg, Wandlungen der Strafverteidigung, Gedanken zum „neuen Typ" des Strafverteidigers, ZIS 2017, 621.

Baumbach, Hendrik/Carl, Horst (Hrsg.), Landfrieden – epochenübergreifend. Neue Perspektiven der Landfriedensforschung auf Verfassung, Recht, Konflikt, Zeitschrift für historische Forschung, Beiheft 54, Berlin 2018.

Bäcker, Karsten, Was bedeuten Begründungen für juristische Entscheidungen? Neu Thesen, in: Kirste, Stephan (Hrsg.), Interdisziplinarität in den Rechtswissenschaften, Berlin 2016, S. 231.

Beck, Susanne/Burchard, Christoph/Fateh-Moghadam, Bijan (Hrsg.), Strafrechtsvergleichung als Problem und Lösung, Baden-Baden 2011.

Berka, Walter, Verfassungsrecht, Grundzüge des österreichischen Verfassungsrechts für das juristische Studium, 7. Auflage Wien 2018.

Berka, Walter, Art. 7 B-VG, in: Kneihs, Benjamin/Lienbacher, Georg (Hrsg.), Rill-Schäffer-Kommentar Bundesverfassungsrecht, 1. Lieferung Wien 2001.

Bernhofer, David, Das Recht auf Beiziehung eines Verteidigers in der Beschuldigtenvernehmung, Diplomarbeit Universität Salzburg 2014.

Bertel, Christian, Die Verteidigung im österreichischen Strafverfahren, in: Soyer, Richard (Hrsg.), Strafverteidigung – Realität und Vision. 1. Österreichischer StrafverteidigerInnentag Wien, 21./22. März 2003, Wien/Graz 2003, S. 9.

Bertel, Christian/Venier, Andreas, Strafprozessrecht, 11. Auflage Wien 2018.

Bezemek, Christoph/Somek, Alexander, Die Wiederentdeckung Weltösterreichs. Eine Denkschrift, Der Staat 57 (2018), 135.

Birklbauer, Alois/Hilf, Marianne/Konopatsch, Cathrine/Messner, Florian/Schwaighofer, Klaus/Seiler, Stefan/Tipold, Alexander, StGB, Strafgesetzbuch Praxiskommentar, Wien 2018.

Birklbauer, Alois/Hilf, Marianne/Tipold, Alexander, Strafrecht Besonderer Teil I, §§ 75–168b StGB, 4. Auflage Wien 2017.

Literaturverzeichnis

Birklbauer, Alois/Stangl, Wolfgang/Soyer, Richard, Die Rechtspraxis des Ermittlungsverfahrens nach der Strafprozessreform, Wien/Graz 2011.

Bischof, Josef Phillip, Agi(ti)eren des Verteidigers in der Hauptverhandlung, in: Soyer, Richard (Hrsg.), Strafverteidigung – Realität und Vision, 1. Österreichischer StrafverteidigerInnentag Wien, 21./22. März 2003, Wien/Graz 2003, S. 75.

Bittmann, Folker, Wider ein Strafrecht als alltäglicher Begleiter, NStZ 2016, 249.

Blocher, Walter, Zu abstrakt? Beobachtungen eines österreichisch-deutschen Grenzgängers, in: Blocher, Walter/Gelter, Martin/Pucher, Michael (Hrsg.), Festschrift Christian Nowotny zum 65. Geburtstag, Wien 2015, S. 35.

Blom, Philipp, Der taumelnde Kontinent. Europa 1900–1914, München 2014.

Bockemühl, Jan, Das Weltbild des Strafrichters. Rückblick, Status Quo und Ausblick, in: Organisationsbüro der Strafverteidigervereinigungen (Hrsg.), Bild und Selbstbild der Strafverteidigung, Texte und Ergebnisse des 40. Strafverteidigertags vom 4.–6. März 2016 in Frankfurt/Main, Berlin 2016, S. 253.

Bosch, Nikolaus, § 13 StGB, in: Schönke, Adolf/Schröder, Horst, Strafgesetzbuch Kommentar, bearbeitet von Eser, Albin/Perron, Walter/ Sternberg-Lieben, Detlef/Eisele, Jörg/Hecker, Bernd/Kinzig, Jörg/Bosch, Nikolaus/Schuster, Frank/Weißer, Bettina unter Mitarbeit von Schittenhelm, Ulrike, 30. Auflage München 2019.

Brandstetter, Wolfgang, 15 Jahre Vereinigung Österreichischer StrafverteidigerInnen – Rückblick und Ausblick, JSt 2017, 419.

Brodowski, Dominik, Diskussionsbeiträge der 36. Tagung der deutschsprachigen Strafrechtslehrerinnen und Strafrechtslehrer 2015 in Augsburg, ZStW 127 (2015), 691.

Bruckmüller, Ernst, Österreichische Geschichte. Von der Urgeschichte bis zur Gegenwart, Wien 2019.

Bu, Yuanshi, Rechtsdogmatik: vom Transfer des deutschen Rechts zum Transfer des deutschen Konzepts der Rechtswissenschaft, JZ 2016, 382.

Buber, Martin, Ich und Du, 11. Auflage Darmstadt 1983.

Bugelnig, Patrick, Tätige Reue als Strafaufhebungsgrund oder als bloßer Strafmilderungsgrund?, in: Lagodny, Otto (Hrsg.), Strafrechtsfreie Räume in Österreich und Deutschland – Ergebnisse eines rechtsvergleichenden Lehrprojekts, Wien 2015, S. 19.

Bundesministerium für Inneres (Hrsg.), Mein Österreich. Lernunterlage zur Staatsbürgerschaftsprüfung, Wien 2018 (www.staatsbuergerschaft.gv.at/fileadmin/user_upload/Broschuere/RZ_BMI_StaBuBro_Gesamt-Buch_2018_screen.pdf [abgefragt am: 12.08.2020]).

Bülte, Jens, Lässt die Wissenschaft die Justiz allein?, GA 2018, 77.

Clark, Christopher, Die Schlafwandler. Wie Europa in den ersten Weltkrieg zog, München 2015.

Conen, Stefan, § 323c StGB, in: Leipold, Klaus/Tsambikakis, Michael/Zöller, Mark A. (Hrsg.), AnwaltKommentar StGB, 3. Auflage Heidelberg 2020.

Coreth, Emmerich, Die Anfechtung von Verwaltungsbescheiden im ordentlichen Rechtsweg (Bedeutung des Artikels 94 B.V.G.), ÖVwBl 18 (1930), 1.

Coupette, Corinna/Fleckner, Andreas, Quantitative Rechtswissenschaft – Sammlung, Analyse und Kommunikation juristischer Daten, JZ 2018, 379.

Craig, Gordon A., Das Ende Preußens. Acht Porträts, München 1985.

Czech, Philip, Der Kaiser ist ein Lump und Spitzbube. Majestätsbeleidigung unter Kaiser Franz Joseph, Wien/Köln/Weimar 2010.

Dehne-Niemann, Jan/Greisner, Malte C., Der Zweck heiligt die Mittel – Notstandsrechtfertigung des tierschutzmotivierten Betretens von Tierställen. Zugleich Besprechung von OLG Naumburg NJW 2018, 2064, GA 2019, 205.

Di Fabio, Udo, Die Weimarer Verfassung. Aufbruch und Scheitern, München 2018.

Di Fabio, Udo, Herrschaft und Gesellschaft, Tübingen 2018.

Dimmel, Nikolaus/Schmee, Josef (Hrsg.), Politische Kultur in Österreich 2000–2005, Wien 2005.

Dreier, Horst, Kelsen im Kontext. Beiträge zum Werk Hans Kelsens und geistesverwandter Autoren, hrsg. von Jestaedt, Mathias/Paulson, Stanley L., Tübingen 2019.

Ecker, Dietmar/Martin Hans-Peter, Republik Kugelmugel. Wo die Macht sitzt und wer sie wie benützt, in: Martin, Hans-Peter (Hrsg.), Wollen täten's schon dürfen. Wie Politik in Österreich gemacht wird, Wien 2003, S. 33.

Eckstein, Ken, Ermittlungen zu Lasten Dritter, Tübingen 2013.

Elias, Norbert, Die höfische Gesellschaft, Untersuchungen zur Soziologie des Königtums und der höfischen Aristokratie, in: Gesammelte Schriften in 19 Bänden, Band 2, Neuausgabe 2002, 13. Auflage Berlin 2016.

Engländer, Armin, Revitalisierung der materiellen Rechtsgutslehre durch das Verfassungsrecht?, ZStW 127 (2015), 616.

Erb, Volker, § 32 StGB, in: Joecks, Wolfgang/Miebach, Klaus (Hrsg.), Münchener Kommentar zum StGB, Band 1, StGB §§ 1–37, 4. Auflage München 2020.

Eser, Albin, Reform der Tötungsdelikte: zum Abschlussbericht der amtlichen Expertengruppe, in: Gropp, Walter/Hecker, Bernd/Kreuzer, Arthur/Ringelmann, Christoph/Witteck, Lars/Wolfslast, Gabriele (Hrsg.), Strafrecht als Ultima Ratio. Gießener Gedächtnisschrift für Günter Heine, Tübingen 2016, S. 69.

Eser, Albin, Strafrechtsvergleichung: Entwicklung – Ziele – Methode, in: Eser, Albin/Perron, Walter (Hrsg.), Strukturvergleich strafrechtlicher Verantwortlichkeit und Sanktionierung in Europa, Freiburg im Breisgau/Berlin 2015, S. 929.

Eser, Albin, Die Entwicklung des Strafverfahrensrechts in der Europäischen Union. Orientierung an polizeilicher Effektivität oder an rechtsstaatlichen Grundsätzen, in: Organisationsbüro der Strafverteidigervereinigungen (Hrsg.), Aktuelle Probleme der Strafverteidigung unter neuen Rahmenbedingungen, 19. Strafverteidigertag vom 24.–26. März 1995 in Freiburg, Köln 1995, S. 59–86; erweiterte Fassung in ZStW 108 (1996), 86.

Literaturverzeichnis

Eser, Albin, Empfiehlt es sich, die Straftatbestände des Mordes, des Totschlags und der Kindestötung (§§ 211 bis 213, 217 StGB) neu abzugrenzen?, Gutachten D für den 53. Deutschen Juristentag, Berlin 1980.

Esser, Josef, Vorverständnis und Methodenwahl in der Rechtsfindung. Rationalitätsgrundlagen richterlicher Entscheidungspraxis, Königstein 1972.

Feltes, Thomas, Der staatliche Strafanspruch. Überlegungen zur Struktur, Begründung und Realisierung staatlichen Strafens: Eine Untersuchung im Zusammenhang mit der Sanktionsentwicklung in der Bundesrepublik Deutschland und der empirischen Bedeutung staatlichen Strafens, Holzkirchen 2007.

Fischedick, Walter, Die Zeugnisverweigerungsrechte von Geistlichen und kirchlichen Mitarbeitern, Frankfurt am Main 2006.

Fischer, Thomas/Gerhardt, Rudolf, Fachinterview. Rechtsprechung ist in einem weiteren Sinn auch Rechtspolitik. In engerem Sinn war sie schon immer Teil der Aufgabe und Tätigkeit der Obersten Bundesgerichte, ZRP 2014, 58.

Forster, Marc, Art. 223 StPO, in: Niggli, Marc/Herr, Marianne/Wiprächtiger, Hans (Hrsg.), Basler Kommentar, Schweizerische Strafprozessordnung, Jugendstrafprozessordnung, 2. Auflage Basel 2014.

Friedell, Egon, Kulturgeschichte der Neuzeit, Die Krisis der europäischen Seele von der schwarzen Pest bis zum Ersten Weltkrieg, München 2007.

Frisch, Wolfgang, Wesenszüge rechtswissenschaftlichen Arbeitens – am Beispiel und aus der Sicht des Strafrechts, in: Engel, Christoph /Schön, Wolfgang (Hrsg.), Das Proprium der Rechtswissenschaft, Tübingen 2008, S. 156.

Fuchs, Helmut/Zerbes, Ingeborg, Strafrecht Allgemeiner Teil I. Grundlagen und Lehre von der Straftat, 10. Auflage Wien 2018.

Fussenegger, Gertrud, Austria, in: Landesregierung Oberösterreich (Abteilung Kultur) (Hrsg.), Unterwegs in die Zukunft ... Den jungen Bürgern Oberösterreichs, 5. Auflage Linz 1980, S. 220.

Gaede, Karsten, § 323c StGB, in: Kindhäuser, Urs/Neumann, Ulfried/Paeffgen, Ullrich (Hrsg.), Nomos Kommentar Strafgesetzbuch, 5. Auflage Baden-Baden 2017.

Geier, Manfred, Der Wiener Kreis, Reinbek bei Hamburg 1992.

Gilardeau, Eric, Der Einfluss des Gedankengutes Kants auf das Allgemeine Bürgerliche Gesetzbuch durch Franz von Zeiller, ZfRV 2004, 123.

Glaser, Julius, Handbuch des Strafprozesses, Erster Band, Berlin 1883, Zweiter Band, Berlin 1885.

Goeckenjan, Ingke, Überprüfung von Straftatbeständen anhand des Verhältnismäßigkeitsgrundsatzes: überfällige Inventur oder Irrweg?, in: Jestaedt, Matthias/Lepsius, Oliver (Hrsg.), Verhältnismäßigkeit. Zur Tragfähigkeit eines verfassungsrechtlichen Schlüsselkonzepts, Tübingen 2015, S. 184.

Grabenwarter, Christoph/Ohms, Brigitte, B-VG. Bundes-Verfassungsgesetz, 13. Auflage Wien 2014.

Greco, Luis, Notwehr und Proportionalität, GA 2018, 665.

Greco, Luis, Tiernothilfe, JZ 2019, 390.

Grünstäudl, Georg, Richterauswahl und Richterausbildung im Systemvergleich. Österreich, Deutschland und die Schweiz seit 1945, Bern/Baden-Baden/Wien 2018.

Gschwend, Lukas/Weder, Regina, Strafrecht und Moral: unvereinbar oder untrennbar?, ZStR 136 (2018) Sonderheft, 1.

Haarmann, Daniela, Die Entstehung des habsburgischen Mythos im 19. Jahrhundert, Diplomarbeit Universität Wien 2012.

Haidinger, Martin, Franz Josephs Land. Eine kleine Geschichte Österreichs, Wien 2016.

Hamann, Brigitte, Österreich – Ein historisches Porträt, München 2009.

Hamann, Brigitte, Hitlers Edeljude: Das Leben des Armenarztes Eduard Bloch, München 2008.

Hämmerle, Christa, „... dort wurden wir dressiert und sekiert und geschlagen ...". Vom Drill, dem Disziplinarstrafrecht und Soldatenmisshandlungen im Heer (1868 bis 1914), in: Cole, Laurence/Hämmerle, Christa/Scheutz, Martin (Hrsg.), Glanz – Gewalt – Gehorsam. Militär und Gesellschaft in der Habsburgermonarchie (1800 bis 1918), Essen 2010, S. 31.

Hassemer, Winfried, Theorie und Soziologie des Verbrechens: Ansätze zu einer praxisorientierten Rechtsgutslehre, Frankfurt am Main 1980.

Häuser, Horst, Die Illusion der Subsumtion. Der Richter als Teil des Rechtsfindungsprozesses, Betrifft JUSTIZ 2011, 151.

Hefendehl, Roland, Die Rechtsgutslehre und der Besondere Teil des Strafrechts, ZIS 2012, 506.

Hefendehl, Roland, Kollektive Rechtsgüter im Strafrecht, Köln/Berlin/Bonn/München 2002.

Heimann, Heinz-Dieter, Die Habsburger: Dynastie und Kaiserreiche, 5. Auflage München 2016.

Heine, Günter, Die strafrechtliche Verantwortlichkeit von Unternehmen: von individuellem Fehlverhalten zu kollektiven Fehlentwicklungen, insbesondere bei Großrisiken, Baden-Baden 1995.

Heinrich, Jürgen, Konfliktverteidigung im Strafprozess, GA 2018, 599.

Heinrich, Jürgen, Konfliktverteidigung im Strafprozess, 2. Auflage München 2016.

Hengerer, Mark, Hofzeremoniell 1500–1800, Teil II: Zeremoniell des Kaiserhofes, (Gastbeitrag vom 12.11.2017), www.hofkulturblog.de/hofzeremoniell-1500-1800-teil-ii-zeremoniell-des-kaiserhofes-1500-1800/ (abgefragt am: 12.08.2020).

Herrmann, Bernd/Dettmeyer, Reinhard B./Banaschak, Sibylle/Thyen, Ute, Kindesmisshandlung. Medizinische Diagnostik, Intervention und rechtliche Grundlagen, Heidelberg 2008.

Herzog, Johannes, Der Rausch als „Ausrede"? Eine Analyse der strafrechtlichen Bestimmungen zur Berauschung, Diplomarbeit Universität Salzburg 2019.

Hiebl, Stefan, § 137 StPO, in: von Heintschel-Heinegg, Bernd /Stöckel, Heinz (Hrsg.), KMR – Kommentar zur Strafprozessordnung, Darmstadt/Köln 2001.

Literaturverzeichnis

Hinterhofer, Hubert, Zeugenschutz und Zeugnisverweigerungsrechte im österreichischen Strafprozess, Wien 2004.

Hochmayr, Gudrun, Die Strafbarkeit der schlichten körperlichen Misshandlung im Rechtsvergleich, ZStW 130 (2018), 55.

Hochmayr, Gudrun/Schmoller, Kurt, Die Definition der Gewalt im Strafrecht, ÖJZ 2003, 628.

von Holtzendorff, Franz (Hrsg.), Handbuch des deutschen Strafprozeßrechts, in Einzelbeiträgen, Erster Band, Berlin 1879.

Höller, Ralf, Eine Leiche in Habsburgs Keller. Der Rebell Michael Gaismair und sein Kampf um eine gerechtere Welt, Salzburg/Wien 2011.

Honig, Richard M., Die Einwilligung des Verletzten. Die Geschichte des Einwilligungsproblems und die Methodenfrage, Mannheim/Berlin 1919.

Hörnle, Tatjana, Stärken und Schwächen der deutschen Strafrechtswissenschaft, in: Dreier, Horst, (Hrsg.), Rechtswissenschaft als Beruf, Tübingen 2018, S. 183.

Hörnle, Tatjana, Grob anstößiges Verhalten: strafrechtlicher Schutz von Moral, Gefühlen und Tabus, Frankfurt am Main 2004.

Huemer, Peter, Raufen beim Kuchenteilen. Die Sozialpartnerschaft und ihr Ende, in: Martin, Hans-Peter (Hrsg.), Wollen täten's schon dürfen. Wie Politik in Österreich gemacht wird, Wien 2003, S. 189.

Ipsen, Jörn, Allgemeines Verwaltungsrecht, 11. Auflage München 2019.

Jabloner, Clemens/Bailer-Galanda, Brigitte/Blimlinger, Eva/Graf, Georg/Knight, Robert/Mikoletzky, Lorenz/Perz, Bertrand/Sandgruber, Roman/Stuhlpfarrer, Karl/Teichova, Alice, Schlussbericht der Historikerkommission der Republik Österreich – Vermögensentzug während der NS-Zeit sowie Rückstellungen und Entschädigungen seit 1945 in Österreich, Wien 2003.

Jabloner, Clemens/Olechowski, Thomas/Zeleny, Klaus (Hrsg.), Hans Kelsen in seiner Zeit, Wien 2019.

Jahn, Gaby, Die Fluortablette in der Zehn-Uhr-Pause. Highlights aus der österreichischen Mitvergangenheit, Wien 2012.

Jahn, Matthias, Verteidigung lege artis, StraFO 2017, 177.

Jahn, Matthias, Kritik der richterlichen Vernunft. Max Alsbergs Philosophie der Verteidigung und das Wirtschaftsstrafrecht, NZWiSt 2014, 58.

Jakab, András, Die Dogmatik des österreichischen öffentlichen Rechts aus deutschem Blickwinkel – Ex contrario fiat lux, Der Staat 46 (2007), 268.

Jarass, Hans/Pieroth, Bodo, Grundgesetz für die Bundesrepublik Deutschland, Kommentar, 16. Auflage München 2020.

Jellinek, Georg, Die sozialethische Bedeutung von Recht, Unrecht und Strafe, 2. Auflage Berlin 1908.

Jenull, Sebastian, Das österreichische Criminal-Recht nach seinen Gründen und seinem Geiste, Zweiter Theil, Graz 1809.

Jescheck, Hans-Heinrich, Die Entwicklung des Verbrechensbegriffs in Deutschland im Vergleich mit der österreichischen Lehre, ZStW 73 (1961), 179.

Jestaedt, Matthias (Hrsg.), Hans Kelsen und die deutsche Staatsrechtslehre, Stationen eines wechselvollen Verhältnisses, Tübingen 2013.

Jestaedt, Matthias, Hans Kelsens Reine Rechtslehre. Eine Einführung, in: Jestaedt, Matthias (Hrsg.), Kans Kelsen Reine Rechtslehre, Studienausgabe der 1. Auflage 1934, Tübingen 2008.

Johann, Anja, Kontrolle mit Konsens. Sozialdisziplinierung in der Reichsstadt Frankfurt am Main im 16. Jahrhundert, Frankfurt am Main 2001.

Karsten, Arne, Der Untergang der Welt von gestern. Wien und die k.u.k. Monarchie 1911–1919, München 2019.

Khakzadeh-Leiler/Lamiss Magdalena, Art. 94 B-VG, in: Kneihs, Benjamin/Lienbacher, Georg (Hrsg.), Rill-Schäffer-Kommentar Bundesverfassungsrecht, 12. Lieferung Wien 2013.

Kehlmann, Daniel, Tyll, Reinbek bei Hamburg, 2017.

Kelsen, Hans, Reine Rechtslehre. Studienausgabe der 2. Auflage 1960, hrsg. von Jestaedt, Mathias, Tübingen/Wien 2017.

Kelsen, Hans, Reine Rechtslehre. Einleitung in die rechtswissenschaftliche Problematik, 1. Auflage Leipzig/Wien 1934, Nachdruck Tübingen 2008.

Keppler, Birte, Die Normalität des Straferfahrens der DDR, in: Arnold, Jörg (Hrsg.), Die Normalität des Strafrechts der DDR, Band 1 Gesammelte Beiträge und Dokumente, Freiburg im Breisgau 1995, S. 23.

Kienapfel, Diethelm/Höpfel, Frank/Kert, Robert, Strafrecht Allgemeiner Teil, 15. Auflage Wien 2020.

Kienapfel, Diethelm/Schmoller, Kurt, Strafrecht Besonderer Teil II, Delikte gegen Vermögenswerte, 2. Auflage Wien 2017.

Kienapfel, Diethelm/Schroll Hans-Valentin, Strafrecht Besonderer Teil I, Delikte gegen Personenwerte, 4. Auflage Wien 2016.

Kier, Roland/Bockemühl, Jan, Verständigungen in Strafverfahren – Ein Plädoyer gegen die Kodifizierung einer „StPO light" in Österreich, Replik auf Ruhri, Verständigungen im Strafverfahren, AnwBl 2010, 243 ff, öAnwBl 2010, 402.

Kier, Roland/Wess, Norbert (Hrsg.), Handbuch Strafverteidigung, Wien 2017.

Kilian, Ines, Die Dresdner Notwehrstudie: Zur Akzeptanz des deutschen Notwehrrechts in der Bevölkerung, Baden-Baden 2011.

King, Gary/Keohane, Robert O./Verba, Sidney, Designing Social Inquiry. Scientific Inference in Qualitative Research, Princeton 1994, S. 14.

Kirchbacher, Kurt, § 155 StPO, in: Fuchs, Helmut/Ratz, Eckart (Hrsg.), Wiener Kommentar zur Strafprozessordnung, 194. Lieferung Wien 2013.

Kirste, Stephan, Voraussetzungen von Interdisziplinarität der Rechtswissenschaften, in: Kirste, Stephan (Hrsg.), Interdisziplinarität in den Rechtswissenschaften. Ein interdisziplinärer und internationaler Dialog, Berlin 2016, S. 36.

Kischel, Uwe, Rechtsvergleichung, München 2015.

Klaus, Alexander, Ärztliche Schweigepflicht, Inhalt und ihre Grenzen, Wien 1991.

Kley, Andreas/Tophinke, Esther, Hans Kelsen und die Reine Rechtslehre, JA 2001, 169.

Literaturverzeichnis

Köhler, Marcus, § 163a StPO, in: Meyer-Goßner, Lutz/Schmitt, Bertram (Hrsg.), Strafprozessordnung, Gerichtsverfassungsgesetz, Nebengesetze und ergänzende Bestimmungen, 63. Auflage München 2020.

König, Stefan, Konfliktverteidigung? Konfliktverteidigung! Zugleich eine Erinnerung an den österreichischen Strafverteidiger und Publizisten Walther Rode (1876–1934), StV 2017, 188 (= JSt 2017, 89).

Kubiciel, Michael, Kriminalpolitik und Strafrechtswissenschaft, JZ 2018, 171.

Kubiciel, Michael, Einheitliches europäisches Strafrecht und vergleichende Darstellung seiner Grundlagen, JZ 2015, 64.

Kudlich, Hans/Hoven, Elisa, Muss am deutschen Strafrechtswesen denn unbedingt die Welt genesen?, ZIS 2016, 345.

Kudlich, Hans, Die Relevanz der Rechtsgutstheorie im modernen Verfassungsstaat, ZStW 127 (2015), 635.

Kühnhardt, Ludger, Die Universalität der Menschenrechte, München 1987.

Lachinger, Peter, Das Recht des Beschuldigten auf Akteneinsicht – die Grundlage seines Anspruchs auf rechtliches Gehör im Strafverfahren, Dissertation Universität Salzburg 2014.

Lackner, Herbert, Der Fall Murer: Rosen für den Mörder, profil vom 15.03.2018 (www.profil.at, abgefragt am: 20.08.2020).

Lagodny, Otto, Das Politische an der Rechtswissenschaft, in: Andrianne, Nancy/Gabriel, Manfred/Gmainer-Pranzl, Franz (Hrsg.), Das Politische der Wissenschaft, Salzburger interdisziplinäre Diskurse, Band 18, Berlin 2020 [in Vorbereitung].

Lagodny, Otto, Rezension: Josef Franz Lindner, Rechtswissenschaft als Metaphysik. Das Münchhausenproblem einer Selbstermächtigungswissenschaft, Tübingen 2017, GA 2019, 417.

Lagodny, Otto, Prüfungsorientierter Erwerb von Begründungskompetenz mit Hilfe der juristischen Methodenlehre, ZDRW 2018, 8.

Lagodny, Otto, Die Strafprozessordnung dient dem Schutz der tatsächlich unschuldigen Person, JSt 2018, 358.

Lagodny, Otto, Rechtsvergleichende Überlegungen zur Didaktik des Rechtsstudiums in Österreich und in Deutschland, in: Warto, Patrick/Zumbach, Jörg/Lagodny, Otto/Astleitner, Hermann (Hrsg.), Rechtsdidaktik – Pflicht oder Kür? 1. Fachtagung Rechtsdidaktik in Österreich, Baden-Baden 2017, S. 51.

Lagodny, Otto, Fallstricke der Strafrechtsvergleichung am Beispiel der deutschen Rechtsgutslehre, ZIS 2016, 674.

Lagodny, Otto, Übernahmefähigkeit und Übernahmewürdigkeit ausländischer strafrechtlicher Regelungen – Eine Projektskizze am Beispiel Österreichs und Deutschlands, in: Burkhardt, Björn/Koch, Hans-Georg/Gropp, Walter/Lagodny, Otto/Spaniol, Margret/Walther, Susanne/Künschner, Alfred/Arnold, Jörg/Perron, Walter (Hrsg.), Scripta amicitiae – Freundschaftsgabe für Albin Eser zum 80. Geburtstag am 26. Januar 2015, Berlin 2015, S. 387.

Lagodny, Otto (Hrsg.), Strafrechtsfreie Räume in Österreich und Deutschland – Ergebnisse eines rechtsvergleichenden Lehrprojekts, Wien 2015, darin als Autor: Einführung, S. 15; Gemeinsam einander fremd? – Rechtsvergleichende Zusammenfassung, S. 265.

Lagodny, Otto, Paternalismus im deutschen und österreichischen Strafrecht, in: Beck, Susanne (Hrsg.), Gehört mein Körper noch mir?, Baden-Baden 2012, S. 271.

Lagodny, Otto, Auslieferung trotz Flüchtlings- oder Asylanerkennung? Gutachten im Auftrag für amnesty international, Freiburg 2008, http://www.uni-salzburg.a t/strafrecht/lagodny (abgefragt am: 12.08.2020).

Lagodny, Otto, Die Ungeeignetheit von reinen Geschworenengerichten im kontinentalen Strafverfahren, in: Müller-Dietz, Heinz/Müller, Egon/Kunz, Karl-Ludwig/Radtke, Henning/Britz, Guido/Momsen, Carsten/Koriath, Heinz (Hrsg.), Festschrift für Heike Jung zum 65. Geburtstag am 23. April 2007, Baden-Baden 2007, S. 499.

Lagodny, Otto, Paternalistische Züge im Strafrecht am Beispiel Deutschlands und Österreichs, in: Anderheiden, Michael/Bürkli, Peter/Heinig, Hans Michael/Kirste, Stephan/Seelmann, Kurt (Hrsg.), Paternalismus und Recht, In memoriam Angela Augustin (1968–2004), Tübingen 2006, S. 225.

Lagodny, Otto, Rechtsvergleichende Fragen an die Laiengerichtsbarkeit in Österreich, in: Soyer, Richard, (Hrsg.), Strafverteidigung – Neue Herausforderungen, Schriftenreihe der Vereinigung Österreichischer StrafverteidigerInnen, Band 6, Wien/Graz 2006, S. 13.

Lagodny, Otto, How the Austrians or Germans do without it?, in: Grafl, Christian/ Medigovic, Ursula (Hrsg.), Festschrift für Manfred Burgstaller zum 65. Geburtstag, Wien 2004, S. 409.

Lagodny, Otto, Strafrecht vor den Schranken der Grundrechte. Die Ermächtigung zum strafrechtlichen Vorwurf im Lichte der Grundrechtsdogmatik dargestellt am Beispiel der Vorfeldkriminalisierung, Tübingen 1996.

Lagodny, Otto, Notwehr gegen Unterlassen. Zugleich ein Beitrag zur Subsidiarität der Notwehr gegenüber gerichtlichem (Eil-)Rechtsschutz, GA 1991, 300.

Lagodny, Otto, Die Rechtsstellung des Auszuliefernden in der Bundesrepublik Deutschland, Freiburg 1987.

Lagodny, Otto/Lagodny, Julius, Law as 'Argumentative Science'. Functional transfer of basics of scientific theory, in: Shany, Yuval/Ghanayim, Khalid (eds.),The Quest for Core Values in the Application of Legal Norms – Essays in honor of Prof. Mordechai Kremnitzer, 2020 (in Druck).

Lagodny, Otto/Lagodny, Julius, Fußnotenkulturen – Beobachtungen aus rechts- und politikwissenschaftlicher Sicht, ZIS 2019, 354.

Lagodny, Otto/Mansdörfer, Marco/Putzke, Holm, Im Zweifel: Darstellung im Behauptungsstil, Thesen wider den überflüssigen Gebrauch des Gutachtenstils, ZJS 2014, 157.

Lagodny, Otto/Tekin, Yasin, Der „Wucher" im türkischen Strafrecht im Fadenkreuz von Religion, Laizismus und Menschenrechten, NZWiSt 2013, 81.

Literaturverzeichnis

Landesregierung Oberösterreich (Abteilung Kultur) (Hrsg.), Unterwegs in die Zukunft ... Den jungen Bürgern Oberösterreichs, 5. Auflage Linz 1980.

Langguth, Gerd, Die Protestbewegung in der Bundesrepublik Deutschland 1968–1976, Schriftenreihe der Bundeszentrale für politische Bildung, Band 117, Köln 1976.

Larcher, Albin (Hrsg.), Handbuch UVS. Organisation, Verfahren und Zuständigkeiten der Unabhängigen Verwaltungssenate, Wien 2012.

Laufhütte, Heinrich/Willnow, Günter, § 137 StPO, in: Hannich, Rolf (Hrsg.), Karlsruher Kommentar zur Strafprozessordnung, mit GVG, EGGVG und EMRK, 8. Auflage München 2019.

Lässig, Rudolf, § 313 StPO, in: Fuchs, Helmut/Ratz, Eckart (Hrsg.), Wiener Kommentar zur Strafprozessordnung, 267. Lieferung Wien 2017.

Leidinger, Hannes/Moritz, Verena, Umstritten. Verspielt. Gefeiert. Die Republik Österreich 1918/2018, Wien 2018.

Leitner, Richard, Vernehmungsverbote im österreichischen Strafprozessrecht: Beichtgeheimnis und Amtsgeheimnis versus Wahrheitsfindung, Wien 2004.

Lendvai, Paul, Mein Österreich. 50 Jahre hinter den Kulissen der Macht, Salzburg 2007.

Lewisch, Peter, § 3 StGB, in: Höpfel, Frank/Ratz, Eckart (Hrsg.), Wiener Kommentar zum Strafgesetzbuch, 244. Lieferung Wien 2020.

Lienbacher, Georg, Grundsatzfragen der Rechtsetzung und Rechtsfindung, Referate und Diskussionen auf der Tagung der Vereinigung der Deutschen Staatsrechtslehrer in Münster vom 5. bis 8. Oktober 2011, VVDStRL 71 (2011) 7.

Lindner, Josef Franz, Einheit der Rechtswissenschaft als Aufgabe, JZ 2016, 697.

Lindner, Josef Franz, Rechtswissenschaft als Metaphysik. Das Münchhausenproblem einer Selbstermächtigungswissenschaft, Tübingen 2017.

Lippold, Rainer, Reine Rechtslehre und Strafrechtsdoktrin. Zur Theorienstruktur in der Rechtswissenschaft am Beispiel der Allgemeinen Strafrechtslehre, Wien/New York 1989.

Löffler, Sigrid, Das Erbe der Hofzwerge. Habsburgs Nachhall in der Literatur Österreichs, in: Pieper, Dietmar/Saltzwedel, Johannes (Hrsg.), Die Welt der Habsburger. Glanz und Tragik eines europäischen Herrscherhauses, München 2011, S. 263.

Lohse, Eva Julia, Rechtsangleichungsprozesse in der Europäischen Union, Tübingen 2017.

Lohsing, Ernst, Besprechung der 2. Auflage von Varghas Compendium „Das Strafprozessrecht", Archiv für Kriminal-Anthropologie und Kriminalistik 1907, 393.

Löhnig, Martin/Preisner, Mareike/Schlemmer, Thomas (Hrsg.), Ordnung und Protest. Eine deutsche Protestgeschichte von 1949 bis heute, Tübingen 2015.

Lüders, Christian, Teilnehmende Beobachtung, in: Bohnsack, Ralf/Marotzki, Winfried/Meuser, Michael (Hrsg.), Hauptbegriffe Qualitativer Sozialforschung, Opladen/Farmington Hills 2001, 151.

Machacek, Rudolf (Hrsg.), Verfahren vor dem Verfassungsgerichtshof und vor dem Verwaltungsgerichtshof, 5. Auflage Wien 2004.

Magris, Claudio, Der habsburgische Mythos in der modernen österreichischen Literatur, Wien 2000.

Mankowski, Peter, Rechtskultur, Tübingen 2016.

Mansdörfer, Marco, Unrecht und Schuld – das Konzept der Verteidigungseinreden, in: Mansdörfer, Marco (Hrsg.), Die allgemeine Straftatlehre des common law, Heidelberg 2005, S. 89.

Mappes-Niediek, Norbert, Österreich für Deutsche. Einblicke in ein fremdes Land, 2. Auflage Berlin 2002.

Mappes-Niediek, Norbert, Werden sie ihn hängen? – Ein Student aus Jena steht in Österreich vor Gericht, weil er zwischen die Fronten der Autonomen und der rechten Burschenschafter geriet, Badische Zeitung vom 17.07.2014, S. 3.

Max-Planck-Gesellschaft zur Förderung der Wissenschaft e.V. (Hrsg.), Personalien 2009, Beilage zum Jahresbericht der Max-Planck-Gesellschaft, München 2010.

Mayer, Heinz/Kucsko-Stadlmayer, Gabriele/Stöger, Karl, Grundriss des österreichischen Bundesverfassungsrechts, 11. Auflage Wien 2015.

Mehnert, Klaus, Jugend im Zeitbruch. Woher – wohin, Stuttgart 1976.

Meller, Laura, Urteilsabsprachen im österreichischen Strafprozess – Zur Macht des Faktischen, Berlin 2020.

Merkel, Reinhard, Strafrecht und Satire im Werk von Karl Kraus, Baden-Baden 1994 (bzw Frankfurt am Main 1998).

Messner, David, Probleme der Selbsthilfe am Beispiel des Abschleppens unzulässig abgestellter Kraftfahrzeuge, JBl 2020, 209 (Teil 1) und 291 (Teil 2).

Michel-Kwapinski, Alexandra, § 166 StPO, in: Fuchs, Helmut/Ratz, Eckart (Hrsg.), Wiener Kommentar zur Strafprozessordnung, 143. Lieferung Wien 2011.

Mitterer, Susanne/Lagodny, Otto, Die Frage nach dem Zeugnisverweigerungsrecht für Allgemeinmediziner im österreichischen und deutschen Strafverfahren, medstra 2017, 272.

Moos, Reinhard, Der Verbrechensbegriff in Österreich im 18. und 19. Jahrhundert. Sinn- und Strukturwandel, Bonn 1968.

Moringer, Wolfgang, Konfliktverteidigung: Nützlich für welche Wahrheit?, JSt 2016, 94.

Möllers, Thomas M.J., Juristische Methodenlehre, München 2. Auflage 2019.

Mühlbacher, Thomas, Rationalität in der Strafverteidigung, JSt 2018, 293.

Müller, Therese, Besitzschutz in Europa, eine rechtsvergleichende Untersuchung über den zivilrechtlichen Schutz der tatsächlichen Sachherrschaft, Tübingen 2010.

Nilsson, Alice, Hättiwari. Der wahre Kern von Österreich, Wien 2012.

Nimmervoll, Rainer, Kopiergebühren im Strafverfahren, JSt 2015, 206.

Norouzi, Ali B., Der Bundesgerichtshof als Akteur der Kriminalpolitik – oder: Warum es (noch) Wahlfeststellungen gibt, HRRS 2016, 285.

Literaturverzeichnis

Ohana, Daniel, Administrative penalties in the Rechtsstaat: On the emergence of the Ordnungswidrigkeit sanctioning system in post-war Germany, University of Toronto Law Journal 64 (2014), 243.

Opitz, Claudia (Hrsg.), Höfische Gesellschaft und Zivilisationsprozess. Norbert Elias'Werk in kulturwissenschaftlicher Perspektive, Köln/Weimar/Wien 2005.

Panagl, Oswald/Gerlich, Peter (Hrsg.), Wörterbuch der politischen Sprache in Österreich, Wien 2007.

Pfersmann, Hans, Kelsens Rolle in der gegenwärtigen Rechtswissenschaft, in: Walter, Robert/Ogris, Werner/Olechowski, Thomas (Hrsg.), Hans Kelsen: Leben – Werk – Wirksamkeit, Wien 2009, S. 367.

Pfohl, § 17 TierschG, in: Joecks, Wolfgang/Miebach, Klaus (Hrsg.), Münchener Kommentar zum StGB, Band 6 JGG, Nebenstrafrecht I, 3. Auflage München 2018.

Pichler, Meinrad, Eine unbeschreibliche Vergangenheit. Die Vorarlberger Geschichtsschreibung und der Nationalsozialismus, in: Pichler, Meinrad (Hrsg.), Nachträge. Zur neueren Vorarlberger Landesgeschichte, 2. Auflage Bregenz 1983, S. 191.

Pieper, Dietmar/Saltzwedel, Johannes (Hrsg.), Die Welt der Habsburger. Glanz und Tragik eines europäischen Herrscherhauses, München 2011.

Plasser, Fritz/Ulram, Peter A., Staatsbürger oder Untertanen? – Politische Kultur Deutschlands, Österreichs und der Schweiz im Vergleich, 2. Auflage Frankfurt am Main/Berlin/Bern/New York/Paris/Wien 1993.

Popper, Karl, Wissenschaftslehre in entwicklungstheoretischer und in logischer Sicht (1972), in: Popper (Hrsg.), Alles Leben ist Problemlösen. Über Erkenntnis, Geschichte und Politik, 6. Auflage München 2001, S. 15.

Popper, Karl, The Logic and Evolution of Scientific Theory (1972), in: Popper, Karl (ed.), All Life is Problem Solving, London/New York 1999, S. 2.

Rami, Michael, Sprache und Recht. Nationale im Akt, ÖJZ 2016, 528.

Rathkolb, Oliver, Verhandlungen über Schuld und Geschichte: Materielle Restitution und Entschädigung in Österreich 1945–2002, in: Marinelli, Lydia (Hrsg.), Freuds verschwundene Nachbarn, Wien 2003, S. 75 (www.demokratiezentrum.org/fileadmin/media/pdf/rathkolb_freud.pdf [abgefragt am: 12.08.2020]).

Ratz, Eckart, § 345 StPO, in: Fuchs, Helmut/Ratz, Eckart (Hrsg.), Wiener Kommentar zur Strafprozessordnung, 316. Lieferung Wien 2020.

Ratz, Eckart, Richtig ist nur eine Rechtsmeinung, Glosse zu OGH 16.11.2017, 12 Os 85/17t, EvBl-LS 2018/63, ÖJZ 2018, 380.

Ratz, Eckart, Gesetzestext geht GMat vor, Glosse zu OGH 16.2.2017, 15 Ns 4/17g, EvBl-LS 2017/13, ÖJZ 2017, 627.

Rauter, Katharina, Die Bedeutung von Tätigkeitsdelikten im österreichischen Kriminalstrafrecht, in: Lagodny, Otto (Hrsg.), Strafrechtsfreie Räume in Österreich und Deutschland – Ergebnisse eines rechtsvergleichenden Lehrprojekts, Wien 2015, S. 85.

Reed, Alan/Bohlander, Michael, General Defences in Criminal Law. Domestic and Comparative Perspectives, Ashgate/Surrey 2014.

Reinbacher, Tobias, Nothilfe bei Tierquälerei, ZIS 2019, 509.

Resetarits, Willi (alias Kurt Ostbahn), Wozu Beamte? Über Obrigkeiten, den Staat und die Beweglichkeit, in: Martin, Hans-Peter (Hrsg.), Wollen täten's schon dürfen. Wie Politik in Österreich gemacht wird, Wien 2003, S. 145.

Rieks, Rudolf/Hauser, Richard, Pietas, in: Ritter, Joachim /Gründer, Karlfried (Hrsg.), Historisches Wörterbuch der Philosophie online, Basel (www.schwabeonline.ch); Druckversion: Historisches Wörterbuch der Philosophie, Band 7, Basel 1989, Spalte 971.

Robbers, Gerhard, Sicherheit als Menschenrecht: Aspekte der Geschichte, Begründung und Wirkung einer Grundrechtsfunktion, Baden-Baden 1987.

Rode, Walther, Knöpfe und Vögel. Lesebuch für Angeklagte, Berlin 1931, Neuauflage Köln/Wien 2000.

Roeder, Hermann, Die Beweisverbote im österreichischen und deutschen Strafverfahren, ÖJZ 1974, 309.

Roitner, Florian, Die Überwachung des Verteidigergesprächs findet ihr Ende, ÖJZ 2016, 117.

Roitner, Florian, Die Überwachung des Gespräches zwischen dem Beschuldigten und seinem Verteidiger im Lichte der EMRK, in: Lagodny, Otto (Hrsg.), Strafrechtsfreie Räume in Österreich und Deutschland – Ergebnisse eines rechtsvergleichenden Lehrprojekts, Wien 2015, S. 129.

Roth, Joseph, Radetzkymarsch, München 2007.

Ruhri, Gerald, Verständigungen im Strafverfahren, öAnwBl 2010, 243.

Rückert, Joachim, Einige Bemerkungen über Mitläufer, Weiterläufer und andere Läufer im Bundesministerium der Justiz nach 1949, in: Görtemaker, Manfred/ Safferling, Christoph (Hrsg.), Die Rosenburg. Das Bundesministerium der Justiz und die NS-Vergangenheit – eine Bestandsaufnahme, 2. Auflage Göttingen 2013, S. 60.

Sachslehner, Johannes, Rosen für den Mörder. Die zwei Leben des SS-Mannes Franz Murer, Wien 2017.

Sautner, Lyane, Reversible und irreversible Prägungen des Ermittlungsverfahrens, ÖJZ 2017, 902.

Sautner, Lyane, Der Beginn der Strafbarkeit beim Versuch, JBl 2013, 753.

Sautner, Lyane, Ordre public aus der Perspektive des Strafrechts, RZ 2012, 222.

Sautner, Lyane, Die Gewalt bei der Nötigung (§ 105 StGB), Wien 2002.

Schick, Robert, Zur Anzeigepflicht der Ärzte, in: Huber, Christian/Jesionek, Udo/ Miklau, Roland (Hrsg.), Festschrift für Reinhard Moos zum 65. Geburtstag, Wien 1997, S. 303.

Schick, Peter, Das Öffentliche Recht im Spiegel des Strafrechts, ZöR 65 (2010), 573.

Schick, Peter, Die „richtige" Rechtsansicht, ÖJZ 1972, 656.

Schiedermair, Rudolf, Handbuch des Ausländerrechts der Bundesrepublik Deutschland, München 1968.

Literaturverzeichnis

Schlothauer, Reinhold, § 3 Ermittlungsverfahren, in: Widmaier, Gunter/Müller, Eckhart/Schlothauer, Reinhold (Hrsg.), Münchener Anwaltshandbuch Strafverteidigung, 2. Auflage München 2014.

Schmalenbach, Kirsten, Recht auf Rechtsfähigkeit für Menschen mit Behinderungen nach Art. 12 BRK, NLMR 2014, 271.

Schmidt, Manfred G., Politik, in: Schmidt, Manfred G. (Hrsg.), Wörterbuch zur Politik, 2. Auflage Stuttgart 2004, S. 538.

Schmitt, Bertram, Vor § 48 StPO, in: Meyer-Goßner, Lutz/Schmitt, Bertram (Hrsg.), Strafprozessordnung, Gerichtsverfassungsgesetz, Nebengesetze und ergänzende Bestimmungen, 63. Auflage München 2020.

Schmoller, Kurt, Die „in der Lehre geteilte" Rechtsauffassung des OGH. Kurze Nachbemerkung zu OGH 29.08.2013, 13 Os 54/13k = JBl 2014, 125, JBl 2014, 135.

Schmoller, Kurt, Der OGH in Strafsachen: „Wahrer einheitlicher Rechtsauslegung" oder „Schulmeister der Anwälte"?, in: Giese, Karim/Holzinger, Gerhart/Jabloner, Clemens (Hrsg.), Verwaltung im demokratischen Rechtsstaat, Festschrift für Harald Stolzlechner zum 65. Geburtstag, Wien 2013, S. 607.

Schmoller, Kurt, Neues Strafprozessrecht in Österreich, GA 2009, 505.

Schmoller, Kurt, Verbandsgeldbußen in Österreich und Deutschland. Ein Strukturvergleich, in: Hettinger, Michael/Zopfs, Jan/Hillenkamp, Thomas/Köhler, Michael/Rath, Jürgen/Streng, Franz/Wolter, Jürgen (Hrsg.), Festschrift für Wilfried Küper zum 70. Geburtstag, Heidelberg 2007, S. 519.

Schmoller, Kurt, § 109 StGB, in: Triffterer, Otto/Rosbaud, Christian/Hinterhofer, Hubert (Hrsg.), Salzburger Kommentar zum Strafgesetzbuch, 6. Lieferung Wien 2001.

Schmoller, Kurt, Beweisverwertungsverbote im Diskussionsentwurf zur Reform des strafprozessualen Vorverfahrens, RZ 2000, 154.

Schmoller, Kurt, Zur Reichweite der Verschwiegenheitspflicht von Ärzten, Psychologen und Psychotherapeuten, RdM 1996, 131.

Schmoller, Kurt, Unverwertbares Beweismaterial im Strafprozeß. Die österreichische Rechtslage und Reformüberlegungen, in: Strafprozeß- und Strafvollzugsreform – Justiz und Medien, Tagung der Österreichischen Juristenkommission 1988, Schriftenreihe des Bundesministeriums für Justiz, Wien 1989, S. 105.

Schmoller, Kurt, Alternative Tatsachenaufklärung im Strafrecht, Wien 1986.

Schomburg, Wolfgang/Lagodny, Otto, Internationale Rechtshilfe in Strafsachen. International Cooperation in Criminal Matters, fortgeführt von Gleß, Sabine/Hackner, Thomas/Trautmann, Sebastian, 6. Auflage München 2020.

Schomburg, Wolfgang/Lagodny, Otto, Internationale Rechtshilfe in Verkehrsstrafsachen – insbesondere: Das neue Überstellungsrecht und die Vollstreckungshilfe im Verhältnis zu Österreich, DAR 1992, 445.

Schöne, Helmar, Die teilnehmende Beobachtung als Datenerhebungsmethode in der Politikwissenschaft. Methodologische Reflexion und Werkstattbericht, Historische Sozialforschung 30 (2005), 168.

Schönke, Adolf/Schröder, Horst, Strafgesetzbuch Kommentar, bearbeitet von Eser, Albin/Perron, Walter/ Sternberg-Lieben, Detlef/Eisele, Jörg/Hecker, Bernd/Kinzig, Jörg/Bosch, Nikolaus/Schuster, Frank/Weißer, Bettina unter Mitarbeit von Schittenhelm, Ulrike, 30. Auflage München 2019.

Schroll, Hans-Valentin, Irrwege des OGH im Senat 12? Erwiderung auf eine Besprechung der E 12 Os 63/15d von Eckart Ratz in ÖJZ 2015, 1122, ÖJZ 2016, 95.

Schroll, Hans-Valentin, Zu den reuefähigen Delikten des Vermögensstrafrechts, ÖJZ 1985, 357.

Schultze-Fielitz, Helmuth, Staatsrechtslehre als Wissenschaft: Dimensionen einer nur scheinbar akademischen Fragestellung, in: Schultze-Fielitz, Helmuth (Hrsg.), Staatsrechtslehre als Mikrokosmos. Bausteine zu einer Soziologie und Theorie der Wissenschaft des Öffentlichen Rechts, Tübingen 2013, S. 219.

Schünemann, Bernd, Über Strafrecht im demokratischen Rechtsstaat, das unverzichtbare Rationalitätsniveau seiner Dogmatik und die vorgeblich progressive Rückschrittspropaganda, ZJS 2016, 654.

Schwaighofer, Klaus, Zeugnisverweigerungsrechte und Beweisverwertungsverbote seit dem Strafprozessänderungsgesetz 1993, in: Strafrechtlich Probleme der Gegenwart Band 24, Wien 1997, S. 35.

Schwartz-Shea, Peregrine/Yanow, Dvora, Interpretive Research Design. Concepts and Processes, New York/London 2012.

Sedlaczek, Robert, Wörterbuch der Alltagssprache Österreichs, Innsbruck/Wien 2011.

Seiler, Stefan, Strafrecht Allgemeiner Teil I, Grundlagen und Lehre von der Straftat, 4. Auflage Wien 2020.

Seiler, Stefan, Strafprozessrecht, 18. Auflage Wien 2020.

Seiler, Robert, Die Beweisverbote im Strafprozeß, JBl 1974, 123.

Simmel, Georg, Soziologie, Gesammelte Werke Band 2, Untersuchungen über die Formen der Vergesellschaftung, 4. Auflage Berlin 1958.

Simmel, Georg, Soziologie. Untersuchungen über die Formen der Vergesellschaftung. Exkurs über den Fremden, Berlin 1908, S. 685–691.

Slapnicka, Harry, Oberösterreich in den letzten 100 Jahren, in: Landesregierung Oberösterreich (Abteilung Kultur) (Hrsg.), Unterwegs in die Zukunft ... Den jungen Bürgern Oberösterreichs, 5. Auflage Linz 1980, S. 153.

Slapnicka, Harry, Oberösterreich – Die politische Führungsschicht 1918–1938, Linz 1976.

Soyer, Richard/Pollak, Sergio/Amara, Nihad, Neue Grenzverläufe im Strafrecht. Eine Orientierung und Themeneinführung, in: Soyer, Richard (Hrsg.), Neue Grenzverläufe im Strafrecht. Am Beispiel Sterbehilfe und Terrorabwehr, Schriftenreihe der Vereinigung Österreichischer StrafverteidigerInnen Band 35, Wien 2020, S. 9.

Soyer, Richard/Pollak, Sergio, Tätige Reue. Grundfragen der Rechtzeitigkeit und Freiwilligkeit der Schadenswiedergutmachung, SIAK-Journal 2016, 49.

Literaturverzeichnis

Staff, Ilse (Hrsg.), Justiz im Dritten Reich. Eine Dokumentation, Frankfurt am Main/Hamburg 1964.

Stein, Torsten, Die Auslieferungsausnahme bei politischen Delikten. Normative Grenzen, Anwendung in der Praxis und Versuch einer Neuformulierung, Berlin/Heidelberg/New York/Tokyo 1983.

Steiniger, Einhard, Strafrecht Allgemeiner Teil. Eine Einführung. Band 1: Grundlagen – Das vollendete vorsätzliche Erfolgsdelikt, 3. Auflage Wien 2019.

Stowasser, Johannes, Besitzstörung an Parkplätzen, ZVR 2012, 45.

Stuefer, Alexa, Rationalität und Strafverteidigung, JSt 2018, 297.

Taferner, Jutta, Die Legitimation von Vernehmungsverboten nach § 155 StPO im Vergleich zur bloßen Aussagebefreiung und Aussageverweigerung nach §§ 156 und 157 StPO, in: Lagodny, Otto (Hrsg.), Strafrechtsfreie Räume in Österreich und Deutschland – Ergebnisse eines rechtsvergleichenden Lehrprojekts, Wien 2015, S. 187.

Toepel, Friedrich, § 240 StGB, in: Kindhäuser, Urs/Neumann, Ulfried/Paeffgen, Ullrich (Hrsg.), Nomos Kommentar Strafgesetzbuch, 5. Auflage Baden-Baden 2017.

Triffterer, Otto, Österreichisches Strafrecht Allgemeiner Teil, 2. Auflage Wien 1994.

Trost, Ernst, Das blieb vom Doppeladler: auf den Spuren der versunkenen Donaumonarchie, München 1980.

Turrini, Peter, Es gibt keine Österreicher. Über die Promenadenmischung, in: Martin, Hans-Peter (Hrsg.), Wollen täten's schon dürfen. Wie Politik in Österreich gemacht wird, Wien 2003, S. 186.

Valerius, Brian, Einführung in den Gutachtenstil, 3. Auflage Berlin/Heidelberg 2009.

Vargha, Julius, Das Strafprocessrecht, Berlin 1885.

Velten, Petra, Das Verhältnis von Ermittlungs- und Hauptverfahren. Der lange Arm des Ermittlungsverfahrens, in: Herzog, Felix/Schlothauer, Reinhold/Wohlers, Wolfgang (Hrsg.), Rechtsstaatlicher Strafprozess und Bürgerrechte, Gedächtnisschrift für Edda Weßlau, Berlin 2016, S. 391.

Velten, Petra, Der neue österreichische Weg: Auf dem Weg der Besserung?, in: Schünemann, Bernd (Hrsg.), Risse im Fundament, Flammen im Gebälk: Zum Zustand des kontinentaleuropäischen Strafverfahrens, Berlin 2010, S. 29.

Vocelka, Karl, Österreichische Geschichte. Kultur, Gesellschaft, Politik, 4. Auflage München 2014.

Vogel, Joachim, Strafrecht und Strafrechtswissenschaft im internationalen und europäischen Rechtsraum, JZ 2012, 25.

Vogel, Joachim, Einflüsse des Nationalsozialismus auf das Strafrecht, ZStW 115 (2003), 638.

Vogler, Theo, 140 Jahre Auslieferungsrecht in Goltdammer's Archiv. Ein Rückblick auf die Anfänge, in: Wolter (Hrsg.), 140 Jahre Goltdammer's Archiv für Strafrecht. Eine Würdigung zum 70. Geburtstag von Paul-Günter Pötz, Heidelberg 1993, S. 251.

Wahl, Rainer, Entwicklungspfade im Recht, JZ 2013, 369.

Literaturverzeichnis

Wahlberg, Wilhelm, Emil, Das Princip der Individualisirung in der Strafrechtspflege, Wien 1869.

Wahlberg, Wilhelm, Emil, Die Ehrenfolgen der strafgerichtlichen Verurtheilung. Ein Beitrag zur Reform des Strafensystems, Wien 1864.

Walter, Robert/Ogris, Werner/Olechowski, Thomas (Hrsg.), Hans Kelsen: Leben – Werk – Wirksamkeit, Wien 2009.

Walterskirchen, Gudula, Die österreichische Gesellschaft. Satirische Einblicke und Ausblicke, Wien 2006.

Watzlawick, Paul/Beavin, Janet H./Jackson, Don D., Menschliche Kommunikation, Bern/Stuttgart/Wien 1969.

Weberndorfer, Andreas, Rettungsfolter als zulässige Verteidigungshandlung? Die Schranken des Notwehrrechts unter rechtsvergleichender Berücksichtigung der Rechtslage in der Bundesrepublik Deutschland, Saarbrücken 2009.

Weigend, Thomas, Strukturelle Probleme im deutschen Strafprozess, StraFO 2013, 45.

Wichmann, Hermann, Das Berufsgeheimnis als Grenze des Zeugenbeweises. Ein Beitrag zur Lehre von den Beweisverboten, Frankfurt am Main 2000.

Wiederin, Ewald, Der österreichische Verfassungsgerichtshof als Schöpfung Hans Kelsens und sein Modellcharakter als eigenständiges Verfassungsgericht, in: Simon, Thomas/Kalwoda, Johannes (Hrsg.), Schutz der Verfassung. Normen, Institutionen, Höchst und Verfassungsgerichte. Tagung der Vereinigung für Verfassungsgeschichte in Hofgeismar vom 12. bis 14. März 2012, Beiheft zu Der Staat Band 22 (2014), 283.

Wiederin, Ewald, Die neue Wiener Schule und die Vereinigung der Deutschen Staatsrechtslehrer, in: Jestaedt, Matthias (Hrsg.), Hans Kelsen und die deutsche Staatsrechtslehre. Stationen eines wechselvollen Verhältnisses, Tübingen 2013, S. 85.

Wiederin, Ewald, Das Anwaltsgeheimnis im österreichischen Verfassungsrecht, öAnwBl 2013, 558.

Wiederin, Ewald, § 4 StPO, in: Fuchs, Helmut/Ratz, Eckart (Hrsg.), Wiener Kommentar zur Strafprozessordnung, 165. Lieferung Wien 2012.

Wiederin, Ewald, In allen Instanzen getrennt. Zum Verhältnis von Justiz und Verwaltung am Beispiel des strafprozessualen Vorverfahrens, ÖJZ 2011, 352.

Wiederin, Ewald, Verfassungsinterpretation in Österreich, in: Lienbacher, Georg (Hrsg.), Verfassungsinterpretation in Europa, Heinz Schäffer Gedächtnissymposion, Wien 2011, S. 81.

Wiederin, Ewald, Denken vom Recht her. Über den modus austriacus in der Staatsrechtslehre, Die Verwaltung, Beiheft 7 (Staatsrechtslehre als Wissenschaft) 2007, 293.

Wille, Florian, Aussage gegen Aussage in sexuellen Missbrauchsverfahren. Defizitäre Angeklagtenrechte in Deutschland und Österreich und deren Korrekturmöglichkeiten, Berlin/Heidelberg 2012.

Wilson, William, How Criminal Defences Work, in: Reed, Alan/Bohlander, Michael (Hrsg.), General Defences in Criminal Law. Domestic and Comparative Perspectives, Ashgate/Surrey 2014, S. 7.

Winkelhofer, Martina, Das Leben adeliger Frauen. Alltag in der k.u.k. Monarchie, Innsbruck/Wien 2011.

Winkelhofer, Martina, Der Alltag des Kaisers. Franz Joseph und sein Hof, Innsbruck/Wien 2008.

Wohlers, Wolfgang, Grundlagen der Verbandsverantwortlichkeit, NZWiSt 2018, 412.

Wohlers, Wolfgang, § 137 StPO, in: Wolter, Jürgen (Hrsg.), Systematischer Kommentar zur Strafprozessordnung, mit GVG und EMRK, 5. Auflage Köln 2016.

Wolf, Norbert, Kakanien als Gesellschaftskonstruktion, Robert Musils Sozioanalyse des 20. Jahrhunderts, Wien/Köln/Weimar 2011.

Wolf, Norbert/Nübel, Birgit (Hrsg.), Robert-Musil-Handbuch, Berlin/Boston 2016.

Wolfslast, Gabriele, Schweigepflicht vor Sicherheit?, in: Gropp, Walter/Hecker, Bernd/Kreuzer, Arthur/Ringelmann, Christoph/Witteck, Lars/Wolfslast, Gabriele (Hrsg.), Strafrecht als Ultima Ratio. Gießener Gedächtnisschrift für Günter Heine, Tübingen 2016, S. 389.

Zechlin, Egmont, Die deutsche Einheitsbewegung, Frankfurt am Main/Berlin 1967.

Zeder, Fritz, Die neuen Strafbestimmungen gegen Marktmissbrauch: Europäische Vorgaben (MAR und MAD) und ihre Umsetzung im österreichischen Börsegesetz, NZWiSt 2017, 41.

Ziolkowski, Theodore, Kafkas „Der Prozeß" und die Krise des modernen Rechts, in: Mölk, Ulrich (Hrsg.), Literatur und Recht. Literarische Rechtsfälle von der Antike bis in die Gegenwart, Göttingen 1996, S. 325.

Zöllner, Erich, Geschichte Österreichs: Von den Anfängen bis zur Gegenwart, 8. Auflage Wien 1990.

Zweig, Stefan, Bürophobie. Briefe an einen Arzt, in: Renolder, Klemens (Hrsg.), Stefan Zweig „Ich habe das Bedürfnis nach Freunden". Erzählungen, Essays und unbekannte Texte, Wien/Graz/Klagenfurt 2013, S. 407.

Zweig, Stefan, Die Welt von Gestern. Erinnerungen eines Europäers, 35. Auflage Frankfurt am Main 2005.

Zweigert, Konrad/Kötz, Hein, Einführung in die Rechtsvergleichung, 3. Auflage Tübingen 1996.